HISTOIRE CULTURELLE
sous la direction de Martin Aurell
5

Les Peurs de l'argent dans la France d'après 1945

André Gueslin

Les Peurs de l'argent dans la France d'après 1945

PARIS
CLASSIQUES GARNIER
2017

André Gueslin, spécialiste en histoire sociale et culturelle, est professeur émérite à l'université Paris-Diderot – Paris 7. Outre plusieurs livres sur la pauvreté, il a publié un ouvrage comparant richesse et pauvreté en matière de représentations dans la France du XIXe siècle : *Mythologies de l'argent…* (Paris, 2007) et une histoire du vagabondage depuis le Moyen Âge : *D'ailleurs et de nulle part…* (Paris, 2013).

ISBN 978-2-406-06573-9 (livre broché)
ISBN 978-2-406-06574-6 (livre relié)
ISSN 2430-5928

À Jacqueline et à tous les miens.

AVANT-PROPOS

Au cours de toutes ces années d'écriture de l'histoire, deux thèmes ont attiré mon attention essentiellement. Celui de la grande pauvreté m'a retenu dès l'époque où je rédigeais ma maîtrise d'histoire (1971-1972) et jusqu'à aujourd'hui. Je me suis intéressé ensuite à un autre thème, au moins aussi prégnant, celui de l'argent. J'ai choisi cette thématique en liaison avec la grande pauvreté à commencer dans le cadre de mes deux thèses, l'une en science politique et l'autre ès Lettres, consacrées au Crédit Agricole et au Crédit Mutuel (1977 et 1983)[1], banques mutualistes au service, à l'origine, des petits.

Dans une démarche d'histoire totale, j'ai été amené à prendre en compte les circuits financiers afférents. Dans le sillage de ces deux grosses études m'ayant mobilisé près de dix ans, j'ai publié en 2007 mes *Mythologies de l'argent*[2] vouées principalement au XIXe siècle. Le livre que l'on va lire, consacré à la deuxième moitié du XXe siècle, s'inscrit d'une certaine façon dans son prolongement.

Ces deux ouvrages ont en commun l'histoire des représentations de l'argent, aussi bien en tant que monnaie que richesse. Les représentations, un concept-valise au sens durkheimien et donc difficile à définir, se sont inscrites à l'origine dans le sillage des mentalités. Elles visent à étudier celles-ci et plus globalement leur mémoire à l'aide de différents supports, tel le langage (du simple échange verbal à la littérature) à l'image (de l'affiche au cinéma). Les enquêtes d'opinion, malgré certains biais, reflètent également les mentalités. Ce sont les trois pistes que j'ai suivies ici, mais d'autres supports auraient pu être utilisés. Psychologie sociale[3] des sensi-

---

1 A. Gueslin, *Les Origines du Crédit Agricole*, 1978, 454 p. et du même, *Histoire des Crédits Agricoles*, Paris, 1984, Tome I : « L'envol des Caisses mutuelles (1910-1960) », 955 p. ; Tome II : « Vers la banque universelle ? (depuis 1960) », 463 p.

2 A. Gueslin, Mythologies de l'argent. Essai sur l'histoire des représentations de la richesse et de la pauvreté dans la France contemporaine (XIXe-XXe s.), Paris, 2007, 124 p.

3 On consultera l'entrée approfondie de P. Monnet, « représentations » *in* C. Gauvard, J.-F. Sirinelli (*dir.*), *Dictionnaire de l'historien*, Paris, 2015, p. 597.

bilités et connaissance des imaginaires se déduisent de cette histoire. Au travers des représentations, une forme nouvelle d'histoire culturelle s'est substituée à l'histoire des mentalités[4].

Que l'historien traque-t-il au travers des représentations de l'argent ? L'histoire économique au sens classique avait ses limites dans la mesure où elle s'est largement appuyée sur un schéma matérialiste. Or, la connaissance de l'histoire culturelle permet de dépasser cette approche. Par les représentations, l'historien réussit à mieux expliciter le réel dans la mesure où les superstructures (le monde des idées en particulier) réagissent sur l'argent en tant que phénomène culturel, et non pas seulement en tant que monnaie au sens de l'économie pure. L'historien Pierre Monnet soutient que la méthode permet d'établir une cohérence entre les représentations et les pratiques sociales[5]. Il ajoute : « la représentation du monde social est constitutive du social lui-même[6] ». Il évoque finalement « un retour au social par le culturel[7] ».

Je ne prétends pas, par ce livre, mener une histoire globale intégrant le réel et le culturel. Je me limiterai aux prémices de la démonstration étudiant les représentations (le signifiant) et leur contenu (le signifié) à savoir tant l'expression spirituelle et personnelle que collective.

L'élaboration du présent ouvrage s'est heurtée à trois types de difficultés. Le premier relevait du choix du sujet : les représentations du mauvais argent et les peurs subséquentes. Il nous a fallu d'abord mettre en perspective les deux versants de cet objet : le mauvais et le bon. La prise en compte du bon argent était indispensable pour mieux comprendre ce qu'était le mauvais. Se posait également la question des sources qui renvoyaient à la forme de l'expression de l'argent, perçu en tant que mauvais. J'ai choisi de rendre compte du langage des personnes qui ne sont pas riches. Ils diffèrent de celui des riches qui peuvent avoir une vision négative de l'argent, mais ne relevant pas des mêmes motivations. Il aurait été sans doute possible de mettre les deux en parallèle, mais ceci aurait exigé une recherche plus ample avec une problématique différente.

Le deuxième type de difficultés relève de la pesée de ces représentations. L'histoire quantitative a connu son apogée dans les années 1960-1970 à la

4 *Ibid.*, *passim.*
5 *Ibid.*, p. 597.
6 *Ibid.*, p. 598.
7 *Ibid.*, p. 599.

veille de l'émergence de la méthode des représentations. Moi-même, j'ai fait usage de l'histoire quantitative tant dans mes recherches que dans mon enseignement. C'est peut-être pour ces raisons que les représentations, à leur naissance, me laissèrent, quelque peu dubitatif : mon impression était qu'elles ne reposaient sur aucune rationalité et qu'elles délivraient des considérations subjectives. Ce n'est que petit à petit, compte tenu des résultats auxquels cette méthode parvenait, que j'ai été convaincu de son rôle central dans une histoire en plein renouvellement. Toutefois, pour la mettre en œuvre, j'avais comme objectif la mesure. Mais là, je me suis heurté à un problème quasi insurmontable. En effet, il est difficile de borner le corpus de sources comme on le ferait en histoire économique. En conséquence, toute pesée en termes relatifs devient impossible. Il a donc été nécessaire de relativiser ces représentations sur un mode subjectif voire intuitif. La « scientificité » n'est pas au rendez-vous, même si le sens des résultats convainc le plus souvent et est en accord avec ce que l'on sait de la sphère du réel voire de l'événement. Une dernière série d'embarras se rapporte à l'authenticité des représentations en tant que sources d'histoire. Deux exemples permettront de préciser.

Dans le domaine des représentations tant littéraires que cinématographiques, l'historien est pris entre sa volonté d'authentification et l'exigence fabulatrice de l'auteur de la fiction. Même si celui-ci capte naturellement l'esprit du temps, ses options se portent sur des situations idéales-typiques et construites qui ont pour but de faire sens auprès des lecteurs. C'est la garantie d'une certaine audience. L'auteur de la fiction exprime le singulier, souvent éloigné de sa propre mentalité, bien loin de toute régularité quantitative ou sérielle. Il revient à l'historien de faire la part entre la représentation relevant des mentalités et la représentation instrumentalisée au service d'un objectif immédiat, celui de capter un certain public.

Un deuxième exemple se rapporte aux témoignages qu'il est difficile de rassembler de façon cohérente. Les échanges dans les médias sont utiles même s'ils sont parfois pure comédie. Il est donc difficile de faire la part entre le pur fantasme personnel et une mise en scène destinée à séduire et relevant du travestissement. Quant aux échanges découverts sur la toile sous une forme écrite, rien ne prouve qu'ils soient authentiques. Ils pourraient être pure fabrication. En conséquence, il appartient à l'historien de croiser les sources afin d'approcher une vérité.

Nonobstant, si cela avait été facile dans le cadre de l'histoire positiviste, cela l'est moins en histoire des représentations où des sources d'origine diverse ont des contenus différents.

Pour conduire une telle histoire, il m'a donc fallu surmonter ces difficultés quand cela était possible. Au lecteur d'apprécier.

Juin 2016

INTRODUCTION

L'argent présente un caractère polysémique. Au-delà de sa qualité de métal précieux, il est envisagé dans ce livre en tant que monnaie et richesse. Pourtant, la monnaie est avant tout un « support matériel de l'échange » alors que l'argent est d'abord une « institution politique, sociale et morale[1] ». L'expression « avoir de l'argent » signifie couramment être riche.

Il a en commun avec la monnaie trois fonctions. Il est d'abord un intermédiaire dans les échanges. Le philosophe Georg Simmel (1858-1918) en fait « l'incarnation d'une pure fonction, celle de l'échange entre les humains[2] ». Il fait droit dans l'échange (Emmanuel Levinas). Unité de compte, il dépend, comme la monnaie, de conventions et autres lois[3]. En exprimant une promesse, l'argent frappé découle d'un quasi contrat[4]. Enfin, telle la monnaie, cet instrument est réserve de valeur. Avoir des billets de banque ou une propriété, c'est détenir de l'argent. Celui-ci renvoie à une "réalité sociale", remarque le sociologue et historien François Simiand (1873-1935)[5]. Il dépend de croyances multiples. C'est un « phénomène culturel[6] ».

Cet objet est mû fréquemment par divers comportements de nature individuelle. La psychanalyse offre des clés pour rendre compte de ces manières d'agir. Durant le stade anal (entre deux et trois ans), le jeune enfant ressent un plaisir de retenir ou d'expulser ses matières fécales.

1 D. de Blic, J. Lazarus, *Sociologie de l'argent*, Paris, 2007, p. 5.

2 G. Simmel, *Philosophie de l'argent*, première édition allemande 1900, Paris, 2009, p. 84, 109, 193.

3 J. Derrida, « Du <<sans prix>> ou le <<juste prix>> de la transaction » *in* R.-P. Droit (*dir.*), *Comment penser l'argent ?*, Troisième Forum Le Monde Le Mans, Paris, 1992, p. 388.

4 M. Drach (*dir.*), *L'argent. Croyance, mesure, spéculation*, Paris, 2004, p. 22 et 30.

5 François Simiand cité par V. A. Zelizer, *La signification sociale de l'argent*, 1994, Paris, 2005, p. 30.

6 Werner Ehrlicher, professeur de finance à l'Université de Fribourg *in* J. Beuys, *Qu'est-ce que l'argent ? Un débat avec Johann Philipp von Bethmann, Hans* Binswanger, *Werner Ehrlicher, Rainer Willert*, première version allemande 1991, Paris, 1994, p. 18.

Selon Freud, l'intérêt pour l'argent correspond à « un plaisir excrémentiel ». Dans *Caractère et érotisme anal* de 1908, il est très clair :

> ...partout où le mode de pensée archaïque est ou est demeuré dominant, ... [il] a été mis dans les plus étroites relations avec la merde. (Freud, 1908)

On dit alors « faire de l'argent ». L'appétence libidinale pour celui-ci serait la suite pour l'adulte de la réaction érotique envers la défécation[7].

Ce titre inspire bien des conduites personnelles. « ... nous l'avons coloré de nos affects. Les vices auxquels on l'associe, la cupidité, l'envie, l'avarice... il semble chaque fois les amplifier », remarque l'écrivain Pascal Bruckner[8]. Aristote opposait les deux chrématistiques, accumulations tirant leur origine, l'une de l'échange et l'autre du désir[9]. Le philosophe Jacques Derrida (1930-2004) définit cette dernière chrématistique par « tout ce qui dans le marché excède à l'infini les limites du besoin[10]... ». Cet objet, note-t-il encore, serait investi « de toutes sortes de valeurs projetées selon les figures complexes et surdéterminées du désir ou de la haine[11] ... ». Chez le même individu, certaines attitudes sont quasiment contradictoires, de critique d'un côté à de quasi-respect de l'autre. C'est probablement pour cela que Simmel fait référence aux sentiments et à la subjectivité de la valeur :

> ... un même objet possède le plus haut degré de valeur dans un psychisme et le plus bas dans un autre... il ne paraît subsister d'autre source de valorisation que le sujet, avec ses humeurs et ses réactions ordinaires ou exceptionnelles, durables ou changeantes[12]. (Simmel, *Philosophie de l'argent*, 1900)

L'agressivité à l'encontre de l'argent n'est pas de nature strictement économique, mais relève également de phénomènes psychologiques. La cupidité, l'avarice sont des pathologies courantes à toutes les époques. L'avare est une figure maudite tant dans l'enseignement de l'Église que chez divers auteurs, de Dante à Balzac[13]. L'instrument procède encore

7 Sur toute cette question, voir P. L. Assoun, « L'argent à l'épreuve de la psychanalyse. Le symptôme social et son envers inconscient » *in* M. Drach (*dir.*), 2004, *op. cit.*, p. 64-66.

8 P. Bruckner, *La sagesse de l'argent*, Paris, 2016, p. 13.

9 M. Drach (*dir.*), *op. cit.*, p. 9.

10 J. Derrida, 1992, *op. cit.*, p. 393.

11 *Ibid.*, p. 391.

12 G. Simmel, 2009, *op. cit.*, p. 14 et 26.

13 D. de Blic, J. Lazarus, 2007, *op. cit.*, p. 11.

d'un désir de sacrifice. « L'appropriation de ce titre … émis par le tiers, que ce dernier soit divin, royal ou étatique, exige de lui consentir la contrepartie d'une perte : sacrifice, service ou travail[14]. » Il évalue directement le montant de ce sacrifice.

« …l'essence de l'argent consiste en représentations, investies en lui bien au-delà de la signification propre de son support[15]. » Les multiples représentations envisagées dans le livre, tant littéraires que cinématographiques, éclosent largement dans l'imaginaire des individus. Faut-il évoquer des relations amour-haine quand on sait que cet objet secrète successivement, chez le même individu, convoitise puis dégoût ? Il n'est pas neutre.

Outre cette approche individualiste, des comportements holistes permettent de comprendre les motifs de détention d'argent. Un quasi-organicisme peut être alors envisagé. La sociologue Viviana A. Zelizer montre que ce titre est "marqué" : Dans les foyers traditionnels des États-Unis, « les fonds de la maîtresse de maison, les sous des enfants et l'argent personnel du mari ne revenaient pas au même – les usages différaient autant que les modes d'attribution, le calcul des montants variant en fonction du sexe tout autant que de l'appartenance à telle ou telle classe[16] ».

Pourtant, les relations des Français avec l'argent procèdent aussi des transformations historiques du pays. Dans l'étude des représentations après 1945, l'héritage du passé est toujours présent. La France est un vieux pays où le christianisme a établi son empreinte. Même si la déchristianisation caractérise cette période, sont perceptibles des influences infrathéologiques concernant un certain désaveu de l'argent. Mais une répulsion générale de la part de la société n'est pas envisageable. La France, vieille terre de conservatisme social, où les racines paysannes ne sont jamais très loin malgré l'ampleur du phénomène d'exode rural, garde un rapport particulier avec l'instrument monétaire. En 1950, le célèbre politologue André Siegfried (1875-1959) le constate :

> Dans un vieux pays comme le nôtre, où l'argent est difficile à gagner, n'est-il pas naturel qu'on le défende avec plus d'âpreté ? … Pendant longtemps, c'est seulement sur lui-même que le Français a compté pour l'acquérir (la sécurité) :

14 M. Drach (*dir.*), 2004, *op. cit.*, p. 8.

15 G. Simmel, 2009, *op. cit.*, p. 225.

16 V. A. Zelizer, 2005, *op. cit.*, p. 63.

> de là son goût profond pour la propriété, pour l'épargne… En tant que de tradition paysanne – et en France, elle est toujours proche – nous sommes, avouons-le, avares de notre argent[17]. (Siegfried, *L'Ame des peuples*, 1950)

La France reste donc profondément ambivalente en la matière, faisant alterner facilement le bon comme le mauvais argent(premier chapitre).

Un autre facteur pesant sur les représentations est probablement la mémoire de la Révolution française, fondamentalement anti-inégalitaire. Elle a engendré une tradition qui continue à peser, après 1945, sur les représentations des Français.

Enfin, un dernier facteur d'origine historique pesant sur les mentalités contemporaines se rapporte à l'expansion du capitalisme à partir du XIXe siècle. Dans ce cadre, l'inégalité de répartition provoque une suraccumulation différentielle. Tout au long des XIXe et XXe siècles, elle engendre des phénomènes de puissance, « …puissance réelle ou pratique de "mise en circulation" des marchandises et …puissance imaginaire (ou mieux : puissance sur l'imagination)[18] ». Le capitalisme est fondé sur cette accumulation amplifiant le phénomène d'exploitation. Il est perçu en tant que source d'injustice. Christianisme et socialisme ne ménagent pas leurs critiques et contribuent à la formation d'images sombres de ce mauvais argent. Dans le sillage des utopies d'Owen et de Proudhon[19], s'est substituée quelquefois à l'argent-monnaie dans la pratique récente, une comptabilité en SEL (systèmes d'échanges locaux). Sont apparues encore des pratiques d'échange sans instrument monétaire.

Au XIXe siècle, avait surgi un nouveau mythe porteur de bien des peurs, celui des 200 familles, censées représenter la richesse outrancière. Une étape ultérieure de cette diabolisation, dans l'entre-deux-guerres, coincide avec l'apparition du mythe du mur d'argent se perpétuant après guerre. Suivra la dénonciation du type même de la grande entreprise capitaliste, le trust (deuxième chapitre).

L'histoire de la France après 1944 pèse largement sur les mentalités et donc sur les représentations de l'argent. La situation des Français est

---

17 A. Siegfried, *L'Ame des peuples*, Paris, 1950, cité par P. Simonnot, *Banquiers, votre argent nous intéresse*, Paris, 1979, p. 42.

18 É. Balibar, « Le contrat social des marchandises et la constitution marxienne de la monnaie (contribution à la question de l'universalité de l'argent) » *in* M. Drach (*dir.*), 2004, *op. cit.*, p. 108.

19 A. Gueslin, *L'invention de l'économie sociale. Idées, pratiques et imaginaires coopératifs et mutualistes dans la France du XIXe siècle*, première édition 1987, Paris, 1998, p. 31-32 et p. 79-80.

alors catastrophique. Le produit intérieur brut par habitant est tombé au niveau de 1891[20] ! La période suivante est faite de deux principaux moments au plan économique. D'abord, une phase de croissance globalement heureuse, improprement appelée « Trente Glorieuses » (1945-1973), s'accompagne d'un triplement du revenu moyen des Français. Durant la même période, leur endettement passe de quelque quatre milliards de francs à plus de 300 milliards alors que les prix étaient seulement multipliés par quatre[21] ! Entre temps, le Français moyen qui avait besoin d'une semaine environ pour payer ses dettes, doit y accorder désormais près de trois mois. En 1954, dans une France de tradition propriétaire, plus d'un tiers des ménages possédaient leur résidence principale. Mais en 1975, la proportion atteint près de la moitié[22]. Il est évident qu'une telle mutation a bouleversé les comportements en matière d'argent.

Cette phase est suivie, depuis la deuxième moitié des années 1970, par une conjoncture de dépression faite bientôt de chômage générateur de difficultés sociales. Dès 1983, la croissance des Trente glorieuses en matière de revenu se ralentit à 1,5 % l'an. Pourtant, au cours des années 1975-2007, la fortune par habitant, essentiellement de la pierre, s'est accrue d'un peu plus de 4 % en moyenne annuelle[23]. Mais la période est perturbée encore par la grande crise financière de 2008. La pierre tend à résister, mais non l'emploi. Ce contexte des décennies d'après-guerre a pesé lourd sur les représentations. D'un côté, en fonction de l'enrichissement des Français et de l'avènement de la société de consommation, l'argent, exerçant une certaine fascination, est devenu totem au sens ethnologique. Plus que jamais, d'un autre côté, il déclenche des peurs.

Les perceptions concernant cet objet sourdent enfin d'une profonde mutation d'essence culturelle. Dans l'histoire, il avait été longtemps sacré. Un respect quasi religieux, voire une vénération profonde, lui était voué. L'illustre *le Neveu de Rameau* écrit entre 1762 et 1773 par Diderot. Le philosophe des Lumières y fait l'éloge d'un Louis d'or. Cet titre sacré a alors une dimension taboue. La société ancienne affiche un tel respect qu'elle n'en parle pas ou seulement avec prudence : dans la bourgeoisie du XIXe siècle, il était contraire à l'usage de faire état du montant des

---

20 Cité par J. Marseille, *L'argent des Français*, 2009, p. 65.
21 P. Simonnot, 1979, *op. cit.*, p. 42.
22 *Ibid.*, p. 68.
23 *Ibid.*, p. 100.

revenus ou du prix des biens[24]. Ce caractère tabou paraît perdurer au XXe siècle dans la bonne société. L'instinct pécuniaire "doit "s'avancer masqué", remarque avec finesse l'écrivain Pascal Bruckner. Il file alors l'anecdote concernant la fille de la richissime Liliane Bettancourt : « En famille, nous ne parlions pas d'argent. Jamais[25]. » Il est inconvenant d'aborder la question au Jockey Club, ce cercle des plus huppés de la capitale. En tant que sujet de conversation, il serait confiné dans la sphère intime[26]. Tel pharmacien préfére s'enliser dans l'endettement plutôt que d'en parler à sa famille[27].

Ce caractère sacré s'est altéré au cours des siècles récents. Le « désenchantement du monde » (Max Weber), à savoir la rupture de l'harmonie sociétale traditionnelle que l'on pourrait dater du début du XIXe siècle, correspondrait à l'entrée dans la modernité marquée par le triomphe de la raison, le déclin des valeurs du sacré, bref par une dégradation des grands mythes fondateurs. Les représentations de l'argent participeraient de cette mutation.

C'est pourtant, depuis les années 1970, qu'il a perdu son caractère tabou en tout. Les sociologues Damien de Blic et Jeanne Lazarus l'ont bien exprimé : « Depuis la faillite des alternatives au libéralisme, l'argent semble être passé dans nos sociétés du statut d'objet chaud à celui d'objet froid[28]… . » Trois faits l'ont révélé. C'est d'abord la fameuse publicité, en 1972, de la BNP. Une campagne, appelée Al Capone et symbolisée par ce gangster à l'allure patibulaire, diffuse des messages, tel que « Votre argent m'intéresse ». Le tabou est heurté frontalement et le mécontentement de l'opinion provoque l'abandon de cette publicité. Pour la première fois, l'instrument est présenté presque cyniquement dans sa dimension bassement lucrative.

Un événement d'un autre ordre contribue bientôt à cette désacralisation. Le 11 mars 1984, le chanteur alors bien connu Serge Gainsbourg (1928-1991) met le feu à un billet de 500 francs (environ 130 euros de 2008), sur un plateau de télévision. Il brise ainsi le caractère sacré, voire

24 J.-L. Vieillard-Baron, « L'argent ou l'échange universel selon Georg Simmel » *in* R.-P. Droit (*dir.*), 1992, *op. cit.*, p. 82.

25 Françoise Bettancourt-Meyers au tribunal de Toulouse, le 29 janvier 2015, cité par P. Bruckner, 2016, *op. cit.*, p. 62.

26 Michel Pinçon *in* M. Pinçon, M. Pinçon-Charlot, *L'argent sans foi ni loi*, Paris, 2012, p. 33.

27 T. Gallois, *Psychologie de l'argent*, 2005, Paris, 2011, p. 16.

28 D. de Blic, J. Lazarus, 2007, *op. cit.*, p. 7.

intouchable du titre monétaire. Ce geste, perçu comme une provocation, vaut au chanteur des protestations indignées. La destruction d'un véritable symbole inscrit dans les mentalités (un billet de 500 francs à l'effigie de Blaise Pascal) fait peur.

Enfin, la mise en avant de la richesse prend de l'importance dans la société : le conservateur Nicolas Sarkozy, au cours de son quinquennat présidentiel de 2007 à 2012, proclame son intérêt pour les riches et contribue par sa politique, en particulier le fameux « bouclier fiscal[29] », à cette désacralisation.

La généralisation, dans la langue de tous les jours, de désignations plutôt argotiques, proches parfois de la vulgarité, révèle cette évolution. Elle se réfère à la dimension formelle de l'argent monnaie : les ronds ; le pèze ; le grisbi (pièce) censé être mal acquis, et même en verlan le genhar[30]. Des occurences verbales renvoyant à l'équivalent marchandises de cet objet sont courantes : le blé, le grain à moudre, la galette, les pépettes héritées de pépites, l'oseille, l'artiche (apocope d'artichaut) ou même la braise, charbon ardent issu de la combustion. Ce sont aussi des termes méprisants, tels que caillasses ; picaillons, objet sonnant, par extension de la monnaie ; pognon, issu du vieux français, dans le sens de saisir à la main ce qui est le propre de la monnaie ; thune, aumône de cent sous (cinq francs au XIXe siècle) ou même fraîche, faible vent renvoyant à de l'argent comptant. Des mots caricaturaux visant à qualifier cet objet de vil, se diffusent aussi : le fric, datant sans doute du XIXe siècle et issu probablement de fricoter, au sens de participer à des affaires louches ; le biffeton, de biffe (vieux chiffons), étendu au billet de banque et par métonymie à l'argent ; voire même le flouze plus récent, mot quasiment vulgaire ayant pourtant en arabe le sens d'obole… Tous ces vocables sont en usage.

Le mauvais côté de l'instrument monétaire, envisagé dans ce livre, s'est donc amplifié dans l'opinion sous l'effet de la désacralisation. Cela provoque l'anxiété et au-delà, des peurs. Les détenteurs de cet argent rendu mauvais par l'excès de puissance qu'il confère, sont stigmatisés (troisième chapitre).

---

29 Le bouclier fiscal est une disposition qui plafonne l'imposition globale du contribuable. La loi TEPA du 1er août 2007 a abaissé le seuil d'imposition à 50 % du revenu déclaré par le contribuable. Pour ses détracteurs, c'est une mesure en faveur des plus riches.

30 Cette désignation pourrait renvoyer à ces antiques pièces grises, les « grisets » de six liards, à moins que le mot ne vienne du vieux français « crisby », signifiant argent.

Dans la société de consommation, les riches sont flétris en tant que privilégiés d'autant qu'ils sont accusés de se soustraire aux « exigences de la dette sociale[31] ». L'expression « on ne prête qu'aux riches » est révélatrice. Des figures abstraites de supposés riches, le patron, le propriétaire et même le juif encore victime d'un antisémitisme économique, en apparence moins pernicieux depuis la Shoah, mais toujours aussi malfaisant, sont diabolisées. Au fil de l'actualité, elles sont parfois incarnées et honnies, des banquiers Rothschild au patron Bernard Arnaud (quatrième chapitre). Il en va de même pour la banque, institution emblématique de la richesse et fréquemment vilipendée pour cette raison (cinquième chapitre).

Dans le sillage de ces critiques, une autre source de gain inquiétante est représentée par le titre manquant de la légitimité issue du travail. Cette peur est particulièrement sensible depuis 1945. Contraire à la morale est l'argent perçu en dormant ! Au XXe siècle, celui qui est acquis par le moyen du jeu inquiète. De même, la société comprend mal l'invention en 1988 du revenu minimum d'insertion (RMI), versement d'espèces sans contrepartie de travail (sixième chapitre). Les peurs de l'argent prennent enfin une dimension morale. Un dicton courant proclame que « l'argent n'a pas d'odeur ». Nonobstant, au XXe siècle, il est tellement « marqué » au sens de Viviana Zelizer[32] que l'expression « argent sale » est devenue monnaie courante. C'est celui qui est gagné en-dehors de la loi. Mais l'argent sale est également perçu en-dehors des normes strictement morales telle la prostitution… (septième chapitre).

Une explication de l'irruption de ce mauvais argent pourrait être puisée dans le contenu d'un colloque tenu à Ulm (Allemagne) en 1991 : ce serait la contradiction entre un monde forcément borné et un argent « insatiable[33] ».

Le projet de ce livre vise donc à comprendre de quelle manière l'argent, progressivement désacralisé, a été stigmatisé dans les représentations depuis 1945 : il déclenche fréquemment des peurs.

---

31 T. Pech, *Le temps des riches. Anatomie d'une sécession*, Paris, 2011, p. 131.

32 V. A. Zelizer, 2005, *op. cit.*, p. 25 et suiv.

33 Hans Christoph Binswanger, économiste suisse *in* J. Beuys, *Qu'est-ce que l'argent ? Un débat avec Johann Philipp von Bethmann, Hans* Binswanger*, Werner Ehrlicher, Rainer Willert*, première version allemande 1991, Paris, 1994, p. 29.

DU BON AU MAUVAIS ARGENT DANS LES MENTALITÉS

Longtemps, il a coexisté une monnaie vraie et une fausse. Ce dualisme était une dimension essentielle caractérisant l'argent avant qu'il ne soit frappé sous forme de monnaie par des États souverains. À l'époque contemporaine, les représentations de cet objet patrimonial réel ou symbolique continuent à participer d'une approche manichéenne, mais en fonction de critères subjectifs : c'est la notion de « bon » et de « mauvais » revêtant une connotation ambivalente. La distinction est fondée à la fois sur les sources du titre monétaire, voire sur « la différence des émetteurs[1] », mais encore sur l'utilisation qui en est faite.

Pour mieux comprendre, dans ce développement, le passage du bon au mauvais, il est utile d'envisager certaines caractéristiques de l'argent le rendant délétère.

QU'EST-CE QUE LE BON ARGENT ?

Historiquement, il a été un instrument de libération. Il a permis de se détacher de certaines structures communautaires telles les fameuses corporations d'Ancien Régime. « L'argent, c'est de la liberté frappée », soutenait le romancier catholique, par ailleurs antisémite confirmé, Léon Bloy (1846-1917)[2]. C'est une dimension qui a pesé sur les mentalités contemporaines.

En outre, les Français moyens, comme l'expriment les sondages, croient fréquemment aux vertus de l'argent en tant qu'idéal à atteindre.

---

1 Marcel Drach *in* M. Drach (*dir.*), *L'argent. Croyance, mesure, spéculation*, Paris, 2004, p. 211.

2 Cité par Alain Cotta, « L'alibi de l'argent » *in* R.-P. Droit (dir.), *Comment penser l'argent ?*, Paris, 1992, p. 404.

Le journaliste Thierry Pech a été jusqu'à soutenir qu'il était « une valeur montante ». Les travaux du sociologue Alain de Vulpian dans les années 1970 ont séparé les Français en deux groupes, celui des « accumulateurs » rassemblant de l'argent pour se protéger et celui des « jouisseurs » recherchant cet objet pour en profiter[3]. La part relative de ces derniers va en augmentant depuis les années 1950, ce qui révèle une nouvelle perception liée au mouvement d'urbanisation. Toutefois, « on peut valoriser la richesse sans (pour autant) aimer les riches[4] ».

L'argent représente parfois un objet « rêvé » pour un investissement total et passionnel[5]. Pour les professionnels de la finance, il fait le bonheur[6]. L'admiration sans réserve de l'argent, voire même son « culte », aboutissent à le faire ranger dans la catégorie des bonnes choses. En 1947, à la question « qu'est-ce qui est le plus précieux dans la vie ? », les Français, dans une enquête d'opinion, répondaient « l'amour » à hauteur de 1 % pour les hommes et de 5 % pour les femmes, mais « l'argent » à hauteur de 47 % pour les hommes et de 38 % pour les femmes[7]. La différence entre les deux désirs est éloquente, même si une approche en termes de genre est significative.

UN « BON ARGENT », CELUI DU TRAVAIL ET DE LA PETITE ÉPARGNE

Les Français pensent que, quand il est honnêtement acquis, l'argent est bon. C'est avant tout celui qui est gagné par le travail. Par excellence, il est acquis au moyen d'une fonction prestigieuse supposant travail. La romancière Albertine Sarrazin (1937-1967), probablement au nom de son passé de délinquante et de prisonnière de droit commun, en propose une illustration, quelque peu satirique, dans son roman *La Cavale* (1965) :

---

3 Cité par P. Simonnot, *Banquiers, votre argent nous intéresse*, Paris, 1979, p. 49-50.

4 T. Pech, *Le temps des riches. Anatomie d'une sécession*, Paris, 2011, p. 130.

5 Paul Ricœur cité par D. de Blic, J. Lazarus, *Sociologie de l'argent*, Paris, 2007, p. 11.

6 M. Pinçon, M. Pinçon-Charlot, *Les millionnaires de la chance. Rêve et réalité*, première édition 2010, Paris, 2012, p. 226.

7 Sondage tiré de T. Zeldin, *Histoire des passions françaises*, première édition anglaise 1973, Paris, 1979, repris dans P. Ariés, G. Duby (*dir.*), *Histoire de la vie privée*, Paris, 1985-1987, cité par A. Aglan, O. Feiertag, Y. Marec (*dir.*), *Les Français et l'argent. Entre fantasmes et réalités*, Rennes, 2011, p. 10.

> … ma mère, c'est pas une casseuse, et n'en déplaise à Vespasien, son argent a une odeur, une odeur de veuve de gradé, de bon pognon bourgeois, une odeur franche, quoi[8].

Dans la tradition bourgeoise, le fruit du travail, quand il est épargné, permettait de faire l'acquisition d'un patrimoine dont la vocation était d'être transmis aux enfants. Jacques Marseille, à l'issue de sa description des placements favoris des Français en or ou en obligations, conclut par le propos suivant : « Étrange France qui […] subit la tyrannie du veau d'or[9]. » Nonobstant, cette appétence traditionnelle pour l'or s'inscrit dans une culture durable de recherche de la sécurité contre l'instabilité ambiante. Vu sous cet angle, le bon argent paraît être celui du « rentier », référence fréquente du Français moyen. Il fonctionne en tant qu'épargne de précaution susceptible d'amortir les aléas de la vie. Le célèbre aphorisme délivré en 1843 par le ministre libéral de la Monarchie de Juillet François Guizot le subodore en un temps où la richesse était la meilleure parade aux difficultés de l'existence : « Enrichissez-vous par le travail et par l'épargne[10]. » Par là, il légitimait ce bon argent.

La possession d'un patrimoine même modeste, tel un logement, est centrale dans la société française. L'écrivain Boris Schreiber, dans son roman *Un silence d'environ une demi-heure* (1996), en a fait la caricature suivante : « Ces Français, quel peuple gâté, ils sont tous propriétaires[11]… » L'enrichissement, mais par le seul travail, est relativement accepté. Cependant, l'argent produisant de l'argent est, dans certains cas, perçu comme vertueux. Un exemple est, dans la société bourgeoise traditionnelle, celui qui est obtenu au moyen d'une épargne parcimonieusement accumulée. Elle est perçue comme une vertu jusqu'à la période postérieure à la seconde guerre mondiale. Le candidat à l'élection présidentielle de 2012, François Hollande (PS), qui se proposait de promouvoir ce « bon argent » dans son discours du Bourget, le dimanche 22 janvier 2012, ne surprend guère. S'agissant du Livret A, destiné habituellement à une clientèle populaire, et souvent accusé de ne pas répercuter l'érosion monétaire, il préconisait de le financer à un taux réel. Il s'efforce ainsi

8 A. Sarrazin, *La Cavale*, 1965, p. 138, cité dans la base Frantext.

9 J. Marseille, *L'argent des Français*, Paris, 2009, p. 95.

10 Cité par A. Gueslin, *Mythologies de l'argent. Essai sur l'histoire des représentations de la richesse et de la pauvreté dans la France contemporaine* (XIXe-XXe *siècles)*, Paris, 2007, p. 71.

11 B. Schreiber, *Un silence d'environ une demi-heure*, 1996, p. 35, cité dans la base Frantext.

de réagir à l'antique reproche de rémunérer l'épargne du peuple avec de la monnaie fondante, c'est-à-dire des espèces perdant de la valeur au fil du temps.

Une pratique reconnue, et cela jusqu'aux années récentes, est le don d'un livret de Caisse d'épargne par les grands-parents à leur petit enfant qui vient de naître. En outre, l'Épargne scolaire en tant qu'institution (1879), puis la Mutualité scolaire – les fameuses petites Cavé du nom du fondateur (1898)[12] –, persistent aux lendemains de la seconde guerre mondiale avant d'entrer en déliquescence. Pour résumer, nous soutiendrons, avec l'économiste Alain Cotta, que ce titre est « bon » dans la mesure où il révèle « la continuité de l'effort et la sédimentation de l'épargne quelquefois sur plusieurs générations[13] ».

LA VALEUR D'ÉCHANGE, FONDEMENT DU « BON ARGENT »

Il est bon car il est valeur d'échange. Nul ne peut s'en passer. Il n'y a pas de monnaie sans confiance : l'argent est fréquemment un « médium de cohésion et de pacification[14] ». Il rend fluides les échanges. En empêchant le chaos, il est instance de médiation.

La société considère généralement qu'il est bon, car il est censé être nécessaire. Il fait fonction de « véritable talisman » permettant d'accéder à tous les désirs[15]. Il est apprécié pour ce qu'il permettra d'acquérir. Concrètement, son utilité est fondée d'abord sur le côté pratique. Rien n'est plus maniable[16].

Il n'est pas rejeté en tant que tel, le peuple en a besoin pour vivre. À l'accoutumée, il est bon car nécessaire : dépenses courantes tel le pain, une place de cinéma... La solidité du critère de valeur, la mobilisation et sa condensation en une forme réduite comptent parmi les services rendus[17].

12 S. de Coninck, *Le livret de caisse d'épargne (1818-2008). Une « passion » française*, Paris, 2012, p. 206-211.

13 A. Cotta, 1992, *op. cit.*, p. 406-407.

14 M. Aglietta, A. Orléan, *La monnaie entre violence et confiance*, première édition 1982, Paris, 2002, p. 9-10.

15 *Ibid.*, p. 67.

16 J.-L. Vieillard-Baron, « L'argent ou l'échange universel selon Georg Simmel » *in* R.-P. Droit (*dir.*), 1992, *op. cit.*, p. 85.

17 G. Simmel, *Philosophie de l'argent*, première édition allemande 1900, Paris, 2009, p. 210.

LA SYMBOLIQUE DE L'ARGENT

Sa dimension psychologique de rêve et de puissance[18] le rend « bon ». Toutefois l'argent en soi apparaît fréquemment en tant que « signe de l'amour ». Le don, particulièrement les premières espèces que reçoit l'enfant, en est une preuve. Il est enfoui dans la tirelire aux formes souvent d'un réalisme outrancier, tel un cochon qu'on engraisse. Contrairement aux apparences, c'est de l'argent que l'enfant gardera, jalousement, pas toujours pour un achat futur, mais pour le plaisir de conserver un témoignage d'amour.

Cet instrument participe également à l'élaboration de l'identité sociale. Dans certains milieux aisés, il est symbole de réussite. Ceux-ci recherchent des signes extérieurs de richesse. Nonobstant, cette volonté de paraître peut tout aussi bien toucher également des catégories sociales plus modestes : « … ils s'emprisonneront dans une conception de l'argent fondée sur le qu'en-dira-t-on[19]. » Ses représentations familiales contribuent à établir une identité de filiation. Il est une représentation de nous-mêmes[20]. « L'argent est … un alibi. Il nous renvoie une image flatteuse de notre <<moi>>. Il intermédie entre le moi et la mort[21]. » Sa valeur symbolique est, en définitive, fonction de son usage. C'est un objet qui sert à une bonne cause à l'instar de celui qui est utilisé pour nourrir les enfants, particulièrement de celui qui est dépensé selon l'adage bien connu « en bon père de famille ».

Une autre fonction lui confère une dimension vertueuse : c'est l'argent caritatif. Il découle fréquemment de la tradition religieuse. En termes bibliques, la charité est une vertu théologale conduisant à Dieu. De même, le Coran fait, de la *zakat* aumône obligatoire, l'un des cinq piliers de l'Islam. À l'origine, le christianisme prescrivait d'offrir à Dieu les premiers fruits de la récolte et les premiers animaux nés du troupeau. Ce produit, donné particulièrement à l'occasion de l'office, était destiné aux pauvres et était par conséquent considéré comme « bon ». Progressivement, les fruits de la récolte furent remplacés par de la monnaie donnée à la quête, en tant que collecte rituelle de fonds

---

18 T. Gallois, *Psychologie de l'argent*, première édition 2005, Paris, 2011, p. 159.

19 *Ibid.*, p. 22-23 et 25.

20 A. de Mijolla, « Le franc symbolique » *in* R.-P. Droit (*dir.*), 1992, *op. cit.*, p. 34.

21 A. Cotta, 1992, *op. cit.*, p. 408.

à des fins charitables ou pieuses. À l'époque actuelle, les espèces sonnantes et trébuchantes versées représentent du « bon » argent. Même si l'influence de la religion a largement diminué dans la société actuelle, le geste charitable n'a pas perdu ses qualités. L'obole, versée historiquement sous les porches des églises et désormais aux coins des rues, conserve une dimension de « bon ».

Pourtant, cette tradition d'inspiration religieuse n'est pas exclusive. Le geste caritatif est souvent issu d'une démarche calculatrice, donc bassement intéressée. Dans ce cas, le don briserait la chaîne de l'échange car habituellement, on donne, sans demander de compte ni de remboursement. Les Américains de la fin du XIXe siècle avaient fait graver des messages d'amour sur des espèces métalliques les transformant en un don romantique[22]. Au numéraire se substitue une « monnaie de don ». Nonobstant, Jacques Derrida a introduit bien des nuances qui invalident sa dimension de « bonne monnaie » :

> [...] quand je donne, je crois qu'en effet on calcule... (avec) des conclusions suspectes... Là où il y a de la reconnaissance s'esquisse déjà un mouvement de restitution. Et la restitution commence à détruire le don. (Malgré tout, il prend bien soin de mentionner l'existence de véritables dons et il reconnaît la possibilité d'une <<forme an-économique>>) : ... le don absolu... suppose une expérience non hégémonique, une expérience de la faiblesse absolue, une suspension du rapport de forces[23]. (Derrida, 2004)

Il est fonction de la qualité du bénéficiaire[24]. Il revêt dans maintes sociétés une symbolique de cohésion sociale à l'exemple de la pratique réciproque du don et du contre-don. La dépense afférente est parfois justifiée. Elle exprime une dimension solidaire, perçue comme essentielle en société.

LE « BON ARGENT », REFLET D'UNE LÉGITIMITÉ

Enfin, cette dimension positive procède fréquemment de formes étrangères à l'échange économique. Elle s'inscrit parfois dans une démarche politique. Les milieux progressistes ont flétri régulièrement l'accumulation

---

22 V. A. Zelizer, *La signification sociale de l'argent*, première édition américaine 1994, Paris, 2005, p. 128.

23 Jacques Derrida *in* M. Drach (*dir.*), 2004, *op. cit.*, p. 221-223, 228, 231.

24 G. Simmel, 2009, *op. cit.*, p. 555.

depuis le XIXe siècle au moins. Dans un apparent équilibre, le ministre socialiste du Redressement Productif, Arnaud Montebourg, s'exprimait ainsi en 2013 : « la finance, c'est comme le cholestérol, il y a la bonne et la mauvaise[25]. » À la veille de l'été 2014 encore, la déclaration du ministre socialiste des Finances, Michel Sapin, selon laquelle il faut lutter contre la mauvaise finance et vanter la bonne[26], allait dans le même sens. Elle ne surprend guère dans une perspective politique, voire politicienne, de conciliation avec le monde de l'argent. Il voulait opposer le « bon » au service de l'investissement productif donc propre, au « mauvais », voire au « sale argent », source de spéculation.

Une autre forme de légitimité correspond à l'argent accordé par la jurisprudence des tribunaux. Il est censé être « bon ». La douleur et la vie, pourtant réputées sans prix, font fréquemment l'objet d'une réparation en « bon argent » (*pretium doloris*).

L'exercice du droit de grève, participant en France des libertés démocratiques, ne devrait pas avoir pour conséquence un licenciement. *De facto*, cette éventualité est possible. À l'accoutumée, les tribunaux proposent une indemnisation plutôt qu'une réintégration[27]. Il s'agit d'un titre réputé bon, même s'il est secrété par une faute de l'employeur.

Le « bon argent » dispense du temps. Selon Pascal Bruckner[28], « (il) offre la seule valeur vraiment précieuse en ce monde : le temps ». En cela, il entretient la vie. Pourtant, ce panorama doit être immédiatement nuancé par l'exposition de caractères intrinsèques de l'argent qui le font basculer du côté sombre.

25 Rapporté par BFMTV le 7 septembre 2013.

26 Michel Sapin sur les antennes d'Europe 1, le dimanche matin 15 juin 2014. Il va renouveler cette taxinomie, quelques jours plus tard à l'occasion des Rencontres économiques d'Aix-en Provence.

27 D. Cohen, « Le droit et l'argent. Tout a-t-il un prix ? » *in* R.-P. Droit (*dir.*), 1992, *op. cit.*, p. 303-304.

28 P. Bruckner, *La sagesse de l'argent*, Paris, 2016, p. 13.

LES CARACTÈRES DÉLÉTÈRES DE L'ARGENT

LE FÉTICHISME DE L'ARGENT

Le concept renvoie à l'un des piliers de la théorie marxiste. Par là, Marx entend une illusion, engendrée par le système capitaliste et que celui-ci entretient ; bref, une véritable mystification[29]. Ce fétichisme consiste à faire accroire que « l'argent s'engrosse lui-même ». « Sa magie, en effet, persuade les salariés que ce contre quoi s'échange leur travail, leur salaire, en est l'exacte contrepartie, ce qui dissimule de manière parfaite leur exploitation », commente l'économiste Bernard Guibert[30]. En matière de salaire, le « fétichisme » masquerait la plus-value. C'est son caractère de fiction, en tant que produit d'une invention, voire d'une convention, qui consacre sa dimension imaginaire[31].

Pour argumenter leur développement théorique, les marxistes ont soutenu que ce fétichisme rendait invisible la violence de cet instrument : « Le miroir de l'argent dissimule par réflexion totale la face cachée de la violence de la monnaie. » Elle devient insupportable à partir du moment où l'on prend conscience de son exploitation par une sorte de « désenvoûtement » de nature magique[32]. C'est ce qui est intervenu largement aux XIXe et XXe siècles et qui a fait basculer l'argent du mauvais côté.

LA VIOLENCE DE L'ARGENT

L'argent n'est pas un pur outil économique, c'est un fait social total, au sens de Marcel Mauss. Il met en mouvement la totalité de la société et de ses institutions. Il est de nature essentiellement holiste : il dépend du processus de socialisation. Par sa médiation, les individus entretiennent des rapports avec le social[33]. Par conséquent, il a des implications dans cette sphère.

---

29 B. Guibert, « Le fétichisme de l'argent » *in* R.-P. Droit (*dir.*), 1992, *op. cit.*, p. 267.

30 *Ibid.*, p. 270-271.

31 R.-P. Droit (*dir.*), 1992, *op. cit.*, p. 13.

32 B. Guibert, 1992, *op. cit.*, p. 273-278.

33 M. Aglietta, A. Orléan, 2002, *op. cit.*, p. 18-19.

Il est susceptible de déclencher la violence. Georg Simmel insiste justement sur celle-ci. Il en tient pour preuve la démesure et l'acharnement des querelles d'héritage[34]. C'est d'ailleurs un trait caractéristique de la société française : l'héritage engendre fréquemment des haines familiales. La séparation de l'être et de l'avoir dont parle le philosophe allemand, illustre encore cette violence : « En se dessaisissant ... pour de l'argent, on échange son être contre un avoir[35]. »

Selon deux tenants de l'École de la régulation, Michel Aglietta et André Orléan :

> Il n'est pas légitime de supposer qu'il existe un champ privilégié de relations sociales, appelées économiques, obéissant à des conduites rationnelles qui seraient indépendantes des pulsions violentes de l'inconscient[36]. (Aglietta et Orléan, *La monnaie entre violence et confiance*, 1982)

Au-delà de l'apparence « lisse » de l'argent, réagissent « des forces... qui peuvent broyer les individus[37]... ». La brutalité des rapports marchands serait contenue dans l'argent monnaie.

La violence procèderait d'une spéculation pécuniaire. « Agression des autres », telle est la rivalité concurrentielle : les désirs sont centrés sur la possession d'un objet rare[38]. Cela intervient dans le cadre de comportements mimétiques, au sens du philosophe René Girard (1923-2015). À partir du caractère mimétique du désir, il a fondé une anthropologie de la violence. Sur cette théorie, s'est appuyée l'approche de la violence de ce titre selon Aglietta et Orléan. Dans une première acception, est soutenu que le rapport au monde n'est qu'un face-à-face de l'individu et d'un environnement malléable. À l'opposé, Girard défend l'idée que le désir procède d'un modèle qui sourd de l'imitation du désir des autres. Il s'ensuivrait une exacerbation des désirs d'accaparement. Cette confrontation des désirs sur le même objet ferait naître la violence. Le rapport d'échange par la médiation de l'argent monnaie est alors considéré en tant que relation mimétique. La rivalité entre partenaires de l'échange provoquerait la violence. En d'autres termes, cet instrument monétaire est « le lieu de

34 G. Simmel, 2009, *op. cit.*, p. 298.
35 *Ibid.*, p. 490.
36 M. Aglietta, A. Orléan, 2002, *op. cit.*, p. 13.
37 *Ibid.*, p. 8.
38 *Ibid.*, p. 68 et p. 77-78.

conflits incessants[39] », porteurs de violence. L'individualisme, qui règne dans la société, n'est pas extérieur à cette situation. Traitant d'une « violence essentielle » dans l'une des expressions élémentaires de la violence marchande où les individus sont mis face à face sans médiation instituée, Aglietta et Orléan évoquent une « lutte généralisée de tous contre tous », le mimétisme y étant poussé à son maximum.

A pu être envisagée également une violence symbolique au sens de Pierre Bourdieu : les classes dominées la subiraient au travers de l'argent. Par là, les classes dominantes le justifient et en font un moyen de domination.

Nonobstant, un paradoxe notable concerne les gagnants au jeu, issus des milieux populaires. Ils retournent parfois la violence symbolique qu'ils ont subie, grâce à la force des gains monétaires issus du jeu[40]. La violence de l'argent expliquerait par conséquent certaines représentations sombres.

L'ARGENT ROI

Voilà s'affirmer un mythe comportant sa part de réel. Le titre monétaire permettrait, croit-on, de tout acheter et procurerait ainsi du pouvoir, ce qui en ferait vite un objectif de vie[41]. Il s'agit d'un véritable culte. La réalisatrice et essayiste, Virginie Linhart, fille du militant et soixante-huitard du même nom, en a donné la représentation suivante : « Il n'y avait plus de valeurs, plus de hiérarchie. Voyez comment le culte de l'argent roi, du profit à court terme, de la spéculation, comment les dérives du capitalisme ont été portées par les valeurs de mai 1968[42]… ». Ce culte exacerbé se placerait sous le signe du capitalisme faisant de l'accumulation l'un de ses fondements et le relierait aux profonds changements culturels de 1968.

L'argent roi s'explique sans aucun doute, par la période, de 1945 à 1973, d'enrichissement du pays correspondant aux fameuses et, aujourd'hui, relativisées, « Trente Glorieuses ». Dans son livre éponyme[43], Jean

39 *Ibid.*, p. 33.

40 M. Pinçon, M. Pinçon-Charlot, 2012, *op. cit.*, p. 229.

41 T. Gallois, 2011, *op. cit.*, p. 30.

42 V. Linhart, *Le jour où mon père s'est tu*, 2008, note, citée dans la base Frantext.

43 J. Fourastié, *Les Trente Glorieuses ou la Révolution invisible de 1946 à 1975*, première édition 1979, Paris, Pluriel, 1986.

Fourastié compare deux communautés villageoises au nom imaginaire. L'une, Madère, présente de nombreux signes de sous-développement ; l'autre, Cessac, est faite d'une grande modernité.

Parmi les indicateurs relevés par Fourastié, nous pourrions citer les automobiles, au nombre de 5 dans la première et de 280 dans la seconde ; le niveau de vie moyen, de 4 à 5 fois plus élevé à Cessac qu'à Madère. Fourastié révèle alors que « ... ces deux villages... sont le seul et même village de Douelle en Quercy, saisi à deux dates, 1946 et 1973[44] ». Ces transformations, tant économiques que sociales, ont établi un nouveau rapport avec cet objet, devenu moyen incontournable de vie.

Nonobstant, si l'expression considérée n'a été que peu utilisée dans le passé, ce type de comportement existe depuis toujours et sans doute, depuis l'émergence de la circulation monétaire.

Dans *Les derniers rois de Thulé. Avec les Esquimaux polaires face à leur destin* (1955), l'ethnologue Jean Malaurie décrit un phénomène d'acculturation puisqu'il y présente l'argent comme « abondant et roi[45] ». En tout cas, un poète anglais du XIXᵉ siècle a délivré la formule suivante : « Aucune image gravée ne peut être adorée, si ce n'est la m*onnaie*[46]. » Émile Zola y fait allusion dans son grand livre de 1891, *L'Argent* : « L'argent, l'argent roi, l'argent dieu, au-dessus du sang, au-dessus des larmes, adoré plus haut que les vains scrupules humains, dans l'infini de sa puissance[47] ! »

Dès 1944, à la sortie de la guerre, période de restrictions s'il en fut, Jean Giraudoux imagine le dialogue suivant dans l'une de ces œuvres théâtrales :

> – Pourquoi y-a-t-il des voleurs ? – Parce que l'argent est le roi du monde
> – Parce que nous sommes dans le règne du veau d'or[48]. (Giraudoux, 1944)

Cet échange s'applique à une société qui fait de l'argent, certes de façon souvent ambiguë, la référence à la réussite voire à la distinction. L'objet fascine les humbles en reflétant l'inatteignable et en s'inscrivant

---

44 *Ibid.*, p. 21.

45 J. Malaurie, *Les derniers rois de Thulé. Avec les Esquimaux polaires face à leur destin*, 1955, p. 567, cité dans la base Frantext.

46 Arthur Hugh Slough cité par M. Shell, « L'art en tant qu'argent en tant qu'art » *in* R.-P. Droit (*dir.*), 1992, *op. cit.*, p. 104.

47 É. Zola, *L'Argent*, 1891, p. 235, cité dans la base Frantext.

48 J. Giraudoux, *La Folle de Chaillot*, 1944, p. 122, cité dans la base Frantext.

comme tel, dans leur imaginaire[49]. La société tente de résoudre toutes ses aspirations, en essayant de les solder financièrement. De là, résulte une fascination qu'atteste le succès de magazines, tels *Vogue* ou *Gala*. Celle-ci est amplifiée sans doute, par les nouvelles formes de dématérialisation monétaire. La monnaie circulant sous forme électronique paraît abondante. Elle est entretenue de surcroît, par la production culturelle des grands médias. En témoignent les multiples séries et autres émissions, mettant en scène les grands de ce monde, les riches en particulier, et en définitive vantant le bonheur engendré par le titre monétaire.

L'évocation de la soif de l'argent participe de cette quasi-idolâtrie qu'accusent ses détracteurs. Dès 1983, *La Saga des faiseurs de fric*, film documentaire diffusé par la chaîne de télévision Antenne 2, l'incarne au travers d'un homme d'affaire symbolique Bernard Tapie. « Tout ne marche qu'avec l'argent, c'est le nerf de la guerre », répète-t-on. En 2014, un journaliste surenchérit par ces mots, « Quand on possède de l'argent, on croit tout posséder[50] ». À la suite du jeune Marx, le sociologue Michel Pinçon a soutenu que cet instrument monétaire a succédé à Dieu[51].

De simple moyen qu'il était, l'argent est devenu une fin en soi : « Il est passé du statut de moyen à celui d'objectif essentiel de la vie des hommes[52]. » Son attrait résulte, sans aucun doute, de l'extension de l'hédonisme dans le corps social. « Source potentielle de déviance[53] », il est alors, perçu comme mauvais.

Cet objet devient essentiel dans le comportement ainsi que dans la mentalité du jeune enfant qui rêve de percevoir plus tard, tel le fameux héros de bande dessinée, « oncle Picsou », de gros gains. De même, l'adulte au bord de la vieillesse n'a de cesse de l'accumuler pour « profiter » de la retraite. Toutes ces manières de penser et d'agir en matière d'argent sont mal perçues au sein d'une partie de l'opinion. Les représentations négatives qui en résultent, deviennent des *leit motiv* presque hypocrites. La romancière Annie Ernaux en a proposées, en 2000, une transcription :

49 Cyril Lemieux, cité par T. Pech, 2011, *op. cit.*, p. 151-153.

50 Stéphane Paoli, France inter, dimanche 5 janvier 2014.

51 Michel Pinçon *in* M. Pinçon, M. Pinçon-Charlot, *L'argent sans foi ni loi*, Paris, 2012, p. 18.

52 Le banquier Charles-Henri Filippi dans son livre *L'Argent sans maître*, 2009, cité par M. Pinçon, M. Pinçon-Charlot, *Les millionnaires…*, 2012, *op. cit.*, p. 139.

53 T. Gallois, 2011, *op. cit.*, p. 15.

> … elle est maintenant une bourgeoise. Tout ce qu'elle dit en classe, contre la publicité, l'argent roi, ne peut rien contre la vision obscène d'une Mercedes garée devant le lycée Guy-Mollet[54]. (Annie Ernaux, 2000)

Un tel culte exacerbé de l'argent au moins dans une partie de la société a des effets quasi-pathologiques qui réagissent sur les représentations. Une réflexion de Ghislain de Montalembert, journaliste au *Figaro*, quotidien aux orientations certes de droite et traditionnellement tolérantes à l'égard des riches, l'illustre :

> Adieu, les complexes d'antan, l'argent tabou dissimulé sous les matelas loin des regards envieux ! À l'aube des années 2000, les plus aisés se mettent à rouler en 4X4 de luxe. Ils s'endettent, spéculent à tour de bras… De l'argent roi à l'argent fou, il n'y avait qu'un pas, vite franchi[55]. (De Montalembert, 23 décembre 2009)

Cette dimension concerne non seulement les patrons les plus riches dont il a été question, mais également d'autres milieux sociaux. Le monde professionnel du sport, le football en particulier, est désormais imprégné, sinon immergé dans l'argent. De sombres affaires de corruption voire de fraudes, telle l'évasion fiscale, en ont résulté. La chronique journalistique des faits divers a tendance à amplifier ces quelques affaires. Toutefois, elles pèsent sur les représentations populaires. Il apparaît une tendance à les généraliser au monde professionnel du sport dans son ensemble. La distance est faible de l'argent roi à l'argent sale comme elle l'est de la coupe aux lèvres.

Le monde de l'art, de la peinture entre autres, est également concerné. L'argent engendre des débordements dans le comportement des artistes. Ils mènent fréquemment un double jeu fait d'un côté, de « la subversion symbolique » et de l'autre, de l'appétence pour « le compte en banque fourni[56] ». Ce dualisme plein d'ambiguïté a été observé, au cours des années 1950, chez Salvador Dali (1904-1989). Membre un temps du groupe surréaliste de Paris, le peintre espagnol avait acquis une grande renommée. Après s'être éloigné de ce mouvement, il évolua, après 1945, vers un autre style de peinture qui se voulait mystique. En même temps, féru de publicité médiatique, il affichait son excentricité en adoptant

54 A. Ernaux, *La vie extérieure*, 2000, p. 49, cité dans la base Frantext.

55 G. de Montalembert, « De l'argent roi à l'argent fou », *Le Figaro.fr*, 23 décembre 2009.

56 P. Bruckner, *op. cit.*, 2016, p. 215.

des attitudes et des poses extraordinaires. Ainsi, au cours de la période, il n'hésite pas à s'afficher les deux joues garnies chacune d'un billet de 10 000 dollars. Cette attitude sarcastique ne masquait pas cependant son attrait envers l'argent. Le public s'en rendait compte et il passait pour un homme d'argent. Il paraissait alors, devoir sa réussite à quelque artifice. Tout cela invalidait, dans les représentations, l'idée d'un bon argent, résultat de son talent propre et de son travail.

Enfin, quelques milieux étroits sont réputés pour leur appétence à l'argent : le groupe entourant le psychanalyste, Jacques Lacan (1901-1981), a été ainsi, à tort ou à raison, stigmatisé en tant que tel. Ces exemples illustrent le passage d'un argent, bon dans son essence, mais devenu mauvais par le culte excessif qui lui est voué.

Nonobstant, l'argent n'agit pas seulement en tant que marqueur social. Monique Pinçon a délivré le diagnostic suivant :

> L'argent s'est [...] comme émancipé du corps social... L'argent est devenu véritablement asocial, alors que sa seule fonction devait être sociale[57]. (Pinçon-Charlot, 2012)

Le culte de l'argent roi a imprégné la crise financière de 2008 ainsi que diverses affaires douteuses. Il en a résulté de profondes mutations des perceptions de l'argent dans l'opinion. L'évolution des attitudes concernant cet instrument, est amplifiée par les prises de position de *leaders* d'opinion. La déclaration publique du pape François, le 29 septembre 2013, en clôture d'un congrès mondial des responsables de la catéchèse en donna une illustration :

> Si les choses, l'argent et la mondanité deviennent le centre de la vie, ils nous possèdent et nous perdrons notre identité même d'êtres humains[58]. (Le pape François, 29 septembre 2013)

Les prises de positions hostiles produisent des représentations sombres de cette idolâtrie. Le petit livre de Mélanie Viau, *L'argent roi* publié en 2014, à destination des enfants, le démontre[59]. Même si l'histoire est décentrée dans le contexte de la France contemporaine, elle s'attache

57 Monique Pinçon-Charlot *in* M. Pinçon, M. Pinçon-Charlot, *L'argent...*, 2012, *op. cit.*, p. 20.

58 Le pape François, cité par *Le Parisien.fr*, 29 septembre 2013.

59 M. Viau, *L'Argent roi*, Paris, 2014, *passim*.

aux méfaits de ce titre. Ce dernier secrète des représentations stigmatisantes, en particulier de la part de certains milieux intellectuels qui en constatent les pathologies. Inversement son potentiel de séduction déclenche la frustration de ceux qui en ont peu ou pas.

L'ARGENT FACILE

Voilà un constat courant qui perturbe les relations des Français avec un tel objet. Par là, est signifié qu'il est facile de gagner de l'argent, sans effort, sans travail. Les opportunités ne manquent pas, de la prostitution au jeu, du petit boulot à la franche malversation. Il est facilement perçu en tant que mauvais dans la mesure où il invalide la morale dominante.

LA DISCRIMINATION PRODUITE PAR L'ARGENT

L'argent fonctionne en tant que marqueur social. Il contribue, à ce titre, à fonder des différences sociales. Il exerce parfois entre classes des rapports de force et, au-delà, de domination[60]. Cet objet engendre des phénomènes de stigmatisation. Celui, qui en possède, est dénoncé en tant que tel. L'accumulation, surtout quand elle n'est pas due au mérite tel l'héritage démesuré, fait des envieux et, au-delà, des contestataires de cet ordre pécuniaire. Cependant le « mauvais » s'oppose au « bon » pour une différence de nature, mais aussi de degré. Dans une société, où la mesure est reine, ce titre perçu comme excessif, provoque une diabolisation sociale dont vont s'emparer tant les grandes religions que les idéologies.

Le détenteur d'un gros patrimoine, couramment, honoré dans les sociétés anciennes, ne l'est plus désormais : « l'habit ne fait pas le moine » dit un proverbe bien connu. À l'inverse, celui qui n'en possède pas a été, souvent, méprisé et n'est pas moins stigmatisé, cette fois en tant que « bon à rien ». Selon la grande bourgeoisie, les inégalités monétaires et patrimoniales « ne feraient qu'entériner les qualités familiales de personnes hors du commun[61] ». Les représentations ont répercuté cette opinion.

Tous ces caractères délétères n'ont pas peu contribué à le rendre mauvais dans l'opinion, particulièrement dans certains milieux ce qui a entraîné de sombres représentations.

60 Michel Pinçon *in* M. Pinçon, M. Pinçon-Charlot, *L'argent…*, 2012, *op. cit.*, p. 56.

61 M. Pinçon, M. Pinçon-Charlot, *Les millionnaires…*, 2012, *op. cit.*, p. 70.

AUX ORIGINES DU MAUVAIS ARGENT

La France ne serait pas accueillante à la richesse ! Bien que cela soit une thèse discutée[62], elle peut être largement accréditée.

LA STRATIFICATION SOCIALE ET SES REPRÉSENTATIONS

Le désaveu de l'argent ostentatoire, de même que sa mauvaise perception, ont été imputés aux racines rurales de la société française. Cette thèse, même si elle a été contestée, est relativement convaincante[63]. La fascination n'est pas unanime, ainsi que le subodore le conseil de sagesse à dimension proverbiale : « l'argent ne fait pas le bonheur ». L'ambivalence d'un tel objet ne fait donc, pas de doute.

L'instrument monétaire et, d'une façon générale, la richesse, fascinent et inquiètent à la fois, en particulier dans les milieux populaires. Ce sentiment est moins fréquent dans les catégories intermédiaires, notamment intellectuelles où règne souvent un relatif mépris de sa démesure. Elles ne sont pas loin alors, de se le représenter en tant que mauvais. Il arrive même qu'au sein de certaines familles, il soit considéré en tant que vice.

Pour attester l'ambivalence de l'argent et, pour matérialiser un relatif mépris des intellectuels à son égard, l'anecdote, relatée par Pascal Bruckner, mérite d'être citée. Jean-Paul Sartre aurait déambulé parfois, en se munissant d'une très grosse somme d'argent qu'il dilapidait aux hasards des rencontres. Il associait ainsi, une volonté de bienfaisance et un certain dégoût pour l'instrument monétaire[64].

DU « MAUVAIS ARGENT » D'ESSENCE CAPITALISTE

Le capitalisme est un régime dans lequel les capitaux, le plus souvent sources de revenu, appartiennent à des personnes privées. L'accumulation, traduite, d'abord par la notion d'accaparement, est apparue en France dès l'Ancien Régime. Il s'agissait alors, de stigmatiser les spéculateurs,

---

62 T. Pech, 2011, *op. cit.*, p. 133.

63 *Ibid.*, p. 134.

64 P. Bruckner, 2016, *op. cit.*, p. 139.

les « accapareurs » retenant en période de disette, dans l'attente que les prix montent, de grosses quantités de blé.

Dans un sens plus précis, le capitalisme est un régime social, caractérisé par le travail salarié. D'un côté, le capital s'intègre dans la propriété privée, jusqu'à l'accumulation des moyens de production et d'échange. De l'autre, la force de travail est vendue contre salaire par ses détenteurs, les ouvriers : « La loi fondamentale du capitalisme, c'est la production toujours accrue de plus-value, provenant de l'exploitation du travail salarié[65]. » Les représentations capitalistes sont fort sombres dans les milieux populaires ainsi que le traduit l'adage paradoxal : « On perd sa vie à la gagner ».

Le capitalisme, pour les plus conscients, est donc accusé de secréter un objet « mauvais ». Le spécialiste en matière de finance Dominique Perrut a eu ces mots provocateurs, « du bon argent capitaliste[66] ». Ce titre est alors, perçu en tant que monstre, suscitant le fantasme[67]. Shakespeare a fait, de « l'argent de son temps », l'or, la « putain commune à toute l'humanité[68] ». Il condamnait par là, les comportements qu'il déclenche. Pour Marx, l'instrument monétaire en soi particulièrement d'essence capitaliste, est une perversion[69]. En atteste la cupidité, en dehors même du monde capitaliste, cet amour immodéré de l'argent. Dans son film *Vincent, François, Paul et les autres* (1974), Claude Sautet représente un milieu social avide d'argent. Un médecin issu des beaux quartiers, Michel Piccoli / François, est présenté par sa femme telle une machine à sous[70].

Est mauvais encore, l'argent censé contribuer à la destruction de l'environnement dans un contexte d'inconscience des capitalistes. Une revue suisse, citée par un universitaire du même pays en 1991, représentait une forêt morte où un homme d'affaires s'écriait : « Qu'est-ce que nous avons donc fait de mal ? Nous n'avons fait que gagner normalement de

65 Article « capitalisme » *in* M. Bouvier-Ajam, J. Ibarrola et N. Pasquarelli, *Dictionnaire économique et social*, Paris, 1975, p. 96-97.

66 D. Perrut, *Patria o muette*, 2009, p. 224, cité dans la base Frantext.

67 M. Ménard, « Le roman et l'argent » *in* R.-P. Droit (*dir.*), 1992, *op. cit.*, p. 24.

68 Shakespeare cité par K. Marx, *Manuscrits*, 1844, « L'argent peut tout ».

69 Commentaire des *Manuscrits de 1844* de Marx par J.-L. Vieillard-Baron, 1992, *op. cit.*, p. 82.

70 Voir le commentaire de L. Bantigny, « Scènes d'argent. Quelques aperçus sur le rôle de l'argent dans le cinéma français » *in* A. Aglan, O. Feiertag, Y. Marec (*dir.*), 2011, *op. cit.*, p. 343.

l'argent[71] ! » Le dessin révèle « cette course à l'argent », au « mauvais », détruisant la nature.

Il s'agit aussi, d'un « mauvais » titre gagné par des méthodes contestables abusant souvent de la bonne foi : c'est celui de la spéculation. La dénonciation ne date pas d'aujourd'hui puisque dès 1891, Émile Zola, dans *l'Argent*, avait ces mots :

> … la spéculation regardée comme l'excès humain, l'engrais nécessaire, le fumier sur lequel pousse le progrès[72]. (Zola, 1891)

Au cours de l'histoire récente, dans les temps d'inflation accélérée, les individus aptes à surmonter son fétichisme, sont incités à se débarrasser de cette monnaie « fondante » perçue en définitive en tant que mauvaise.

L'ARGENT MAL ACQUIS

« L'argent n'a pas d'odeur », dit l'expression très ancienne, certainement d'origine romaine. Elle serait la réplique de l'empereur Vespasien (7-79) à son fils, lui reprochant d'avoir instauré une taxe sur les urines, collectée dans les toilettes publiques et destinée à l'activité teinturière. Au fil des siècles, cette déclaration est passée au rang de proverbe. L'expression montre une certaine logique puisque toute espèce monétaire, notamment dans sa forme métallique, est indiscernable quelle que soit son origine. Simmel, rappelons-le encore, soutient que l'argent est neutre.

Pourtant, il a été considéré en tant que véritable marqueur. La sociologue américaine Viviana A. Zelizer a défendu le concept de « marquage ». Réfutant la thèse de la neutralité de l'instrument monétaire, elle considère que « …des réseaux différents de relations sociales et des systèmes de significations distinctifs marquent l'argent moderne de leur empreinte[73]… ». Dans cette perspective, des odeurs ont été imputées à cet objet. C'est pourquoi il est possible d'envisager ces « mauvaises odeurs », bref leur côté sale.

71 Hans Christoph Binswanger *in* J. Beuys, *Qu'est-ce que l'argent ? Un débat avec Johann Philipp von Bethmann, Hans Binswanger, Werner Ehrlicher, Rainer Willert*, première version allemande 1991, Paris, 1994, p 27.

72 É. Zola, *L'Argent*, 1891, cité par M. Ménard, 1992, *op. cit.*, p. 23.

73 V. A. Zelizer, 2005, *op. cit.*, p. 60.

Le stigmate « mauvais » se rapporte à son mode d'acquisition. Dans une société valorisant la légalité, l'un de ses fondements tel l'argent malhonnête, c'est-à-dire mal acquis, provoque la réprobation. Un lieu commun représente « l'argent sans foi ni loi », celui du vol en particulier. De même, celui qui a été obtenu en négociant des produits et services prohibés participe de cette catégorie. Je pense naturellement, mais j'y reviendrai plus avant dans ce livre, au titre monétaire produit par la vente de drogues ou bien de marchandises falsifiées. Est perçu, également, comme « sale », l'argent produit par le commerce des corps, en premier lieu la prostitution. Le sang, liquide physiologique par excellence, est réputé hors commerce en droit français[74]. Dans certains pays peu développés, les organes sont parfois, une source de revenus. Leurs divers trafics particulièrement ceux du rein font l'objet d'opprobre. De multiples reportages programmés dans les médias, en délivrent une représentation bien sombre. Ces faits sont dénoncés en tant qu'atteintes à l'intégrité humaine, mais ils sont fréquemment, en rapport avec des milieux d'extrême misère. Ainsi en novembre 2014, une station de radio a présenté un reportage sur ce trafic dans un camp de réfugiés du Liban. Un jeune, âgé de 17 ans, y justifiait ce négoce : « J'ai fait çà pour aider ma famille, ma sœur doit se faire opérer et nous n'avons pas d'argent[75]. » Un tel témoignage a pour but de provoquer l'émotion des auditeurs et, il manque rarement sa cible. Le trafic pourfendu ainsi relaté et, reposant sur des manipulations, véhiculerait un « argent sale ».

LES UTILISATIONS DE L'ARGENT, PERÇUES COMME MAUVAISES

Dans cette catégorie, pourra être rangé parfois, un objet honnêtement acquis, mais fréquemment perçu dans une tradition infrathéologique, de façon illégitime : l'argent produit par de l'argent est fréquemment mal vu. Certes cette dernière conception se rencontre de moins en moins. Pourtant nous verrons plus loin qu'elle a été à l'origine de certains comportements particuliers. Le gain, n'ayant pas été produit par le travail, est perçu en tant que « mauvais ». Historiquement, la rente, en tant que revenu produit par un capital aliéné, a été stigmatisée en

74 D. Cohen, 1992, *op. cit.*, p. 303.

75 France Info, reportage entre 11h et 12h, 12 novembre 2014.

tant que moyen de vivre de quelque chose qui n'est pas de son travail. Elle était dépourvue, à ce titre, de légitimité. Le Zola de Germinal est éloquent à ce sujet :

> Comprends-tu ça… ces ouvriers chapeliers de Marseille qui ont gagné le gros lot… et qui tout de suite ont acheté de la rente en déclarant qu'ils allaient vivre sans rien faire ! (Zola, *Germinal*, 1885)

À l'autre extrémité de la période contemporaine, Michel et Monique Pinçon-Charlot ont cité un gros gagnant du Loto craignant de donner à ses enfants une mauvaise image d'un père rentier[76].

Ce qui fonde l'appartenance au « mauvais » n'est pas seulement, dû à ses origines. Il est « mauvais » par ses pratiques abusives ou hors des normes sociales. Celui qui est issu de la corruption en est une illustration. Selon le banquier, Jean Deflassieux, « C'est l'usage que l'on en fait, l'abus du pouvoir qu'il donne, qui corrompent[77] ».

La nature de la dépense conférant parfois, à l'argent une connotation critique, doit être pris en compte. Citant l'historien hongrois, Karl Polanyi (1886-1964), Viviana A. Zelizer rappelle que, dans certains villages anciens, il existait une monnaie spécifique affectée à l'achat de divers biens et services. Se transposant à l'époque contemporaine, elle réagit à l'encontre de la thèse de la monnaie universelle en « primitivisant » le titre monétaire géré individuellement :

> … chacune de ces monnaies étant employée différemment… correspondant à des formes d'échange et à des modes d'attribution spéciaux ou ne convenant même qu'à des usages particuliers[78]. (Zelizer, 2005)

Un tel objet ne serait adapté qu'aux relations impersonnelles de marché. Il serait incapable de se métamorphoser en cadeau[79]. Au début du XXe siècle, les Américains se représentaient les pourboires en tant que pratique dégradante et, donc, mauvaise. Ces derniers ont révélé que « la relation entre donateur et destinataire était distante et inégalitaire », quand ils n'étaient pas de banales tentatives de subornation[80].

76 M. Pinçon, M. Pinçon-Charlot *Les millionnaires…*, 2012, *op. cit.*, p. 170 et 178.
77 Jean Deflassieux, président du Crédit Lyonnais *in* R.-P. Droit (*dir.*), 1992, *op. cit.*, p. 234.
78 V. A. Zelizer, 2005, *op. cit.*, p. 56 et 58.
79 Georg Simmel cité par V. A. Zelizer, 2005, *op. cit.*, p. 144.
80 V. A. Zelizer, 2005, *op. cit.*, p. 162 et 164.

Un autre cas correspond à la mère de famille, issue d'un milieu social modeste, qui est stigmatisée pour ses dépenses vestimentaires censées être démesurées. C'est aussi, le père de famille utilisant une partie de ses appointements en dépenses excessives au café ou, le mendiant à qui est reproché, fréquemment, d'utiliser tout ou partie des aumônes reçues en consommation d'alcool.

L'argent censé être gaspillé serait « mauvais ». L'opprobre contre le gaspillage est un trait de société qui perdure au cours de la seconde moitié du XXe siècle. La femme de lettres, Geneviève Dormann (1933-2015), fustige un tel comportement dans son roman, *La petite main* (1993) : « … jeter son bon argent par les fenêtres[81]. »

Les rapports des Français avec l'argent se caractérisent par cette ambivalence, faisant alterner le « bon » et le « mauvais ». Cet aspect est de plus en plus, présent dans les représentations postérieures à 1945. Se développe désormais, un relatif pessimisme puisque les personnes interrogées répondent en majorité que l'argent ne fait pas le bonheur[82]. Mais les perceptions négatives de nature politique, apparues dès avant la Seconde Guerre Mondiale, se perpétuent au-delà de cette dernière période, ainsi que le montrera le chapitre suivant.

---

81 G. Dormann, *La petite main*, 1993, p. 197, cité dans la base Frantext.

82 J. Marseille, 2009, *op. cit.*, p. 171.

MYTHES ET PEURS DE L'ARGENT DANS LE CHAMP POLITIQUE

L'anticapitalisme, des « deux cents familles » aux « trusts »

Dès l'aube des temps contemporains après la Révolution, et jusqu'au début du XXIe siècle, les peurs de l'argent se diffusent sous forme de mythes. Dans le cadre de cette réaction, les protagonistes du mythe sont souvent présentés sous un jour plus ou moins favorable ainsi que l'a bien montré Roland Barthes[1].

Le mythe est parfois mensonger, en tout cas, il peut être trompeur sous des allures informatives. La fonction du mythe est bien de déformer et non de faire disparaître, écrit Barthes. Il s'agit, sous forme d'une évocation à l'accoutumée historique, de développer un imaginaire très fréquemment éloigné de la réalité des faits. Le mythe donnerait à lire l'imaginaire de toute une société. Il permet d'approcher le fonctionnement social au travers de certains modes de représentation dévoyés (Jacques Revel)[2]. Ce qui est trompeur dans le mythe contemporain, c'est qu'il associe et généralise des faits qui délivrent une version orientée de l'histoire, d'ordinaire vers la recherche d'un bouc émissaire. C'est l'invention d'un coupable.

Mais comment fonctionne le mythe ? Il ne cherche pas à raconter l'histoire, mais délivre davantage des clichés, des images, destinés à faire sens. Il procède, au travers d'un récit en apparence historique, d'une vision engagée du monde. Son rôle est éminemment idéologique. Il est donc une construction sociale et *a fortiori*, les mythes de l'argent. Les mythes ne sont pas éternels. Quand ils perdent leurs références sous-jacentes, leur succèdent de nouveaux mythes. Celui des « Deux cents

1 R. Barthes, *Mythologies*, première édition 1957, Paris, 1970, p. 14-15.

2 J. Revel, « événement » *in* J. Le Goff, R. Chartier, J. Revel (*dir.*), *La nouvelle histoire*, dictionnaire, Paris, 1978.

familles », ainsi que celui du « Mur d'argent » qui l'accompagne, n'ont pas échappé à cette évolution.

Au XIXe siècle, avec le développement de la France et l'épanouissement du capitalisme, l'argent était de plus en plus jalousé. Le développement qui suit se rapportera tant à l'argent monnaie qu'à l'argent en tant que richesse. Les mythes de l'argent sont fondés sur des éléments concrets. Avec la création de la Banque de France en 1800, ses plus gros actionnaires, dotés de pouvoirs particuliers et tous des riches, furent bientôt enviés. Voilà apparaître, dès cette époque, le mythe des « Deux Cents Familles » ayant connu son apogée dans l'entre-deux-guerres sous la dénomination de « Mur d'argent ». Les deux renvoient directement à la domination des riches. Celle-ci se traduit par l'ingérence des « grosses fortunes » dans le processus de décision politique. Le personnel concerné en fait vite des bouc-émissaires. Quand la réalité qui les a fait naître, s'estompe, surgit le mythe des « trusts » après 1944. Par là, une partie du monde politique se réfère au type-même de la grande entreprise capitaliste porteuse de déséquilibres sociaux et, à ce titre, perçue en tant que nouveau bouc émissaire.

L'objet de ce chapitre est de montrer le passage d'un mythe à l'autre au travers de l'histoire contemporaine. En même temps, il révèlera que les mythes déclenchent dans le monde politique des fantasmes de peur débordant au sein-même de la société dans son ensemble.

DESTIN DES « DEUX CENTS FAMILLES » ET DU « MUR D'ARGENT »

DES « DEUX CENTS FAMILLES » AU « MUR D'ARGENT » DE 1803 AUX ANNÉES 1930

Par « deux cents familles », on entendait, au cours de cette période, les deux cents plus gros actionnaires de la Banque de France, société anonyme par actions. Une loi de 1803 leur attribuait le droit de représenter l'assemblée générale. Ce privilège de nature oligarchique leur fut vite reproché ! Ces actionnaires, concrètement les plus riches du pays croyait-on, auraient joui en quelque sorte d'un pouvoir occulte sur l'orientation de la Banque centrale[3]. Une grande proximité s'était établie entre la finance et le politique de nature conservatrice et libérale. Elle était critiquée, en même temps que l'on s'en prenait à l'accumulation d'argent d'essence capitaliste.

Au cours de cette période, une autre expression « Mur d'argent » fit florès[4]. Le président du Conseil du Cartel des gauches (1924-1926), le radical Édouard Herriot (1872-1957) imputa ses difficultés financières au « Mur d'argent ». L'hypothèse défendue par la collectivité historienne, est que les milieux proches du Cartel s'en prirent plus à la domination qu'à l'opulence de ce monde financier.

La meilleure preuve est cette expression « La dictature de l'argent », titre d'un chapitre des Mémoires d'Édouard Herriot, *Jadis* (1952). Il s'agit, par là, de dénoncer la domination ainsi que peut-être, la violence, toutes deux produites par sa détention. Dans le climat de spéculation de l'époque, Herriot et son entourage s'en prennent au « mur d'argent », c'est-à-dire à l'aristocratie financière de la Banque de France qui aurait tout fait pour provoquer sa chute.

Est-il l'inventeur de l'expression ? Que se cachait-il derrière ce mot ? La métaphore de « mur » renvoie à un vocabulaire quasiment militaire, voire féodal et l'on parle à ce propos de « donjons », de « citadelles » et même de « bastilles ». Plus précisément, le mur donne un sens concret à la symbolique des « deux cents » renvoyant de surcroît à la féodalité. L'historien Jean Ruhlmann le remarque :

> Évoquer le Capital (c'est le cas ici pour ce qui concerne le mur d'argent), c'est bien sûr dénoncer, dans l'ordre des structures économiques, une relation régie par une domination arbitraire et sans partage (le monopole et la féodalisation)[5]... (Ruhlmann, 2011)

En mars 1925, dans une lettre à Edouard Herriot au nom du groupe SFIO, le député socialiste, futur président du Conseil de 1936, Léon

---

3 A. Gueslin, *Mythologies de l'argent. Essai sur l'histoire des représentations de la richesse et de la pauvreté dans la France contemporaine (XIXe-XXe siècles)*, Paris, 2007, *passim*.

4 La synthèse fondatrice est celle de J. N. Jeanneney, *Leçon d'histoire pour une gauche au pouvoir. La faillite du Cartel*, Paris, 1977, *passim*.

5 J. Ruhlmann, « Argent et identité sociale. L'argent double. La défense, l'identité sociale des classes moyennes et l'argent dans la première moitié du XXe siècle » *in* A. Aglan, O. Feiertag, Y. Marec (*dir.*), *Les Français et l'argent. Entre fantasmes et réalités*, Rennes, 2011, p. 75.

Blum (1872-1950) faisait allusion à « la suzeraineté des banques[6] ». Cette dernière expression n'était assurément pas neutre. La rhétorique révolutionnaire, en termes d'abolition de la féodalité et des privilèges, se poursuivit durant tout l'entre-deux-guerres.

Elle s'inscrivait dans une thématique de la conspiration qui prit corps dès la fin du XIXe siècle. Au-delà des deux cents familles, la banque était stigmatisée. La fameuse phrase, certes contestée, du socialiste Vincent Auriol, ministre des Finances (1936-1937) du Front Populaire et, plus tard, président de la République de 1947 à 1954, l'a illustrée au temps du Cartel : « La Banque (de France), je la ferme ; les banquiers, je les enferme… » Le monde professionnel des classes moyennes s'empara de cette stigmatisation : « Les banques n'aiment pas ceux qui n'ont pas d'argent[7]. »

En fait, était désigné par là l'antique affrontement des gros et des petits, les premiers exploitant les seconds et se barricadant derrière d'épaisses murailles mettant à l'abri d'attaques éventuelles et permettant de déclencher une contre-offensive. Le sociologue Pierre Birnbaum voit dans l'apparition du mythe du « Mur d'argent » la rémanence de l'idéologie unanimiste qui s'était construite contre la féodalité en 1789 et qui se déplaça contre les gros[8]. En réalité, il pourrait s'agir, au-delà de ces mots, de références connotées de nature anti-patronale, voire anticapitaliste.

Cette polémique connut un deuxième temps. À celui du Cartel des Gauches où le mythe se diffusa dans la société française, succéda celui correspondant au Rassemblement Populaire (1935-1937) où il s'épanouit. Dès le 11 avril 1930, Édouard Daladier, l'autre chef du parti radical, vitupérait contre les puissances d'argent : « Il s'est formé en France une féodalité nouvelle qui a conquis silencieusement des privilèges[9] … » Cette déclaration de l'homme politique jacobin aboutit à donner une représentation caricaturale du capitalisme honni à gauche.

Elle fut suivie bientôt par une affiche représentant un membre de l'aristocratie des affaires tenant un couteau entre les dents, tel le bolchevik

---

6 Léon Blum, cité par E. Herriot, *Jadis. D'une guerre à l'autre 1914-1936*, t. 2, Paris, 1952, p. 217.

7 *L'Action professionnelle* de 1936 citée par J. Ruhlmann, « Argent… », 2011, *op. cit.*, p. 79.

8 P. Birnbaum, « Des gros aux deux cents familles » *in Le peuple et les gros. Histoire d'un mythe*, Paris, 1979, p. 27.

9 Cité par R. Sédillot, *Les deux cents familles*, Paris, 1988, p. 16.

représenté en 1920. Elle était légendée ainsi, « 200 criminels[10] ». L'écrivain Paul Léautaud déclara : « ... le pays est dans la dépendance de la Banque de France[11]. » La polémique prit même des allures antisémites à gauche comme à l'extrême droite stigmatisant la finance juive internationale.

Avec l'irruption de la grande crise des années trente, la désapprobation de l'argent, en particulier à propos de son appropriation, s'amplifia. À l'anti-capitalisme naissant véhiculé par les milieux de gauche, s'ajouta la vindicte du monde professionnel des classes moyennes : « l'argent ne circulait plus guère que dans les gros vaisseaux qui reliaient les caisses de l'État à celles des grandes banques[12]. »

En 1934, la thématique des « deux cents » s'est installée en politique. Jusque-là, la critique avait été réservée à quelques chroniqueurs tels que Francis Delaisi (1873-1947), syndicaliste CGT et proche de la SFIO ou le journaliste économiste Alfred Neymarck (1848-1921). Le mythe avait été solennellement repris par Édouard Daladier, au Congrès de Nantes de juillet 1934 du parti radical :

> Deux cents familles sont maîtresses de l'économie française et, en fait, de la politique française. Ce sont des forces qu'un État démocratique ne devrait pas tolérer, que Richelieu n'eut pas toléré[13]... (Daladier, 1934)

La référence à Richelieu surprend dans la bouche d'un homme politique de gauche, mais c'était vouloir dire l'aberration du statut des « deux cents ». Peu à peu, la polémique s'amplifia. Comment expliquer cette montée en puissance ?

Le phénomène de crise exacerba sans doute les tensions. Mais les problèmes politiques de l'époque doivent être pris en compte : la France était au lendemain du 6 février 1934 conduisant au Front Populaire. La désapprobation de l'argent gonfla dans les milieux de gauche. Le parti socialiste SFIO déjà sensibilisé par Delaisi, récupéra cette thématique.

10 *Ibid.*, p. 18.

11 P. Léautaud, *Journal littéraire 1928-1940*, T. II, cité par O. Dard, « Banques centrales et mythologie politique dans l'entre-deux-guerres » *in Politiques et pratiques des banques d'émission en Europe (XVIIe-XXe siècles). Le Bicentenaire de la Banque de France dans la perspective de l'identité monétaire européenne*, Paris, 2003, p. 549.

12 « Réflexion de l'entre-deux-guerres » citée par J. Ruhlmann, « Argent... », 2011, *op. cit.*, p. 79.

13 Cité par A. Plessis, *La Banque de France et ses deux cents actionnaires sous le Second Empire*, Genève, 1982, p. 155.

Mais c'est le parti communiste qui en fit son cheval de bataille. Sa critique prit même des accents antisémites (Pierre Birnbaum). Le 14 juillet 1936, apothéose du combat de la Gauche, Maurice Thorez (1900-1964), alors secrétaire général du Parti Communiste, proclama « la fête de la nation unie contre les deux cents familles ». Bref, le Rassemblement Populaire en fit l'un de ses thèmes de campagne et l'historien anglo-saxon Malcolm Anderson soutient que le mythe scella le pacte du Front Populaire[14].

La presse périodique de gauche n'était pas de reste. Un article des *Cahiers des droits de l'homme* de 1935 contestait la politique de déflation inspirée par la Banque et lésant « les petites gens ». Au moment de la campagne du Rassemblement Populaire (mars 1936), un périodique d'extrême gauche *Le Crapouillot* tendit à assimiler les deux cents plus gros actionnaires de la Banque de France au gotha des grandes affaires économiques. Au même moment, Francis Delaisi en déduisait que le règlement de base, propre à la Banque de France, était d'inspiration ploutocratique[15]. La grande thématique anticapitaliste se retrouve là.

L'extrême droite confirma en s'en prenant à la ploutocratie « des gros », tout cela accompagné d'antisémitisme virulent[16], découlant du fantasme du « caractère apatride » du grand capital illustré par la famille des banquiers Rothschild. De son côté, *Je suis partout*, le journal créé en 1930 et imprégné de maurassisme, avant d'être collaborationniste lors de la Seconde Guerre Mondiale, dénonçait régulièrement le « complot » capitaliste[17].

Quel bilan, l'historien peut-il faire de cette polémique ? Il y a sans doute du vrai dans ce mythe : la présence des « deux cents » dans l'administration de la Banque est un fait. Cependant, au XIXe siècle, Rothschild, bien que le plus gros actionnaire de la Banque, ne pouvait siéger à l'assemblée générale, du fait du statut de droit étranger de la Maison.

Doit être nuancée la thèse selon laquelle les deux cents familles, censées refléter les groupes bancaires et industriels, ont fait la politique

14 M. Anderson, « The myth of the two hundred families » *in Political Studies*, volume XIII, 1965, p. 170.

15 F. Delaisi, *La Banque de France aux mains des deux cents familles*, Paris, Comité de Vigilance des Intellectuels Antifascistes, 1936, p. 20.

16 P. Birnbaum cite par exemple le journal du PPF *L'Émancipation* dans « Des gros... », 1979, *op. cit.*, *passim*.

17 Voir l'analyse fine et documentée du sociologue P. Birnbaum, 1979, *op. cit.*, *passim*.

de la France. Les patrons capitalistes de l'industrie et du commerce ont toujours été fort peu nombreux parmi les deux cents. L'examen de leurs origines professionnelles, durant l'entre-deux-guerres, indique certes la présence de représentants des banques ou de certains secteurs industriels telle la chimie, mais aussi l'absence de pans entiers de l'industrie française ainsi que des branches alors en pleine expansion, tels l'automobile ou le pneumatique.

Les « deux cents » ne sont pas un bloc monolithique : des tensions y existent. Enfin, il est faux de soutenir leur omnipotence dans la mesure où des désaccords surviennent avec la haute fonction publique. Malgré tout, « deux cents familles » et « mur d'argent » ont laissé place après 1945 à de nouvelles stigmatisations du monde de l'argent.

LEUR RÉSISTIBLE DÉCLIN ET LEUR POSTÉRITÉ EN TERMES DE REPRÉSENTATIONS DEPUIS 1936

La référence aux « deux cents familles » a presque disparu du paysage politique et social contemporain. Il en est de même pour la stigmatisation du « mur d'argent ». Lorsque le fait ayant initié le mythe s'évanouit – ici l'existence statutaire des deux cents plus gros actionnaires de la Banque de France – il perd de son importance, voire régresse, sans disparaître totalement cependant.

Cette mythologie a perdu en effet de son importance, à partir de juillet 1936, avec la réforme de la Banque de France par le Front Populaire. Celle-ci aboutit à une nationalisation de fait puisqu'elle ne s'attaquait qu'au mode de gestion et non au mode privé d'appropriation. Jadis, l'historien engagé dans sa jeunesse dans les rangs socialistes, Georges Lefranc (1904-1985), n'a pas hésité à se rapporter à une nationalisation sans apporter de nuances[18].

Cette réforme législative fut favorablement accueillie puisqu'elle recueillit à la Chambre des députés, le 16 juillet 1936, 444 voix, 77 députés seulement ayant voté contre. Ce résultat révélait que le monde de l'argent était alors largement honni. La loi fut finalement promulguée le 25 juillet 1936.

L'ancienne assemblée des deux cents plus gros actionnaires fut alors remplacée par une véritable assemblée générale[19]. Cette réforme reste

18 G. Lefranc, *Histoire du Front Populaire (1934-1938)*, Paris, 1965, p. 369.

19 J. J. Laurendon, Psychanalyse des Banques, Paris, Sedimo, 1965, p. 125.

paradoxale puisque l'Assemblée du mois d'octobre suivant ne rassembla en fait qu'environ 1 000 porteurs d'actions sur les 40 000, ce qui a entraîné plus tard cette analyse de Georges Lefranc : « Stupeur : les nouveaux venus se révélaient plus réactionnaires que les deux cents familles[20]. » Pourtant, les privilèges juridiques des « deux cents » avaient disparu. Par cette réforme, le vieux mythe tombait en désuétude. Jean-Jacques Laurendon, alias l'historien Jean Bouvier, insiste à juste titre sur l'importance clé de cette réforme qui selon sa propre formulation met à mort « l'hydre aux deux cents têtes du grand capital[21] ».

En 1945, une ultime réforme paracheva la nationalisation de fait de la Banque de France en la nationalisant de droit, l'État en devenant l'actionnaire exclusif. Désormais, le mythe n'avait plus aucun fondement, même s'il était promis à une certaine postérité sous la plume de quelques auteurs[22].

Dès 1943, dans l'atmosphère du régime de l'État français, l'écrivain maréchaliste, Emmanuel Beau de Loménie (1896-1974) délivra une philippique acerbe contre le mode de gestion de la Banque de France avant 1936[23]. Les partisans de la Révolution Nationale présentèrent une critique en règle contre l'Internationale des capitaux, stigmatisant le rôle de riches industriels, tels les De Wendel[24]. De son côté, le publiciste Roger Lannes remettait violemment en cause les gouvernements de la IIIe République : « Le gouvernement n'était qu'un ramassis d'hommes de paille qui exécutaient aveuglément les ordres de leurs maîtres[25]. »

Cette thématique de l'existence d'une féodalité de l'argent dominant l'État ne fut pas abandonnée par le courant progressiste puisqu'en 1941, le Front national (mouvement de la Résistance créé par le PCF le 15 mai 1941), puis en 1943 encore, le Conseil National de la Résistance (C.N.R.) y firent référence. Sont ainsi attestées les rémanences de la réprobation. Sous la IVe République, le mythe connaît une certaine renaissance au

20 G. Lefranc, 1965, *op. cit.*, p. 371.

21 J. J. Laurendon, 1965, *op. cit.*, p. 126.

22 G. Milési, *Les nouvelles deux cents familles. Les dynasties de l'argent du pouvoir financier et économique*, Paris, Belfond, 1990, *passim*.

23 E. Beau de Loménie, « De Bonaparte à Mac-Mahon », tome 1, *Les responsabilités des dynasties bourgeoises*, première édition 1943, Paris, 1963, p. 45-61.

24 R. Lannes, *Les Deux cents familles ou les Maîtres de la France*, Paris, Fernand Sorlot, 1940, p. 15 et suiv.

25 *Ibid.*, p. 33.

moment du poujadisme qui fait de la critique des « gros », l'un des fondements de son activisme politique.

Dans sa pièce de théâtre, *La Folle de Chaillot*, rédigée pendant l'Occupation et créée *post mortem* en décembre 1945, l'écrivain Jean Giraudoux (1882-1944) commence par stigmatiser la fonction de l'argent au travers des réflexions de ses personnages :

> Un jeune homme vient de m'expliquer que les ministres ne trouvent vraies que les paroles de ceux qui ont de l'or… L'argent, c'est le vol, la combine, je les déteste, je ne mange pas de ce pain-là[26]. (Giraudoux, *La folle de Chaillot*, 1946)

L'imprégnation proudhonienne est patente : il se remémore probablement le *Ier Mémoire* de l'auteur concernant la propriété (1840) et débutant par les mots fameux, « Qu'est-ce que la propriété ? C'est le vol ». Il finit par vilipender le groupuscule des « deux cents » :

> Je suis membre des deux cents familles ! Jamais cause n'est entendue pour un membre des deux cents familles… Pas d'ordre qui vaille pour les membres des deux cents familles ! Et pas de loi ! … Les membres des deux cents familles peuvent tourner le derrière, Mesdames, on leur sourit et on les embrasse comme s'ils étaient de face. On l'embrasse. Ils n'en sont pas plus fiers, mais les lécheurs l'exigent[27]. (Giraudoux, *La folle de Chaillot*, 1946)

Au moment du Front Populaire, *Le Crapouillot* n'ignorait pas leurs origines, mais il tendait à les associer au gotha des grandes affaires économiques. Les « deux cents » devinrent en définitive à la fin de la Seconde Guerre Mondiale une désignation générique. Giraudoux finit par les priver de leur genre et de leur nombre, puisqu'il fait référence au masculin et au singulier :

> Les deux cents familles ne sont pas méchants. Quand on l'attaque, il se défend. C'est sa devise[28]. (Giraudoux, 1946)

La mémoire est sans doute confrontée à l'amnésie, c'est ce qui érode le souvenir du mythe malgré des rémanences. Il n'est donc pas étonnant que différents romans postérieurs et publiés à la fin du XXe siècle y fassent référence en même temps qu'ils évoquent le Front Populaire.

---

26 J. Giraudoux, *La folle de Chaillot*, première édition 1946, Paris, Grasset, 2002, p. 101.
27 *Ibid.*, p. 129-130.
28 *Ibid.*

Je me rapporterai à quatre auteurs et à leurs textes de nature différente. Le roman *Les fillettes chantantes* (1980) de Robert Sabatier (1923-2012) fait allusion à des discussions ouvrières de 1936. *L'Été 36* (1984) de Bertrand Poirot-Delpech (1929-2006) veut montrer l'imprégnation de cette question dans la société du temps. Julien Gracq (1910-2007), dans les *Carnets du grand chemin* (1992), reprend le thème de la haine du Front Populaire contre les « deux cents ». Enfin, avec ses souvenirs d'enfance publiés en 1995, Alphonse Boudard (1925-2000) n'a pas de mots assez forts dans sa mise en scène du petit groupe privilégié :

> Pour les historiens et les vieux de la vieille qui ont connu l'avant-guerre, les belles heures du Front populaire, les deux cents familles, c'était le parangon de la richesse, du capitalisme en France, ceux qu'on devait dépouiller, pendre par les couilles ou les pieds aux festivités du Grand Soir[29]. (Boudard, *Mourir d'enfance*, 1995)

Dans divers essais politico-économiques contemporains[30], l'utilisation de l'expression ne sert plus à délivrer une opposition, mais elle est devenue une métaphore journalistique pour dénoncer certains croisements familiaux au sein du monde des affaires de la fin du XXe siècle. En témoigne encore le livre récent, *Ces 200 familles qui possèdent la France* (2004), de Pierre-Henri de Menthon et Éric Tréguier[31].

Dans le vocabulaire des mouvements de gauche, se sont substitués, à partir de 1936, aux « deux cents » ne renvoyant plus à une réalité institutionnelle, des mots tels que « trusts » ou « grands monopoles ». Les mythes, tant des « deux cents familles » que du « mur d'argent », se retrouvent cependant au moins formellement dans les mentalités profondes. C'est l'inertie des cultures qui explique sans doute leur résistible déclin.

29 A. Boudard, *Mourir d'enfance*, 1995, cité dans la base Frantext.

30 On citera par exemple le livre de H. Coston, *Les 200 familles au pouvoir*, Paris, Publications Henry Coston, 1977, *passim ;* celui de G. Milesi est du même ordre, 1990, *op. cit.*, *passim*.

31 P. H. de Menthon, É. Tréguier, *200. Ces 200 familles qui possèdent la France*, Paris, Hachette littérature, 2004, *passim*.

L'APPARITION D'UN NOUVEAU BOUC ÉMISSAIRE DANS LA SECONDE MOITIÉ DU XXe SIÈCLE : LES « TRUSTS »

Le concept de monopole est puisé dans la science économique. Il prit progressivement une connotation militante fondée en premier lieu sur la haine de l'argent. Celle-ci avait pris dans l'entre-deux guerres une dimension anticapitaliste associée au rejet des groupes concernés. L'hostilité aux monopoles procède donc d'une vision politique. L'occurrence « trust » est vite associée à celle de monopole.

L'IRRUPTION DU VOCABLE « TRUST » DANS LE CHAMP POLITIQUE À LA VEILLE DE LA SECONDE GUERRE MONDIALE

Progressivement s'était diffusé en France le vocable d'origine américaine *trust.* Aux États-Unis, à partir de la fin du XIXe siècle, le mot renvoyait à toute entreprise détenant un monopole :

> (Par là) il s'agit d'une situation de concentration dans laquelle un groupe (ou plusieurs groupes liés par des accords) détiennent un pouvoir de domination sur un secteur économique[32]. (Brémond et Gélédan, *Dictionnaire économique et social*, 1981)

Le 2 juillet 1890, le *Sherman Act* avait tenté d'endiguer les comportements anticoncurrentiels des grandes entreprises américaines. Rapidement, certaines d'entre elles, dont la *Standard Oil* créée en 1870, firent l'objet de poursuites ; elles étaient alors assimilées à des trusts et stigmatisées en tant que tels.

Très vite, les « trusts » furent accusés d'abus de position dominante perturbant les relations industrielles jusqu'à la mise en faillite des entreprises les plus faibles par une politique de prix prédateurs. Ils devinrent alors, en Europe comme aux États-Unis, l'emblème du capitalisme et de son corollaire l'accumulation, génératrice de domination. À cette concentration d'argent, perçue comme excessive, furent imputés alors tant le désordre économique que la discrimination sociale.

---

32 Article « trust » *in* J. Brémond, A. Gélédan, *Dictionnaire économique et social*, 1981, Paris, 2e édition 1988, p. 96.

En France, l'opposition aux trusts procéda également d'un anticapitalisme. Cette attitude apparut alors en corrélation avec la stigmatisation de l'oligarchie des deux cents familles. Pour cela, probablement, la remise en cause des trusts apparut dès l'entre-deux-guerres en France.

L'homme politique Gaston Bergery (1892-1974), d'origine radicale, d'abord proche d'Édouard Herriot mais s'en étant éloigné, lui reprocha ses soi-disantes « capitulations » face aux puissances d'argent et s'empara du mythe des « deux cents ».

Son journal *La Flèche*, au tirage cependant limité à moins de 4000 exemplaires, utilisait alors cette référence. Dans le numéro du 1er février 1936, il publia, avec Delaisi, un article aux accents vengeurs : « France, voici tes maîtres ! … France, debout contre la tyrannie de l'argent ». À cette exhortation, succédaient des termes tels que trusts ou congrégations économiques s'accompagnant du développement suivant : « on les a souvent dépeints sans les connaître ; on les a beaucoup menacés sans les abattre[33]… »

Ces propos s'éloignaient de la vieille thématique jacobine pour emprunter la critique marxiste. Tout au long du numéro, les pamphlétaires stigmatisaient « l'oligarchie des deux cents familles[34] ». Bergery, en compagnie de l'homme politique catholique Georges Izard (1903-1973) lança le *frontisme*. Ce mouvement participait au Front commun contre le fascisme. Il rallia immédiatement le Front populaire (1936) et systématisa ses attaques contre les puissances financières et les trusts. L'implication d'un courant chrétien ne doit pas surprendre compte tenu de la méfiance exprimée par les enseignements de l'Église à l'égard de l'argent et de ses excès. Dans les années de l'immédiat avant-guerre, le frontisme de Bergery poursuivit son opposition aux trusts, tout en connaissant une dérive droitière.

Dans une sorte de pamphlet, Francis Delaisi assimilait la domination des « deux cents » à un « fascisme économique » contrôlant le pays : « ils ont installé leur poste de commandement à la Banque de France[35]. » Le même fit bientôt le lien entre les deux cents privilégiés et les trusts : « … (les régents de la Banque de France à savoir les administrateurs délégués

33 « France, voici tes maîtres ! », *La Flèche*, édition spéciale, 1 février 1936, p. 1.

34 Voir par exemple la contribution de F. Delaisi, « Qui tient la Banque de France tient les trusts » *in* « France, voici tes maîtres ! », *La Flèche*, 1936, *op. cit.*

35 F. Delaisi, Comité de Vigilance des intellectuels antifascistes, 1936, *op. cit.*, p. 3.

dans ses instances supérieures) sont eux-mêmes les représentants élus des 200 familles ou "trusts[36]". »

Dans le vocabulaire courant des mouvements de gauche, furent substitués désormais, à l'expression mythique « deux cents familles » ayant perdu sa signification profonde du fait de l'amnésie, des vocables tout aussi symboliques tels que « trusts », « grands monopoles », « multinationales » voire même « grand capital ».

LA RÉCUPÉRATION DU THÈME EN POLITIQUE DEPUIS 1945

La stigmatisation du vocable « trust » connut deux temps forts après la seconde Guerre Mondiale : ils correspondent à l'adoption des lois de nationalisations d'entreprises capitalistes en décembre 1945-avril 1946 et en février 1982.

En 1944, un consensus, à l'initiative du parti socialiste et à l'exception d'un petit groupe des droites libérales[37], rallia le monde politique sur de futures nationalisations, même si l'historien Serge Bernstein a paru affirmer que l'idée n'était pas ancrée en profondeur dans l'appareil de la SFIO[38].

Le programme politique du parti socialiste pour l'après-guerre, publié en janvier 1943 dans son journal *Le Populaire*, alors clandestin, faisait la synthèse entre opposition aux trusts et nationalisations : « Le gouvernement devra poursuivre l'élimination totale des trusts..., l'abolition progressive de la concurrence et du profit[39]... » Les trusts étaient perçus en tant que « citadelles de ces intérêts égoïstes, souvent antinationaux[40]... ».

L'opposition de la SFIO à ces grandes entreprises motivait son combat en faveur des nationalisations. Leur but était « d'atteindre le fondement même de la puissance d'un adversaire politique à abattre, le monde des grands milieux d'affaires, les deux cents familles, le mur de l'argent[41] ». Le programme de nationalisations fut adopté, le 15 mars 1944, par le

36 *Ibid.*, p. 5.

37 C. Andrieu, « Comment la nationalisation entra dans le programme du CNR ? » *in* C. Andrieu, L. Le Van, A. Prost, (*dir.*), *Les nationalisations de la Libération. De l'utopie au compromis*, Paris, 1987, p. 53.

38 S. Bernstein, « La SFIO » *in* C. Andrieu, L. Le Van, A. Prost, (*dir.*), 1987, *op. cit.*, p. 175.

39 Cité par S. Bernstein, 1987, *op. cit.*, p. 169.

40 *Le Populaire*, 2 mars 1945, cité par S. Bernstein, 1987, *op. cit.*, p. 178.

41 *Ibid.*, p. 177.

Conseil National de la Résistance (CNR) dont c'était alors la revendication majeure.

Dans le cadre de sa stratégie de rupture avec le capitalisme, le PCF s'était fait l'écho de la critique des « trusts », contestant par là l'argent accumulé. Dans cette perspective, il avait abandonné son hostilité traditionnelle aux nationalisations qui « risquaient de transformer en effet l'État capitaliste en État patron[42] ». Quoique cela ne lui parût pas alors un problème à traiter en urgence, il se rallia définitivement à elles, sans ambiguïté, le 2 mars 1945, dans un texte commun publié par *L'Humanité* et *Le Populaire*, un an après l'adoption du programme du CNR[43]. Niant leur caractère socialiste, il y voyait une arme d'essence politique contre les grands monopoles.

Dans un article des *Cahiers du communisme* des débuts de 1945, Étienne Fajon (1906-1991), membre alors du Comité central du PCF et futur patron de *L'Humanité*, soutenait « qu'elles permettraient d'enlever leur domination sur les moyens de production aux "hommes des trusts" dont la trahison s'était étalée ouvertement sous l'occupation de la France par les nazis[44] ». C'était retirer à l'ennemi de classe une justification virtuelle de son pouvoir. Un autre article des *Cahiers* de 1945 s'en expliquait, à savoir que « les trusts ne réalisaient pas les modernisations et les investissements nécessaires… que la puissance des féodalités économiques faisait peser une menace sur les institutions républicaines[45] ».

Dans un livre postérieur, écrit en 1972, au moment de la signature du Programme commun de la Gauche, le communiste François Billoux (1903-1978), également membre du Comité central et du Bureau politique, se référant aux nationalisations de 1945-1946, a eu les mots suivants : « la nationalisation des grands trusts industriels et financiers devait constituer des bases pour l'instauration d'un véritable régime démocratique[46]. »

Le relatif consensus politique de la Libération ne dura pas. La nécessité pour la SFIO de s'allier au MRP, plutôt circonspect sur les nationalisations, « conduira à sacrifier celles-ci sur l'autel du salut du régime[47] ».

42 J. J. Becker, « Le PCF » *in* C. Andrieu, L. Le Van, A. Prost, (*dir.*), 1987, *op. cit.*, p. 157.

43 *Ibid.*, p. 159.

44 Étienne Fajon cité par J. J. Becker, 1987, *op. cit.*, p. 162.

45 Victor Michaut cité par J. J. Becker, 1987, *op. cit.*, p. 163.

46 F. Billoux, *Quand nous étions ministres*, 1972, cité par J. J. Becker, 1987, *op. cit.*, p. 167.

47 S. Bernstein, 1987, *op. cit.*, p. 175.

Dès 1961, quand il envisage un programme de gouvernement, le parti communiste y intègre la nationalisation des monopoles. Et c'est lui qui en fera « le noyau dur » du futur Programme commun de la Gauche[48]. Au lendemain de 1968, il développe une critique acerbe de la circulation de l'argent dans la société française. Dans le rapport au Comité central des 5 et 6 décembre 1968, son secrétaire général d'alors, Waldeck Rochet (1905-1983) flétrit, non l'argent, mot qui n'apparaît pas, mais « capitalistes et spéculateurs » : « ...la cause directe de la crise du franc, c'est la spéculation effrénée à laquelle se sont livrés les spéculateurs, c'est-à-dire les hommes de la haute banque et de la grande industrie... Le Parti communiste français ... propose de combler le déficit budgétaire – non pas en faisant payer les pauvres comme le fait De Gaulle – mais en faisant payer les grosses sociétés privées et les grosses fortunes[49]... » À la suite du rapport, le *Manifeste* du Comité central multiplie les attaques contre les « monopoles » alors que la désignation « trust » n'apparaît pas :

> La société française se caractérise par la concentration d'une énorme puissance entre les mains d'un petit groupe de monopolistes à un pôle et par l'aggravation des conditions de vie et de travail pour l'immense majorité ... Une oligarchie financière restreinte contrôle les leviers essentiels de l'activité économique et politique du pays. L'État est mobilisé tout entier pour la sauvegarde et l'augmentation du profit du grand capital... Le régime des monopoles, il faut le faire reculer, il faut le battre[50] . (Waldeck Rochet, décembre 1968)

Il s'agit bien là d'une allusion à la domination de l'argent et le renvoi à monopole en dit plus long sur l'analyse marxiste du Parti communiste : « Ententes ou groupements de capitalistes aux mains desquels se trouvent concentrés la production et l'écoulement de la plus grosse partie des marchandises, ce qui leur permet de fixer des prix très élevés, générateurs de profits également très élevés... Qu'elles que soient les formes des monopoles, l'objectif visé est le même : dominer la production et le marché en vue d'obtenir des superbénéfices[51]. »

48 A. Prost, avant-propos *in* C. Andrieu, L. Le Van, A. Prost, (*dir.*), 1987, *op. cit.*, p. 12-13.

49 « Rapport de Waldeck Rochet secrétaire général du parti » *in* « Pour une démocratie avancée. Pour une France socialiste ! Manifeste du Comité central du Parti communiste français », Champigny-sur-Marne, 5 et 6 décembre 1968, *Supplément au bulletin de propagande n° 7*, novembre-décembre 1968, p. 9 et 11.

50 *Ibid.*, p. 27, 30.

51 Article « monopole » *in* M. Bouvier-Ajam, J. Ibarrola et N. Pasquarelli, *Dictionnaire économique et social*, Paris, 1975, p. 452-454.

L'opposition à l'argent dont s'empare le Parti communiste n'est pas propre à cette tendance et elle contribuera, en 1982, à l'adoption d'une seconde vague de nationalisations. Dès les années 1920 et jusqu'en 1946, le socialisme avait montré son hostilité. Elle s'était atténuée dans le contexte de la IVe République[52], mais elle redevient visible à partir des années 1970. Au Congrès d'Épinay (11-13 juin 1971), ayant permis le regroupement de la plupart des tendances socialistes, le nouveau Premier secrétaire, François Mitterrand, s'oppose, dans la perspective de la future élection présidentielle prévue pour 1976, à l'argent : « L'argent qui corrompt, l'argent qui achète, l'argent qui écrase, l'argent qui tue, l'argent qui ruine et l'argent qui pourrit jusqu'à la conscience des hommes[53] ! »

Cette condamnation de l'argent par les partis de gauche se manifeste par l'adoption des nationalisations de 1982 prévues dans le Programme Commun de la Gauche (1972). L'historien Antoine Prost, comparant les démarches respectives du PC et du PS, aura ces mots : « Critiquer les nationalisations ou pis, les refuser, aurait constitué une trahison, un sacrilège : on ne discute pas le mythe identitaire[54]. »

La contestation de l'accumulation de l'argent ne se clôt pas avec les nationalisations de 1982. La stigmatisation s'amplifie en effet avec la crise financière de 2008 attestant les méfaits de l'argent roi. Dès la première partie de son discours du Bourget (2012), alors qu'il s'attache à faire vibrer la sensibilité de ses auditeurs, le candidat socialiste à l'élection présidentielle François Hollande envisage la question de l'argent par l'évocation de la résistance à Tulle au cours de la seconde Guerre mondiale :

> Ces résistants … ne demandaient pas des bonus ou des stocks-options[55] pour leurs actions. Ils étaient des hommes, des femmes fiers. Ce n'était pas de l'ambition ou de la cupidité qui les animaient (acclamations nourries)[56]. (Hollande, janvier 2012)

---

52 *Cf. supra.*

53 Cité par A. Aglan, O. Feiertag, Y. Marec (*dir.*), 2011, *op. cit.*, p. 12.

54 A. Prost, avant-propos, 1987, *op. cit.*, p. 14.

55 Les bonus (primes) sont de grosses rémunérations attribuées par les banques aux traders (opérateurs de marché). Une stock-option est une rémunération allouée par une grande entreprise capitaliste à ses collaborateurs. C'est une option d'achat d'actions. Ce système fort rémunérateur permet d'acheter des actions à une date et un prix fixés à l'avance.

56 *Discours de François Hollande au Bourget*, 22 janvier 2012, p. 2-9.

L'emploi de l'occurrence verbale « actions » joue évidemment sur son dualisme de sens. L'allusion à la cupidité vise à stigmatiser les détenteurs d'argent alors que la référence aux « bonus » et aux « stocks-options » renvoie directement à des pratiques exacerbées à la veille de la crise financière. On pense aux fameux bonus de bienvenue, primes d'accueil versées en contrepartie de la renonciation aux avantages attachés à un ancien emploi. L'orateur formalise encore les critiques politiques traditionnelles faites aux puissances d'argent (applaudissements répétés). Il poursuit sa philippique, toujours sur le même mode sensible :

> Je vais vous confier mon secret, ce secret que j'ai gardé depuis longtemps mais que vous avez sans doute découvert : j'aime les gens, quand d'autres sont fascinés par l'argent[57] (*standing ovation*). (Hollande, 2012)

Il reprend le thème anticapitaliste : « Partout, des privilèges apparaissent à mesure qu'une nouvelle aristocratie (j'emploie le mot à dessin) arrogante et cupide s'installe et prospère[58]. » Il se rapporte là à 1789. Alors que la Révolution menaçait les privilégiés de la naissance les aristocrates, le candidat de 2012 ne promet plus *la lanterne* aux privilégiés, cette fois ceux de l'argent, se promettant seulement de les remettre en cause. C'est à la *justice* que le candidat se réfère condamnant ceux qui s'enrichissent sans rien faire (applaudissements). Son objectif, dans la meilleure tradition de gauche, est de faire de l'argent « un serviteur et non un maître[59] » (acclamations). François Hollande se propose finalement de moraliser les pratiques de l'argent. C'était induire l'immoralité de cet objet dans la tradition anticapitalisme.

Dans ce domaine de l'argent, auquel était reprochée, depuis le XIXe siècle, une injuste concentration[60], il ébauche alors une politique fiscale hardie. Elle veut pallier en premier lieu l'avantage du capital sur le travail en imposant les deux types de revenus selon un mode égalitaire[61]. Dans cet objectif, les privilèges fiscaux seront supprimés. Le candidat, au nom de la justice, s'en prend alors aux nantis remettant en questions niches fiscales, « cadeaux fiscaux », tranches de l'Impôt sur

57 *Ibid.*, p. 3-9.
58 *Ibid.*, p. 6-9.
59 *Ibid.*, p. 8-9.
60 A. Gueslin, 2007, *op. cit.*, *passim.*
61 *Discours de François Hollande au Bourget*, 22 janvier 2012, article 14.

le Revenu, considérées comme insuffisamment progressives (article 15) et suppression des allégements fiscaux au titre de l'ISF (Impôt sur les grandes fortunes).

Si le discours du Bourget est si pugnace, c'est qu'il s'adresse à un auditoire globalement acquis. La question directe du partage de la richesse semble préoccuper les Français. L'éventualité d'un renforcement de la fiscalité à l'égard des riches montrera cette adhésion. Hollande s'est très vite rendu compte de l'audience que recueillait cette idée. Dès le mois de février 2012, il avait lancé une nouvelle proposition qui recherche le symbolique : taxer les très hauts revenus supérieurs à un million d'euros par an, au taux exceptionnel de 75 %. Bien que des oppositions fermes s'élèvent alors dans l'opinion, la mesure recueille immédiatement l'adhésion d'une majorité de Français, particulièrement d'origine socialiste.

Par ailleurs, au cours de cette campagne électorale, l'affiche du candidat du parti anticapitaliste Philippe Poutou reflétait la vindicte populaire contre l'argent sur le thème : « ils vont payer ». Un leader politique d'extrême gauche tel Jean-Luc Mélenchon évoque, encore en 2013, « la pourriture que l'argent introduit partout[62] ».

Cette satire de l'argent déborde des milieux de gauche. Le sociologue Pierre Birnbaum a montré la suspicion économique du gaullisme à l'égard de l'argent au cours des années 1960[63]. Pourtant, dès l'automne 1944, le fondateur du mouvement, le général De Gaulle s'était heurté aux socialistes sur la question des nationalisations. Il ne voulait guère en discuter avant que le pays ne soit consulté par le suffrage universel[64]. En octobre 1945, à la suite des élections législatives consacrant le PCF et la SFIO, un ralliement du gouvernement De Gaulle s'opéra sur la mesure. Il abandonne définitivement sa circonspection au cours des années 1950. À la veille de sa mort en 1970, il va jusqu'à déclarer à André Malraux :

> Au milieu de tout ce joli monde, mon seul adversaire, celui de la France, n'a aucunement cessé d'être l'argent[65]. (De Gaulle, 1970)

---

62 BFM-TV, 23 mars 2013 (soir).

63 P. Birnbaum, *Le peuple et les gros. Histoire d'un mythe*, 1979, Paris, 1995, cité par D. de Blic, J. Lazarus, *Sociologie de l'argent*, Paris, 2007, p. 10.

64 S. Bernstein, 1987, *op. cit.*, p. 170-172.

65 A. Malraux, *Les chênes qu'on abat*, Paris, 1971, cité dans la base Frantext.

En 2013 encore, Laurent Vauquier, exerçant une position de *leader* politique à l'UMP, par ailleurs très marqué à droite, tout en montrant une certaine ouverture au plan social, déclare qu'il « est normal que l'on rende des comptes sur nos rapports avec l'argent[66] ».

LA DIFFUSION DU VOCABLE TRUST DANS LES REPRÉSENTATIONS

Progressivement, cette stigmatisation des trusts d'essence politique secrète diverses représentations. L'occurrence sert bientôt à désigner un groupe musical rock français dont la création, autour du chanteur Bernard Bonvoisin et du guitariste Norbert Krief, remonte à 1977. Il obtient vite un vaste succès populaire à la veille de l'élection présidentielle de 1981. Sa chanson la plus connue, encore écoutée 30 ans plus tard, est certainement *Antisocial* (1980). Son audience tient probablement tant à la dimension « Hard Rock » du groupe qu'à la critique sociale. Les premiers mots du refrain disent immédiatement la précarité de l'argent dans la vie du travailleur :

> Tu bosses toute ta vie pour payer ta pierre tombale. (*Antisocial*, 1980)

Le cinéma s'empare vite de la stigmatisation des trusts et autres entreprises multinationales. Dès 1982, le cinéaste Henri Verneuil, avec son film *Mille milliards de dollars*, délivre une critique en règle de ces grandes puissances économiques. C'est l'histoire d'une entreprise française, en passe d'être rachetée par une firme multinationale. Dans cette affaire apparaît toute une série de malversations qui aboutit au meurtre de l'un des protagonistes. Le film conte le côté sombre de l'argent démesuré des groupes capitalistes.

Le 12 janvier 2001, est diffusé aux États-Unis le film *Antitrust* du réalisateur Peter Howitt. En France, il apparaît sur les écrans, le 27 juin 2001. Ce techno-thriller met en scène une grande entreprise d'informatique, la NURV, faisant usage de pratiques douteuses et abusant ainsi de sa position dominante.

Tout ce développement révèle que l'argent interpelle le personnel politique contemporain. L'adoption de ces mythes et la transformation,

---

66 Radio Notre-Dame, 18 avril 2013.

sous cette forme, de réalités économiques et sociales, contribuent à l'exacerbation de fantasmes concernant l'argent. Ce dernier objet provoque des peurs, par son pouvoir de faire et de défaire, d'apporter et de retirer, d'enrichir ou d'appauvrir.

La crise qui frappe de plein fouet le monde occidental, amplifie la critique des inégalités sociales. L'hostilité aux riches, autrement dénommés les « millionnaires », en période de difficultés économiques et sociales notamment, est un trait commun à maints pays du monde. Au cours de sa campagne électorale, le maire démocrate de New York, Bill de Blasio, élu le 6 novembre 2013, n'hésite pas à déclarer vouloir taxer les riches. Ce n'est donc pas propre à la France. Nonobstant, certains pays occidentaux échappent à cette opposition : ainsi le 24 octobre 2013, deux tiers des citoyens helvétiques rejettent un référendum prévoyant de plafonner les plus importants émoluments dans l'entreprise.

La conjoncture de crise n'explique pas tout. A été observé un fait culturel s'inscrivant dans la durée. L'anticapitalisme d'inspiration marxiste manifeste donc son hostilité à l'argent. Un spécialiste de l'art, tel que Joseph Beuys (1921-1986), considérant que « chaque homme est un artiste dans...la création des formes sociales », a déclaré par rapport au mauvais argent :

> On aimerait avoir un organisme social qui soit formé à l'image de l'homme et qui ne soit pas une anti- ou une contre-image, un quelque chose destructeur qui n'oppose à l'évolution de l'homme sur cette planète que des obstacles[67]...
> (Beuys, *Qu'est-ce que l'argent*, 1991)

Une autre explication serait que, dans une vieille terre de chrétienté, l'hostilité originelle de l'Église à l'argent, au moins dans sa théologie, ait pu imprimer sa marque. Le chapitre suivant, à propos des riches et des pauvres en général, cherchera à le démontrer.

67 Joseph Beuys, sculpteur *in* J. Beuys, *Qu'est-ce que l'argent ? Un débat avec Johann Philipp von Bethmann, Hans Binswanger, Werner Ehrlicher, Rainer Willert*, première version allemande 1991, Paris, 1994, p. 30, 34.

RICHESSE ET PAUVRETÉ

Les fantasmes de peurs de l'argent dans la société française

Richesse, pauvreté, « grand sujet de toutes les recherches en économie politique », écrivait en 1817 l'économiste écossais Malthus à son collègue Ricardo[1]. « (L'argent) fait peur quand il abonde et peur quand il manque », pour reprendre l'essayiste Pascal Bruckner[2]. Se référant au monde religieux dans l'histoire, et particulièrement à l'époque médiévale, le philosophe Georg Simmel a présenté ainsi le débat richesse-pauvreté : « ...l'argent est devenu objet de peur et d'exécration, la pauvreté un bien jalousement gardé[3]... »

Dans la société française contemporaine, les fantasmes concernant la richesse et par opposition la pauvreté, procèdent d'une part de l'imprégnation religieuse et d'autre part de la doctrine marxiste ayant secrété de grands mythes, mais aussi de la tradition de 1789. « ... obscur réseau d'émotions, d'angoisse et d'espoir qui accompagne les pouvoirs auxquels l'argent demeure attaché... », a observé le philosophe Roger-Pol Droit[4].

AUX SOURCES DE LA STIGMATISATION : LES GRANDS COURANTS HOSTILES À L'ARGENT

Qu'est-ce que la richesse ? Elle est envisagée le plus souvent en tant que notion relative : de 1 à 10 % des revenus les plus élevés ? Mais cela ne

1 Cité par J. Marseille, *L'argent des Français*, Paris, 2009, p. 17.
2 P. Bruckner, *La sagesse de l'argent*, Paris, 2016, p. 12.
3 G. Simmel, *Philosophie de l'argent*, première édition allemande 1900, Paris, 2009, p. 305.
4 R.-P. Droit *(dir.)*, *Comment penser l'argent ?*, Troisième Forum Le Monde Le Mans, Paris, 1992, p. 7.

suffit pas. L'économiste Thorstein Veblen (1857-1929) a pris en compte, par ailleurs, le caractère fréquemment ostentatoire des dépenses des riches. Cela a contribué à leur visibilité et donc à fonder diverses représentations.

La position sociale, autrement dit les relations, concourt à l'appartenance à la catégorie des riches et à leur puissance supposée. Pour mieux approcher les différences entre catégories sociales au sens statistique, Pierre Bourdieu a ajouté à l'argent (le « capital économique ») tant le « capital social » que le « capital culturel » et même le « capital symbolique ». Pourtant la richesse intrinsèque influence les usages de l'argent[5].

Quant aux pauvres, ils ne se définissent pas seulement en termes monétaires, comme on a cru bien de le faire. Le choix du fameux seuil de 60 % du niveau médian de l'ensemble des revenus disponibles, de même que la quasi-absence de patrimoine, ne seraient pas suffisants. Diverses données de nature sociale et culturelle tels le manque de connaissances, la maîtrise difficile du langage et le phénomène d'exclusion doivent compléter l'approche strictement quantitative.

Mais pourquoi la richesse est-elle souvent stigmatisée ? Une explication possible se rapporterait au socle anthropologique fait d'une culture française hostile à la réussite. Cette thèse a été contestée. Le journaliste Thierry Pech l'attribue à un culturalisme étroit relevant de la légende voire du mythe[6]. Les éléments de la remise en cause seraient le recul de la pratique religieuse, le caractère laïc de la France et surtout sa pluralité confessionnelle, en particulier la place des Musulmans. D'une façon générale, « la sortie du catholicisme et du marxisme... (serait) une vieille histoire[7] ». Si, selon le même, la vieille thèse d'essence culturaliste commencerait à dater, elle garde cependant, à mon sens, une relative solidité compte tenu de l'inertie des cultures dans l'histoire.

L'IMPRÉGNATION INFRATHÉOLOGIQUE DE LA SOCIÉTÉ

Dans la période postérieure à 1945, la lettre du discours religieux d'inspiration biblique concernant l'argent a été largement perdue. Cependant, dans la société française, une influence infrathéologique[8]

5 D. de Blic, J. Lazarus, *Sociologie de l'argent*, Paris, 2007, p. 105.

6 T. Pech, *Le temps des riches. Anatomie d'une sécession*, Paris, 2011, p. 134, 137, 142.

7 *Ibid.*, p. 135-137.

8 Expression de Georges Auclair, *Le Mana quotidien. Structures et fonctions de la chronique des faits divers*, 1970, Paris, 1982, cité par D. de Blic, J. Lazarus, 2007, *op. cit.*, p. 16.

faite de références religieuses implicites résiste, notamment dans le monde intellectuel.

Le christianisme s'est attaché à condamner les abus de l'argent. La richesse si elle a été stigmatisée par le christianisme des origines ne l'avait pas toujours été. Ainsi Aristote (383-322 avant Jésus-Christ) en avait délivré une image plutôt favorable. Il l'a rangée au registre des nécessités de la vie, l'associant à la vertu et à l'amitié[9].

Dans le *Livre*, les développements stigmatisant l'argent et ses excès[10], sont nombreux. L'Ancien Testament, en l'espèce le Deutéronome, donne des pauvres une image favorable : « … il n'y aura point d'indigent chez toi[11]… ». La fameuse mention du Nouveau Testament, mettant en scène Jésus à propos des riches, a toujours été un aspect central de la culture chrétienne. S'adressant à ses disciples, il déclarait : « Il est plus facile à un chameau de passer par le trou d'une aiguille qu'à un riche d'entrer dans le Royaume de Dieu[12] ».

À l'inverse, les Écritures exaltent le pauvre Lazare, figure de pauvre emblématique[13] :

> Il y avait un homme riche, qui était vêtu de pourpre et de fin lin, et qui chaque jour menait joyeuse et brillante vie. Un pauvre, nommé Lazare, était couché à sa porte, couvert d'ulcères, et désireux de se rassasier des miettes qui tombaient de la table du riche ; et même les chiens venaient encore lécher ses ulcères[14]. (Luc, 16, 19-21)

L'apôtre Luc a conclu cette histoire par la mort des deux protagonistes voués à des destins dissemblables : « … souviens-toi que tu as reçu tes biens pendant ta vie, et que Lazare a eu les maux pendant la sienne ; maintenant il est ici consolé, et toi tu souffres. » Cette parabole de Luc est précédée du fameux aphorisme : « Vous ne pouvez servir Dieu et Mammon[15] ». Ce dieu de la mythologie syrienne était réputé personnifier l'argent et sa puissance. Le texte biblique rend compte donc de

9 Évoquée en ces termes par P. Bruckner, 2016, *op. cit.*, p. 24.

10 D. de Blic, J. Lazarus, 2007, *op. cit.*, p. 9 et suiv.

11 Deutéronome, 15, 4 *in La Bible*, traduction de Louis Segond, première édition 1910, Genève, 1966, Ancien Testament p. 149.

12 Marc, 10, 25 *in La Bible*, 1966, *op. cit.*, Nouveau Testament p. 38.

13 A. Gueslin, *Gens pauvres, pauvres gens dans la France du XIXe siècle*, Paris, 1998, p. 14.

14 Luc, 16, 19-21 *in La Bible*, 1966, *op. cit.*, Nouveau Testament p. 65.

15 *Ibid.*, p. 65. Voir aussi Matthieu, 6, 24 *in La Bible*, 1966, *op. cit.*, Nouveau Testament p. 5.

la crainte de l'Église d'une confusion entre l'économique et l'universel (Dieu). Les quatre évangiles font le récit d'une action concrète de Jésus contre les brasseurs d'argent :

> Jésus monta à Jérusalem. Il trouva dans le temple les vendeurs de bœufs, de brebis et de pigeons, et les changeurs assis. Ayant fait un fouet avec des cordes, il les chassa tous du temple, ainsi que les brebis et les bœufs ; il dispersa la monnaie des changeurs, et renversa les tables ; et il dit aux vendeurs de pigeons : Otez cela d'ici, ne faites pas de la maison de mon Père une maison de trafic[16]. (Jean, 2, 13-16)

Cet épisode de la vie du Christ a marqué certaines représentations. La peinture du Moyen Âge le retrace, ainsi que le montre l'exposition récente (2016) de Baden-Baden[17]. Cet événement continue à impressionner.

Le Nouveau Testament est émaillé de textes de consolation, voire tendant au relèvement des plus humbles, tel l'Évangile des Béatitudes précédé par le Sermon sur la montagne[18]. Quoique l'Église ne parût pas traduire dans sa pratique cet enseignement biblique, il a toujours été rappelé tout au long de l'histoire. Le droit canon tenait l'argent en horreur et l'on reprochait à celui-ci d'être ici-bas « un dieu terrestre[19] ».

Aux premiers temps du christianisme, l'hostie dans sa forme circulaire avait été conçue expressément telle une pièce de monnaie[20]. Les docteurs de l'Église bientôt importunés par cette similarité, établirent très vite la même relation entre l'hostie et l'argent monnaie qu'entre Dieu et le diable[21]. Le spécialiste de littérature comparée, Marc Shell, a expliqué dans cette perspective la mise en scène du démon de l'argent dans l'art chrétien. Voilà une preuve récurrente de l'hostilité de l'Église envers l'argent.

De la dualité de pouvoirs entre transcendance divine et argent, a découlé l'opposition chrétienne à cet objet. Celle-ci a retrouvé une nouvelle dimension au moment de l'émergence de l'enseignement social

16 Jean, 2, 13-16 *in La Bible*, 1966, *op. cit.*, Nouveau Testament p. 76.

17 *Money, Good and Evil. A Visual History of the Economy*, Exhibition Guide, Staatliche Kunsthalle Baden-Baden, 5 mars –19 juin 2016.

18 Matthieu, 5, 1-12 *in La Bible*, 1966, *op. cit.*, Nouveau Testament p. 3-4 ; Luc, 6, 19-26 *in La Bible*, 1966, *op. cit.*, Nouveau Testament p. 65.

19 Hans Sachs cité par G. Simmel, 2009, *op. cit.*, p. 282-283.

20 Marc Shell, « L'art en tant qu'argent en tant qu'art » *in* R.-P Droit (dir.), *Comment penser l'argent ? Troisième Forum Le Monde Le Mans*, Paris, 1992, p. 111.

21 *Ibid.*

de l'Église à la fin du XIXe siècle. Le pauvre et l'argent sont envisagés de cette manière par Léon Bloy au tout début du XXe siècle : « Le Sang du Pauvre, c'est l'argent. On en vit et on en meurt depuis des siècles. » Il résumait ainsi la vulnérabilité du pauvre[22]. Dans le sillage de cette compassion, son antisémitisme avéré à l'instar d'autres catholiques sociaux, le faisait écrire à propos des Juifs, prêteurs d'argent : « C'est par eux que cette algèbre de turpitudes qui s'est appelée le Crédit a définitivement remplacé le vieil Honneur[23]... »

Dans la deuxième moitié du XXe siècle, la Conférence des évêques de France intervient fréquemment sur ce thème, comme en 2010, à propos de l'Année européenne de lutte contre la pauvreté et l'exclusion sociale. En 2011, elle envisage une réflexion anthropologique pour lutter contre la course à la richesse, à l'origine de la crise financière de 2008 et de ses conséquences[24].

Au seuil du XXIe siècle, l'avènement d'un nouveau pape lui donne une réelle acuité. L'élection en 2013 de François Ier, le bien nommé – il s'inscrit dans la filiation du *poverello* d'Assise, François-, se réclamant justement de la pauvreté évangélique, renforce, en effet, la stigmatisation d'origine chrétienne de l'argent. Dès le 16 mars 2013, quelques jours après son accession au pontificat, il proclame : « Comme je voudrais une Église pauvre, pour les pauvres ! » Puis, dans l'exhortation apostolique *Evangelii Gaudium* du 26 novembre 2013, il condamne « l'idolâtrie de l'argent[25] ». Il s'en prend, par ailleurs, à sa « tyrannie invisible[26] », à « l'argent qui gouverne au lieu de servir[27] » et à « la spéculation financière[28] ». Pourtant, la condamnation n'est pas univoque à tel point que Pascal Bruckner a évoqué une schizophrénie : « Je n'aime pas l'argent, mais j'en ai besoin pour aider les pauvres[29]... ».

En opposition à cette stigmatisation de l'argent, le pape renoue avec la traditionnelle glorification des pauvres. S'inspirant de l'Évangile

22 L. Bloy, *Le Sang du Pauvre*, Paris, Juvent, 1909, p. 87.

23 Léon Bloy, *Le salut par les Juifs*, 1892 cité par P. Bruckner, 2016, *op. cit.*, p. 165.

24 Conférence des évêques de France, *Grandir dans la crise*, 2011, citée par M. Pinçon, M. Pinçon-Charlot, *L'argent sans foi ni loi*, Paris, 2012, p. 47.

25 Exhortation apostolique *Evangelii Gaudium* par le pape François, 26 novembre 2013, p. 33.

26 *Ibid.*, p. 34.

27 *Ibid.*, p. 34-35.

28 *Ibid.*, p. 119.

29 Le Pape François cité par P. Bruckner, 2016, *op. cit.*, p. 37.

de Luc (10, 21), il décrit notamment dans les premières pages de son *Exhortation* : « Jésus la vit (la joie de l'Évangile), lui qui exulte de joie dans l'Esprit Saint et loue le Père parce que sa révélation rejoint les pauvres et les plus petits[30] ». C'est véritablement un retour aux sources du christianisme. Il rappelle peu après la mission biblique renouvelée de l'Église :

> … (l'Église) doit parvenir à tous sans exception. Mais qui devrait-elle privilégier ? Quand quelqu'un lit l'Évangile, il trouve une orientation très claire : pas tant les amis et voisins riches, mais surtout les pauvres et les infirmes, ceux qui sont souvent méprisés et oubliés, « ceux qui n'ont pas de quoi te le rendre »… Aujourd'hui et toujours, « les pauvres sont les destinataires privilégiés de l'Évangile »… Ne les laissons jamais seuls[31]. (le pape François I, Exhortation apostolique *Evangelii Gaudium*, 2013)

Dans la suite de son *Exhortation*, il se fait concret : « De notre foi au Christ qui s'est fait pauvre, et toujours proche des pauvres et des exclus, découle la préoccupation pour le développement intégral des plus abandonnés de la société. » Il exhorte ses lecteurs à l'écoute du « cri des pauvres ». Il conduit alors un plaidoyer en faveur de la justice sociale et des plus pauvres.

Cette image duale de la richesse et de la pauvreté renforce vite l'imprégnation de la cité pontificale. En 2013, dans les locaux de Radio Vatican, une photographie montre un groupe de pauvres gisant sous un distributeur de billets. C'est dévoiler l'argent des nantis insultant quasiment la misère des pauvres. Les premiers mois du pontificat de François exposent en pleine lumière sa conviction que certaines attitudes, tels les rapports sociaux à l'argent, sont mortifères pour les sociétés concernées[32].

L'OPPOSITION MARXISTE À L'ARGENT

Le marxisme a profondément marqué la société française jusqu'aux années 1970. Si sa place est moindre depuis les années 1980, son influence

30 Exhortation apostolique *Evangelii Gaudium*, 2013, *op. cit.*, 21, p. 14.

31 *Ibid.*, 48, p. 29.

32 Propos de J.-Y. Grenet, provincial de France de la Compagnie de Jésus, recueillis par S. Le Bars, « François, un pape rusé qui rend l'Église catholique plus aimable », *Le Monde*, 13 mars 2014, p. 7.

doctrinale persiste à tel point qu'un surmoi marxiste a pu être évoqué au cours de cette dernière période.

La pensée de Marx procédait d'une condamnation morale de l'argent. Dans ses *Manuscrits de 1844*, il se rapportait à la « toute puissance de l'argent » : l'argent peut tout. Plus tard, dans le livre premier du *Capital* (1867), il alla même jusqu'à citer ces mots de Christophe Colomb, prononcés en 1503 : « L'or est une chose merveilleuse ! Qui le possède est maître de tout ce qu'il désire. Au moyen de l'or, on peut même ouvrir aux âmes les portes du Paradis[33] ». Dans ses Manuscrits, il s'inspirait de Shakespeare. Le grand dramaturge élisabéthain n'avait pas eu de mots assez forts pour stigmatiser l'or :

> *...thy most opérant poison... ; thus much of this* [the gold] *will make black, white ; foul, fair ; wrong, right ; base, noble ; old, young ; coward, valant... thy slave man... ; and by thy virtue set them into confondre odds... What a god's gold, that he is worshipp'd in a baser temple than where swine feed ?* (Shakespeare, *The Life of Timon of Athens*, 1607-1608)
>
> « ... poison le plus actif... ; un peu de cet or rendra blanc le noir ; beau le laid ; juste l'injuste ; noble l'infâme ; jeune le vieux ; vaillant le lâche... ; ton esclave, l'homme... ; et par ta vertu, dresse-les les uns contre les autres... Quel dieu que l'or, qui est adoré dans un temple plus vil qu'une auge à pourceaux[34] ? » (Traduction française du même par Jean-Michel Déprats, *La vie de Timon d'Athènes*, 1607-1608).

Marx a repris le qualificatif shakespearien de l'or, « putain commune à toute l'humanité[35] » pour déboucher sur la sentence suivante : « C'est la prostituée universelle, l'entremetteuse générale des hommes et des peuples[36] ». Il en faisait un objet pervers.

Les conceptions de Marx, concernant l'argent, ont été largement analysées dans les années récentes. Il n'est donc pas utile de les reprendre ici. J'envisagerai uniquement quelques concepts qui ont pesé sur les mentalités françaises et qui ont fréquemment inspiré diverses représentations de l'argent. Aliénation a une origine philosophique. Marx l'utilisait dans ses

---

33 K. Marx, « Livre premier, Le développement de la production capitaliste » *in Le Capital*, 1867, Paris, tome I, 1975, p. 137.

34 W. Shakespeare, *La vie de Timon d'Athènes*, 1607-1608 *in Œuvres complètes, Tragédies*, tome II, Paris, Bibliothèque de La Pléiade, 2002, p. 641, 671, 687-689.

35 *Ibid.*, p. 640.

36 K. Marx, « L'argent peut tout », *Manuscrits de 1844*, webphilo.com.

écrits de jeunesse. C'est l'état de l'individu qui cesse de s'appartenir et qui devient esclave des choses d'où les termes complémentaires d'imitation de soi, de perte de soi, mais aussi de dépossessions et de souffrances[37].

Traitant de l'argent en tant que marchandise, Marx dans *Le Capital* analysait son devenir : « (Sa) puissance sociale devient ainsi puissance privée des particuliers[38] ». L'argent par sa toute-puissance et par son caractère « d'entremetteuse générale », participerait à cette pathologie sociale. Le capital, au sens de valeur monétaire, investi en vue d'exploiter la force de travail des ouvriers[39], est issu de l'argent (livre premier, deuxième section du *Capital*). Ce dernier objet est conçu dans le marxisme en tant que « moment de la dynamique de reproduction du capital[40] ». Selon le philosophe Stéphane Haber, spécialiste de la question, « ... l'aliénation objective consiste en ce que, dans le contexte de l'industrialisation capitaliste, le travail ouvrier est pensable... comme une activité par laquelle l'agent est dépossédé des produits de son activité[41] ... ». Celui-ci s'est référé encore à « un système (le mode de production capitaliste) transcendant », source de contraintes.

L'autre concept, celui d'exploitation, s'imposa progressivement dans *Le Capital*. L'exploitation correspondrait à « la production d'une valeur supplémentaire accaparée par le capitaliste détenteur des moyens de production[42] ». Le fétichisme de l'argent à savoir l'illusion que le salaire est l'exacte contrepartie monétaire du travail masquerait la plus-value et donc l'exploitation que les ouvriers subissent. Dans *Le Capital*, Marx recentra son propos sur cette thématique et sur la misère ouvrière afférente. La souffrance au travail s'explique alors fréquemment par l'exploitation[43]. L'accumulation du capital au sens marxien est la transformation d'une fraction du surproduit social, fruit du

37 S. Haber, « Quelques remarques sur la critique de l'argent au début du livre I du *Capital* de Marx », *Philosophique*, 11, 2008, p. 9-40, repris sur le site philosophique.revues.org, 01 septembre 2011.

38 K. Marx, « Livre premier, Le développement de la production capitaliste », *Le Capital*, 1975, *op. cit.*, p. 138.

39 M. Bouvier-Ajam, J. Ibarrola et N. Pasquarelli, « capital », *Dictionnaire économique et social*, Paris, 1975, p. 87.

40 S. Haber, 2008, *op. cit.*, p. 9-40.

41 *Ibid.*

42 M. Bouvier-Ajam, J. Ibarrola et N. Pasquarelli, « exploitation capitaliste », 1975, *op. cit.*, p. 278.

43 S. Haber, 2008, *op. cit.*, p. 9-40.

travail gratuit des producteurs, en forces productives nouvelles. Elle entretiendrait l'exploitation[44].

Du constat de la toute-puissance de l'argent se déduit enfin le concept de domination exprimant l'influence dissymétrique du capital sur l'économie et la société. Tous ces thèmes ont été repris par le parti communiste en particulier et sont devenus souvent implicites dans le champ des représentations.

Le terme ploutocrate ne caractérisait pas la pensée de Marx. Au sens d'homme puissant par ses richesses[45], il participe fréquemment de la polysémie au sujet du pouvoir perçu comme excessif de certains milieux. Ce mot a une connotation d'extrême gauche. Léon Trotsky, dès 1928, dans son livre *La révolution permanente*, a opposé la dictature de la ploutocratie libérale à celle du prolétariat. Il n'est donc pas étonnant que la référence se soit enracinée dans la pensée progressiste de l'entre-deux-guerres, avant de se diffuser après 1944 dans le corps social.

STIGMATES DE LA RICHESSE

APPROCHE MÉTHODOLOGIQUE

La richesse pourrait tout à fait s'analyser en termes holistes, de rapports collectifs entre groupes sociaux, voire entre classes. Nonobstant, son examen est conduit ici à partir de « l'individualisme méthodologique » fondé sur les comportements individuels. Il pourrait risquer de tendre, par une sorte de simplisme, à penser les rapports sociaux en tant que simple somme de comportements individuels. Il nécessite donc une grande circonspection dans sa mise en œuvre.

Ces conceptions individualistes ont été reprises par l'interactionnisme symbolique, issu de l'école de sociologie de Chicago dont deux auteurs notoires sont Howard S. Becker[46] et Erving Goffman. Certes, les études des deux sociologues américains se sont rapportées à des populations

44 M. Bouvier-Ajam, J. Ibarrola et N. Pasquarelli, « accumulation », 1975, *op. cit.*, p. 13-14.

45 *Grand Larousse encyclopédique*, tome 16, 1970.

46 H. S. Becker, *Outsiders. Études de sociologie de la déviance*, édition américaine 1963, Paris, 1985, *passim*.

spécifiques, d'une part des déviants tels les fumeurs de marijuana, d'autre part des malades mentaux vivant en « institution totalitaire », l'hôpital psychiatrique. J'ai, toutefois, tenté d'appliquer leurs concepts à la catégorie des riches. L'étude d'Erving Goffman en termes de stigmates, concernant certes *les usages sociaux des handicaps*, a permis de comprendre le mécanisme d'affectation de signes tendant à déprécier telle catégorie sociale par rapport à la population générale[47].

L'argent provoque des peurs au sein des populations les moins concernées. Elles sont de nature diverse : crainte de la simple différence, hantise d'un « pouvoir maléfique »... De ces réactions, découle un grand nombre de stigmates appliqués aux riches et produisant du discrédit, au sens du sociologue américain.

En France, est classique l'hostilité aux riches souvent désignés par le vocable « les millionnaires ». Quand Enrico Macias chante, à partir de 1997, *Les millionnaires du dimanche*, il évoque avec lyrisme ce petit peuple profitant au mieux de la trêve dominicale, mais en même temps, il se moque implicitement des riches destinant leur argent à d'autres dépenses. Ceux-ci sont qualifiés par ailleurs, sur le mode argotique populaire de « blindés », de « cheuris » (riches en verlan) ou, beaucoup plus méprisants, de « pétés de tunes », de « pétés d'oseille ».

Sont couramment jalousés sous la forme de railleries, dans la société et non pas seulement dans les milieux populaires, les riches par les mots de « gros richards » ou de « rupins ». Ce dernier vocable d'essence argotique, fortement connoté et renvoyant à la grande richesse et au luxe, est probablement issu du vieux Français « rupe » signifiant gale. Ces occurrences accusent le mépris à l'égard de ces nantis et ouvrent la voie, fréquemment, à une stigmatisation ouverte. Elle est fondée fréquemment sur les apparences. De la même manière, est caricaturée une institution tel le fameux Jockey Club, censé rassembler par sa composition la fine fleur de la richesse.

DES REPRÉSENTATIONS LITTÉRAIRES STIGMATISANTES

De simples particularités physiques déclenchent parfois la satire. Un simple trait physique exprimant la possession d'argent permet d'en déduire une âpreté au gain, démesurée sur un fond de veulerie, dans un roman de Michel Déon (1919-2016) :

47 E. Goffman, *Stigmate*, première édition 1963, Paris, 1975, *passim*.

> La fatigue, l'alcool accusaient la gourmandise des bouches aux dentures dorées, l'hypocrisie des regards veloutés, les grosses rides de la cupidité[48]. (Déon, *La carotte et le bâton*, 1960)

La critique porte aussi sur les comportements. Un amour excessif de l'argent leur est prêté en 1961 par la romancière Zoé Oldenbourg (1916-2002) : « Et je m'accuse d'avoir trop aimé l'argent, non pour lui-même, mais par vanité mondaine ; et par cupidité[49]... » Simone de Beauvoir (1908-1986) va encore plus loin dans un volume de ses mémoires :

> ... du fait qu'ils coïncident confortablement avec eux-mêmes, les privilégiés n'ont pas conscience de l'égoïsme, de la cupidité, de l'arrivisme, de la dureté dont j'ai vu chez eux tant d'exemples stupéfiants[50]. (De Beauvoir, *Tout compte fait*, 1972)

Cette satire de trait de caractère spécifique aux riches conduit la femme de lettres à en déduire des comportements outrés.

Le roman a été jusqu'à mettre en scène des mœurs des riches censés être dépravés. À la veille de la guerre, un quartier riche est stigmatisé ainsi dans *Antoine Bloyé* (1933) de Paul Nizan (1905-1940) : « ...un univers étincelant de luxure, de débauche et de maladies... Ils parlaient de ses adultères, de ses stupéfiants, de ses pourritures, de ses vices[51]... »

Les textes du genre vont jusqu'à mener une critique des conséquences de la conduite présumée des riches sur le milieu environnant. Dans le contexte des années 2010, marquant le renouveau de l'intérêt de l'opinion pour la condition féminine trop longtemps discriminée, l'instrumentalisation des femmes est reprochée aux riches par le romancier Pierre Lemaitre, né en 1951, dans son livre primé par le Goncourt 2013 : « ... c'est instinctif, quand on a de l'argent, on veut toujours des femmes pour aller avec[52] » Mais il va encore plus loin quand il fait des riches, des êtres superficiels :

---

48 M. Déon, *La carotte et le bâton*, 1960, p. 72, cité dans la base de données Frantex.

49 Z. Oldenbourg, *Les cités charnelles ou l'histoire de Roger de Monbrun*, 1961, p. 435, cité dans la base de données Frantex.

50 S. de Beauvoir, *Tout compte fait*, 1972, p. 174, cité dans la base Frantext.

51 P. Nizan, *Antoine Bloyé*, 1933, cité par M. Pinçon, M. Pinçon-Charlot, *Les millionnaires de la chance. Rêve et réalité*, première édition 2010, Paris, 2012, p. 195.

52 P. Lemaitre, *Au revoir là-haut*, Paris, 2013, p. 287.

> Ce garçon, au fond, n'avait pas les pieds sur terre, quelque chose qu'on devait voir souvent chez les riches, comme si la réalité ne les concernait pas[53]. (Lemaitre, *Au revoir là-haut*, 2013)

C'est la réflexion d'un personnage du roman, Albert, ancien poilu d'origine modeste, au sujet d'Édouard, riche et « gueule cassée » à qui Albert reprochait d'être irrationnel à propos d'un projet commun de malversation concernant de « faux monuments aux morts » de 1914-1918. Enfin, le roman atteint une acmée dans la critique des riches accusés du pire :

> Dommage que son père (un grand banquier) ne puisse le voir dans ce décor de luxe parce que, somme toute, Édouard avait fait fortune bien plus vite que lui et par des moyens pas forcément plus sales. Il ne savait pas exactement de quelle manière son père s'était enrichi, mais il était persuadé que, derrière toute richesse, se cachaient quelques crimes, inévitablement[54]. (Lemaitre, *Au revoir là-haut*, 2013)

À l'égard des « nouveaux riches », les représentations stigmatisantes ne sont pas absentes en littérature. Simone de Beauvoir, dans ses *Mémoires d'une jeune fille rangée* de 1958, propose l'observation suivante : « Il n'estimait pas que la qualité d'un homme se mesurât à son compte en banque, il se moquait volontiers des "nouveaux riches". L'élite se définissait selon lui par l'intelligence, la culture, une orthographe correcte, une bonne éducation[55]... » De façon caricaturale, est mis en scène l'un de ces « nouveaux riches » produits de la Grande Guerre dans le roman *Au revoir là-haut* de Pierre Lemaitre : « Il n'aimait pas cet Aulnay-Pradelle qui correspondait si parfaitement à ce qu'il s'était imaginé, une grande gueule, un roublard, un riche, un cynique; le mot de "mercanti" lui vint à l'esprit, très à la mode[56]. »

Cette dénomination, issue d'une langue un peu rudimentaire et servant habituellement à qualifier les marchands des bazars d'Orient, avait pris un tour péjoratif à la fin du conflit mondial pour désigner les « profiteurs de guerre » et les margoulins en général, cupides et avides

---

53 *Ibid.*, p. 335.

54 *Ibid.*, p. 463-464.

55 S. de Beauvoir, *Mémoires d'une jeune fille rangée*, 1958, p. 131, cité dans la base de données Frantex.

56 P. Lemaitre, 2013, *op. cit.*, p. 452.

à gagner de l'argent. Tout nouveau riche a une origine douteuse dans le genre romanesque.

Dans un genre différent, l'humoriste Coluche (1944-1986) a proclamé ainsi :

> Moi, je ne suis pas un nouveau riche, je suis un ancien pauvre.

Dans le discours littéraire ainsi que dans le genre comique, les représentations de la richesse sont fréquemment liées à celles de la pauvreté, et inversement.

L'ARGENT EXCESSIF AU CINÉMA

Dans l'entre-deux-guerres, la thématique de l'argent avait revêtu une connotation significative dans le cinéma français. Cela se perpétue ensuite. Le thème de la domination des riches est présent successivement, dès 1942 dans le film de Jean Dréville (1906-1997) *Les affaires sont les affaires*, puis en 1958, dans celui de Denys de La Patellière (1921-2013) *Les Grandes Familles*. Panorama diabolisant l'argent, le film *Les Grandes Familles* retrace l'histoire d'un fils de famille, contestant son père en s'appuyant sur un riche oncle dépravé (Pierre Brasseur). Certes, le film a une morale puisque, en fin de compte, le père (Jean Gabin), homme droit, réussit à rétablir son empire en faveur de son petit-fils. L'historienne Ludivine Bantigny a insisté alors sur « le pouvoir démiurgique de l'argent[57] » qui traverse ce film ayant séduit le public de l'époque.

Le cinéma français est scandé par cette récurrence de la thématique de l'argent. Pour être précis, il reprend fréquemment la prudence des Français concernant sa détention. Il y traite le plus souvent du sale argent ! Le caractère relativement radical de ces représentations tant littéraires que cinématographiques, s'explique largement par les attitudes de l'opinion face à l'argent.

57 L. Bantigny, « Scènes d'argent. Quelques aperçus sur le rôle de l'argent dans le cinéma français » *in* A. Aglan, O. Feiertag, Y. Marec (*dir.*), *Les Français et l'argent. Entre fantasmes et réalités*, Rennes, 2011, p. 337.

DE L'OPINION PUBLIQUE : DES ATTITUDES TOUJOURS PLUS CRITIQUES

Les réactions concrètes de l'opinion montrent cette évolution. En premier lieu, l'argent engendre en particulier la jalousie. Dès le stade scolaire, les enfants de milieu modeste envient souvent leurs camarades portant des vêtements de marque et brandissant tel ou tel objet futile[58]. Au-delà, jaillit la jalousie de l'argent permettant ces acquisitions. Il est perçu alors en tant que source d'injustice.

Par ailleurs, l'audience du souverain pontife est nette en 2013 quand il reprend la critique des riches dans la tradition de l'Église. L'écho, qu'il recueille, est certainement favorisé par la crise de 2008 aux graves conséquences sociales. Une enquête d'opinion BVA, publiée par le *Journal du Dimanche* à la fin de décembre 2013, indique que la quasi-totalité des Catholiques français, soit 94 % d'entre eux, avait une bonne opinion de ce pape venant de diffuser son exhortation. Il y vilipende d'un côté la richesse et, de l'autre côté, loue la pauvreté[59]. Certes, son style a contribué largement à sa popularité. Par conséquent, l'antique doctrine chrétienne de célébration des plus pauvres est ainsi entretenue dans les consciences de ses auditeurs.

Nonobstant, la même enquête a également interrogé l'ensemble des Français et les résultats sont tout aussi éloquents. En effet, 85 % de ceux-ci révèlent avoir une bonne opinion du pontife romain alors que moins de la moitié d'entre eux (chiffre à rapprocher des 50 % et plus des Français déclarant n'avoir aucune appartenance religieuse) ont une bonne image de l'Église catholique. Dans la seule population des personnes se déclarant athées, la proportion des opinions favorables reste de 75 %.

Enfin, pour ce qui concerne la seule population des jeunes à savoir des personnes de 18 à 34 ans, souvent peu soucieuses de traditions, la proportion de bonnes opinions était à nouveau des trois quarts. Mais, dans ces populations bien spécifiques, le style du pape François a certainement séduit. Pourtant l'option privilégiant les pauvres par rapport aux riches a été diffusée dans l'opinion qui probablement, y a été sensible. Une imprégnation « infrathéologique » toucherait l'ensemble de la société

58 T. Gallois, *Psychologie de l'argent*, première édition 2005, Paris, 2011, p. 30.

59 H. Haus, P. Baverel, « Sondage : l'exceptionnelle popularité du pape François », *le parisien.fr*, 28 décembre 2013.

française, marquée par une attitude profondément discriminante entre la richesse suscitant la méfiance et, la pauvreté crainte pour soi-même.

Qu'est-ce que la richesse pour l'opinion publique ? L'IFOP a conduit un autre sondage en janvier 2013 pour le compte du journal *Les Échos* sur le thème : « les Français et l'argent[60] ». 1 008 personnes âgées de plus de 18 ans ont été alors interrogées. Le seuil de revenu exprimant la richesse croîtrait avec l'âge des personnes sondées : 4 500 euros pour les 25-34 ans, mais 7 900 euros pour les plus de 65 ans. Ces résultats prouvent un réel ressenti chez les personnes interrogées. La richesse correspondrait assez logiquement à un certain niveau de patrimoine (630 000 euros).

La question des origines de la richesse rend implicite la vision des Français en termes d'injustice sociale. La réussite personnelle des riches les fascine particulièrement au cours des années 1980, parfois qualifiées « d'années fric[61] » : elles dévoilent la possibilité de s'enrichir ce qui séduit les Français. La référence, à l'ascension personnelle de tel homme d'affaire parti de rien, en est un exemple.

Pourtant, si le fait de travailler effectivement pour accéder à la richesse est mis en premier ou en second rang en 2013 par 48 % des Français (contre 40 % en 1994), celui d'avoir des parents riches pour le devenir arrive en second (39 % actuellement contre 40 % en 1994) et celui d'avoir des relations en troisième position (35 % contre 21 % en 1994). L'enquête montre par ailleurs, que cette opposition entre variable du mérite et variable de la position sociale pour devenir riche recoupe l'opposition politique droite-gauche en France.

S'opposent, pour accéder à la richesse, les critères du mérite personnel (travail, relations inter-individuelles, culot et honnêteté) à ceux de la position sociale (parents, réseaux de relations, éducation). Mais les deux résultats totaux, tant mérite personnel que position sociale, se rapprochent : 99 % des personnes interrogées en 2013 (94 % en 1994) pour le mérite personnel, contre 80 % en 2013 (69 % en 1994) pour la position sociale. D'un côté, ces résultats reflètent probablement une certaine mentalité française qui met en bonne place le mérite en tout. Une autre question montre d'ailleurs que près de 6 Français sur 10 soutiennent qu'il est possible, sous-entendu par son mérite propre, de faire

60 IFOP, « Les Français et la richesse en France en 2013 », sondage, *ifop. Com*, 6 février 2013.

61 T. Pech, 2011, *op. cit.*, p. 136.

fortune en France en 2013. En témoigne la prolifération des officines qui veulent « renseigner » sur les méthodes pour devenir riche.

D'un autre côté, ce sondage, en ne négligeant pas la position sociale, rend compte du réalisme/jalousie des Français envers l'argent. Le montant intrinsèque des sommes en jeu est blâmé, mais c'est encore plus la comparaison avec son propre revenu qui entraîne la protestation. Enfin, les variations numériques, sur une vingtaine d'années, montrent qu'au début de la crise économique et dans une tradition bien française, la différence calculée entre mérite et position sociale (25 % en faveur du mérite cette année-là contre 19 % en 2013) était bien plus forte en début qu'en cours de crise.

Ces conclusions assez paradoxales pourraient s'expliquer par l'effet de la crise née en 2008 et ayant renforcé les antagonismes sociaux ; d'une façon générale, la jalousie et le sentiment d'injustice liés à la médiatisation récente de la grande richesse en France. Pourrait encore intervenir une mentalité pessimiste résultant des difficultés économiques. Nonobstant, Thierry Pech dans une perspective différente cite des sondages de la fin du XXe siècle révélant que le sentiment de méfiance des Français à l'égard des riches aurait reculé, entre 1989 et 1998, de 45 à 11 %[62].

En dépit de ces résultats pouvant s'expliquer diversement, les Français dans leur majorité paraissent exprimer un certain désamour à l'égard des riches. Cela est probablement un trait spécifique de la mentalité nationale. Outre la tradition chrétienne, la Révolution française, au nom de l'égalité, y a contribué certainement. Pascal Bruckner cite un enragé Jacques Roux qualifiant les riches « d'engeance pire que la noblesse classique[63] ». Les révolutionnaires de 1789 s'étaient en effet mobilisés contre une société de privilèges. Cette thématique se perpétua au fil des décennies ultérieures.

De nombreuses enquêtes dévoilent la tendance des Français à stigmatiser la richesse. Un sondage de l'IFOP « *Être riche en France* », réalisé du 18 au 20 septembre 2012, l'atteste[64]. Cette enquête avait été menée auprès de 1 002 personnes de plus de 18 ans. À la question « Aujourd'hui en France, diriez-vous qu'il est bien ou mal perçu d'être riche ? », plus

---

62 *Ibid.*, p. 136.

63 Cité par P. Bruckner, 2016, *op. cit.*, p. 60.

64 Voir la description et les résultats du sondage IFOP, *Être riche en France*, cité par *le figaro. Fr*, 18-20 octobre 2012.

des trois quarts (78 %) des personnes interrogées estiment qu'être riche est « mal » perçu et parmi eux, presque un quart (21 %) que c'est même « très mal ». Cependant, cela s'inscrit dans une attitude ambivalente. Les riches susciteraient admiration et envie[65]. Plus des trois quarts (76 %) des Français interrogés répondent ainsi : « C'est une bonne chose de vouloir gagner de l'argent et de devenir riche. » Concrètement, Michel Pinçon met en scène un couple d'agriculteurs venu au Grand Prix hippique de Deauville pour « se remonter le moral » à la vue des riches[66].

Mais cette ambiguïté n'est peut-être qu'une apparence car la volonté de s'enrichir, d'une façon implicite par le travail, est bien vue. Dans une tradition marxienne, l'accumulation d'argent, produite souvent par de gros héritages perçus comme excessifs, paraît choquer. Nonobstant, un sondage de 2007 selon lequel 69 % des Français sont favorables à la suppression des droits de succession[67], montre qu'il faut garder la mesure. C'est là toute l'ambiguïté du vocable « riche ». « Les riches ne mettent pas assez à la disposition des autres le produit de leur richesse[68] », selon le donneur d'ordre de l'enquête, le président de la banque Prêt d'Union.

Ce comportement « égoïste », si l'on s'appuie sur Thierry Pech, se rapporterait au fait qu'a « été progressivement accréditée l'idée selon laquelle la fortune est sans attache, qu'elle n'est chargée d'aucune dette collective… ». Le journaliste se résume en quelques mots : « Les riches ne sont pas des êtres hors du monde[69]. » Plus des quatre cinquièmes (82 %) des personnes interrogées considèrent que « le comportement des riches » n'est pas exemplaire alors que 41 % d'entre elles soutiennent que la richesse exige plus de « devoirs envers la société » que de la part des autres citoyens. Par là, les personnes sondées entendent, à une très forte majorité, le devoir de « payer ses impôts en France » et celui d'y « créer et maintenir l'emploi ». D'une façon générale, dans l'opinion publique, la richesse implique un devoir de réserve et un devoir de partage. La thématique de l'influence démesurée des riches revient très souvent dans les médias.

---

65 T. Pech, 2011, *op. cit.*, p. 131.

66 Michel Pinçon *in* M. Pinçon, M. Pinçon-Charlot, 2012, *op. cit.*, p. 74-75.

67 J. Marseille, 2009, *op. cit.*, p. 80.

68 Charles Égly cité par S. Kovacs, « Les Français pensent que les riches ne sont pas assez aimés », *Le Figaro. Fr*, 18 octobre 2012.

69 T. Pech, 2011, *op. cit.*, p. 74 et 76.

Tout cela confirme que les représentations des Français à l'égard des riches sont loin du systématique. Les critiques fréquemment inspirées par la jalousie, sont assorties de bien des nuances. L'appréhension de la pauvreté est du même ordre.

DES REPRÉSENTATIONS FANTASMATIQUES DE LA PAUVRETÉ

L'opposition richesse/pauvreté est fréquente. En septembre 2013, des habitants mal logés de Neuilly se plaignent du « mépris des riches » et la sociologue Monique Pinçon-Charlot, aux interventions récurrentes sur cette thématique, n'hésite pas à représenter « une guerre des riches contre les pauvres », faisant état en outre « des armes » qu'auraient les riches[70].

Le contraste social entre pauvreté et richesse a secrété la stigmatisation. Dans l'histoire, le préfixe privatif « sans » sert à désigner les pauvres, sans qu'il ait eu à l'origine une connotation péjorative. Ont cherché à traduire l'absence d'argent disponible de ces personnes les expressions, de « sans le sou », rendant compte de l'unité monétaire de base de l'Ancien Régime qui s'est perpétué au XXe siècle, à « sans domicile fixe » en passant par « sans abri ».

Pourtant, progressivement, l'acronyme SDF a pris une connotation négative, particulièrement dans l'auto perception des intéressés[71]. Cette forme de stigmatisation pourrait être comparée à celle que ressentent dans les années récentes les handicapés, désignés par ce terme administratif dans les années 1950. De là à faire des pauvres, des « sans … », le sens humoristique et satirique de l'expression transparaît. Un président de la République a été ainsi accusé, à tort ou à raison, de désigner les plus démunis par les « sans dent[72] » !

70 Reportage en matinée sur *France Inter*, 13 septembre 2013.

71 A. Gueslin, « sémantique et stigmatisation. Les modes de désignation des vagabonds et des SDF au XXe siécle » *in* A. Gueslin, H.-J. Stiker (*dir.*), *Les maux et les mots de la précarité et de l'exclusion en France au XXe siècle*, Paris, 2012, p. 139-154.

72 V. Trierweiler, *Merci pour ce moment*, Paris, Les Arènes, 2014.

Une caricature de la différence olfactive des pauvres et des nantis se rencontre chez Simone de Beauvoir en 1963 : « … cette pauvreté m'avait rafraîchie car je supportais mal l'épaisse odeur de dollars qu'on respirait dans les grands hôtels et dans les restaurants élégants[73]. » Au-delà de ces traits particuliers de mentalité, l'état de pauvreté est imprégné de représentations traditionnelles.

DU SACRÉ AU VICIEUX

Dans la tradition religieuse, la pauvreté a toujours revêtu une certaine dignité. Au bas Moyen Âge, le plus pauvre était couramment le pauvre du Christ au sein d'une société profondément religieuse. Pour l'homme ordinaire de cette époque, le pauvre était perçu en quelque sorte en tant que théophanie : au sens littéral, il correspond à l'apparition de Dieu. C'est concrètement le Christ de retour sur terre. À défaut, le pauvre passait pour être un intercesseur avec Dieu. Il participait d'une véritable cosmogonie d'essence biblique. Durant cette période, il était perçu en tant que « pèlerin de Dieu[74] » : il est instrumentalisé dans une démarche de conquête du salut. Ceci explique le respect et même la fascination de la pauvreté dans la société médiévale.

Au XIVe siècle, l'image du pauvre s'altère. Il est perçu désormais comme un danger. Au XVIIe siècle, qui rompt en quelque sorte la solution de continuité entre le monde terrestre et le monde céleste, est inventée une structure d'enfermement pour redresser les pauvres, l'Hôpital Général. Elle est prolongée, tout au long du XIXe siècle par le dépôt de mendicité, autre institution de redressement créée en 1764[75]. Par conséquent, tout au long de l'histoire, l'image du pauvre a évolué. Mais l'antique représentation d'essence chrétienne a résisté. Il s'agit d'une véritable rémanence au XXe siècle.

Les observateurs sociaux traquent fréquemment, dans l'image de l'autre, leurs propres croyances. L'une d'entre elles, résistant toujours au XXe siècle, relève de la dimension sacrée du pauvre. La pauvreté continue à être parfois perçue en tant que condition respectable, voire glorieuse. Ainsi en 1947, Louis Aragon (1897-1982), dans son roman *Les*

---

73 S. de Beauvoir, *La force des choses*, 1963, p. 177, cité dans la base Frantext.

74 J. Delumeau, *La peur en Occident (XIVe-XVIIIe siècles). Une cité assiégée*, Paris, 1978, p. 410.

75 A. Gueslin, *D'ailleurs et de nulle part. Mendiants vagabonds, clochards, SDF en France depuis le Moyen Âge*, Paris, 2013, *passim*.

voyageurs de l'impériale, a cette formule plutôt paradoxale : « Rien n'était à la mode comme… la pauvreté chez les riches[76]… » Le respect dû aux pauvres, dans une perspective évangélique, est pointé quelques années plus tard par Simone de Beauvoir dans ses Mémoires : « L'Évangile prône la pauvreté. Je respectais beaucoup plus Louise que quantités de dames fortunées[77]. » Dans cette veine, la pauvreté est perçue comme un signe d'honorabilité. Dans l'un de ses romans, Michel Del Castillo, né en 1933, a les mots suivants :

> L'argent était certes méprisable ; il corrompait le corps social ; il dégradait les individus. De là à épouser une pauvreté ostentatoire[78]… (Del Castillo, *La nuit du décret*, 1981)

Une marque de gloire est attribuée à tel symbole de pauvreté dans l'essai philosophique *La Poétique de l'espace* (1957) du philosophe des sciences, mais aussi de l'imaginaire, Gaston Bachelard (1884-1962) : « (La hutte) a une heureuse intensité de pauvreté. La hutte de l'ermite est une gloire de la pauvreté[79]. » Dans cette défense de la pauvreté, l'expression de René Fallet (1927-1983) prend une dimension toute symbolique, « la plus heureuse des cités libres[80] ». Et la référence biblique est éloquente en ce sens : « Tel fait le riche et n'a rien du tout. Tel fait le pauvre et a de grands biens[81]. »

Nonobstant, au-delà de cet idéal proclamé, la condition du pauvre secrète des représentations opposées, parfois fort stigmatisantes. Le grand publicitaire Jacques Séguéla prétend ainsi : « on n'a pas réussi sa vie à 50 ans si on ne possède pas une Rolex[82] » à savoir une montre au coût exorbitant.

Le roman est ainsi jalonné de considérations sur l'odeur, stigmate, s'il en est, de la pauvreté[83]. Sur le versant négatif, un fantasme est de

76 L. Aragon, Les *voyageurs de l'impériale*, 1947, p. 472, cité dans la base Frantext.

77 S. de Beauvoir, *Mémoires…*, 1958, *op. cit.*, p. 130, cité dans la base Frantext.

78 M. Del Castillo, *La nuit du décret*, 1981, p. 69, cité dans la base Frantext.

79 G. Bachelard, *La Poétique de l'espace*, 1957, p. 40, cité dans la base Frantext.

80 R. Fallet, *Le triporteur*, 1951, p. 302, cité dans la base Frantext.

81 Livre des proverbes, 13, 7 *in La Bible*, 1966, *op. cit.*, Ancien Testament p. 492.

82 Jacques Séguéla cité par Régis Meyran *in* M. Pinçon, M. Pinçon-Charlot, *L'argent…*, 2012, *op. cit.*, p. 9.

83 On citera G. Roy, *Bonheur d'occasion*, 1945, p. 252, cité dans la base Frantext ; C. Etcherelli, *Élise ou la vraie vie*, 1967, p. 32, cité dans la base Frantext ; D. Perrut, *Patria o muette*, 2009, p. 218, cité dans la base Frantext.

faire des pauvres des êtres d'un naturel vicieux et le proverbe « pauvreté n'est pas vice » rappelle indirectement cette croyance. Cette thématique se perpétue après 1945 : elle se retrouve dans les représentations. Dès cette époque, Roger Vailland (1907-1965) dans son célèbre roman *Drôle de jeu*, fait dire à l'un de ses personnages : « Les pauvres … sont méchants, sournois et vicieux[84]. » Cette croyance est reprise dans les années suivantes. En 1956, dans le film de Claude Autant-Lara (1901-2000) *La traversée de Paris*, inspiré de Marcel Aymé, l'acteur Jean Gabin profère la sentence devenue fameuse : « salauds de pauvres ». Le film s'en prend alors, à la prétendue lâcheté des pauvres, possédant peu et craignant de le perdre.

Dans une France en cours d'enrichissement, la pauvreté est en voie de perdre, au moins pour un temps, sa dimension doloriste. En 1961, c'est au tour de la romancière Zoé Oldenbourg de se faire alors plus précise :

> Pauvreté n'est pas vice pour les pauvres, mais pour les riches, elle est un vice très grand[85]… (Oldenbourg, *Les cités charnelles ou l'histoire de Roger de Monbrun*, 1961)

En 1983 encore, Michel Tournier (1924-2016), dans son roman *Gilles et Jeanne*, écrit dans la même veine : « La pauvreté est la mère de tous les vices[86]. » Dans un contexte différent, dans sa thèse sur l'histoire de la folie en 1961, Michel Foucault (1926-1984) a observé dans les représentations une parenté entre pauvreté et vice[87].

Le pauvre par définition est démuni d'argent. Plutôt qu'imputer cela à tel ou tel malheur, les représentations tendent à stigmatiser son incapacité à gérer l'argent. Concrètement, on évite de lui donner de main à main des espèces sonnantes et trébuchantes, ce qui rassure puisque les œuvres leur attribuent bons de pain ou de produits de toutes sortes. La sociologue américaine Viviana A. Zelizer a renvoyé aux stratégies de marquage les concernant. Se reportant au début du XIXe siècle, elle a ces mots :

> Si même, les pauvres « méritants » étaient financièrement incompétents, on pouvait tenir pour certains que tout nécessiteux assisté ne manquerait pas

84 R. Vailland, *Drôle de jeu*, 1945, p. 170, cité dans la base Frantext.

85 Z. Oldenbourg, 1961, *op. cit.*, p. 354.

86 M. Tournier, *Gilles et Jeanne*, 1983, p. 70, cité dans la base Frantext.

87 M. Foucault, *Histoire de la folie à l'âge classique*, 1961, p. 71.

> de se comporter comme un financier corrompu qui dépenserait ses secours en liquide en se livrant à des actes séditieux et en s'enivrant[88]… (Zelizer, *La signification sociale de l'argent*, 1994)

Pour 1889, elle a noté encore qu'une association caritative nord-américaine avait décidé de collecter de petites sommes auprès des pauvres pour empêcher tout gaspillage[89] ! Cette méfiance à l'égard des pauvres s'observe en France tout au long du XXe siècle. Cette idée de l'inaptitude à consommer des pauvres[90] se retrouve tant aux États-Unis qu'en France. Cependant Viviana A. Zelizer, comme je l'avais noté jadis dans *Les gens de rien*, a remarqué que les pauvres tiennent à avoir « des obsèques convenables[91] ».

LE FANTASME DU MENSONGE : LA FAUSSE PAUVRETÉ DANS LES REPRÉSENTATIONS

Le fantasme du mensonge attaché à la pauvreté apparaît chez deux des plus grands romanciers français du XXe siècle. C'est d'abord le communiste Louis Aragon qui écrit dans *Les voyageurs de l'impériale* (1947) : « La pauvreté apparut ainsi presque immédiatement… comme le mensonge obligatoire[92]. » De sensibilité radicalement opposée, Henri de Montherlant (1895-1972) le rejoint en 1950 en incarnant la pauvreté ainsi : « Ses mensonges vous allument comme sa pauvreté vous brûle[93]. » Voici le terrain du fantasme traditionnel de la fausse pauvreté.

Le mythe de la fortune cachée du pauvre est présent dès 1893 dans *Le voyage en mendicité* de Louis Paulian (1847-1933), alors secrétaire-rédacteur à la Chambre des Députés[94]. Ce fantasme s'avéra durable. Tout au long du XIXe siècle, plus tard au XXe siècle, il est rémanent et s'appuie sur telle ou telle anecdote imaginaire. La période est émaillée par de nombreuses histoires de pauvres nantis de richesses, de lingots d'or cachés et mis au grand jour par l'entourage.

88 V. A. Zelizer, *La signification sociale de l'argent*, édition américaine 1994, Paris, 2005, p. 212.

89 *Ibid.*, p. 220.

90 *Ibid.*, p. 241.

91 *Ibid.*, p. 285.

92 L. Aragon, 1947, *op. cit.*, p. 593.

93 H. de Montherlant, *Celles qu'on prend dans ses bras*, 1950, p. 782, cité dans la base Frantext.

94 L. Paulian, *Paris qui mendie. Les vrais et les faux pauvres. Mal et remède*, Paris, 1893.

Ainsi, à la fin du XXe siècle, un grand quotidien régional pouvait faire état de l'histoire suivante. C'est la découverte par la police, sur une plage du sud de la France, d'une personne âgée aux vêtements usagés. L'homme s'avère vite sans abri et sans argent. Il demande, à la grande surprise des représentants de l'ordre, de téléphoner à son propre notaire afin de pouvoir disposer des liquidités qui lui font défaut. L'histoire trouve finalement le terme suivant : le personnage se révèle en fait être un homme riche, disposant apparemment d'un château entretenu par des domestiques !

Les représentations contemporaines dans le domaine de la fiction sont souvent jalonnées de telles « inventions ». Un film de l'entre-deux-guerres, réalisé par le cinéaste Marc de Gastyne (1889-1982), met en scène un héros, le clochard Rothschild « bien nommé » qui s'enrichissait[95]. Tout semblait donc possible en pauvreté au grand réconfort des gens.

Ce fantasme persiste après 1945. Dès 1949, la pauvreté est imaginée en tant que situation quasi-idyllique chez Georges Hyvernaud (1902-1983) longtemps méconnu : « De la belle pauvreté vraiment, bien authentique, bien grasse, bien pourrie d'alcool et de vérole. De la pauvreté pour connaisseurs ». Et le même auteur conclut par ces mots paradoxaux, « le romantisme de la crasse[96] ». Cette apparente exaltation de la grande pauvreté est reprise dès 1961 par Michel Déon : « La pauvreté lui a donné une âme de seigneur[97]... »

Voici des clés pour comprendre cette thématique de la fausse pauvreté. Elle procède du refus psychologique d'admettre la misère dans sa dimension doloriste.

Une figure mimétique de pauvreté est envisagée, dès 1950, dans *Jean-Jacques* par Jean Guéhenno (1890-1978) : « (il narre une certaine vieillesse) ... il ne sera pas seulement pauvre, il faut qu'il fasse profession de pauvreté. Et son visage, son maintien en sont faussés[98]. » Dans le même livre, il va jusqu'à faire de cette condition un choix de vie. Le caractère bien réel de la pauvreté, en présence de ce qui peut être considéré en tant que fausse rumeur, est proclamé en 1955 par le

95 D. Thouart, « La Bourse vue par le cinéma », *Journal des Caisses d'épargne*, n° 3, mai-juin 1988, p. 62.

96 G. Hyvernaud, *La peau et les os*, 1949, p. 61, cité dans la base Frantext.

97 M. Déon, *Le Balcon de Spetsai*, 1961, p. 13, cité dans la base Frantext.

98 J. Guéhenno, *Jean-Jacques*, tome 2, 1950, p. 25, cité dans la base Frantext.

dramaturge d'origine roumaine Eugène Ionesco (1909-1994) en réaction à cette stigmatisation :

> Je crois pour ma part, sincèrement, à la pauvreté des pauvres, je la déplore, elle est vraie[99]... (Ionesco, *L'impromptu de l'Alma*, 1955)

Dans les années récentes, et en particulier depuis la dépression apparue en 1973, l'idée se diffuse dans l'opinion que les pauvres déguisent leur situation réelle. Les représentations bourgeoises de la pauvreté sont stigmatisées dans le roman *Les Belles âmes* (2000) de Lydie Salvayre née en 1948, prix Goncourt 2014 pour un livre ultérieur *Pas pleurer*. Elle imagine un « voyage organisé en pauvreté » dans six pays d'Europe et met en scène, parmi les touristes concernés se percevant comme charitables, l'un d'eux n'hésitant pas à faire allusion à la « fausse pauvreté » face au spectacle de la misère[100].

En janvier 2015 encore, le fantasme atteint un véritable comble. Une lettre, attribuée au chanteur Michel Sardou né en 1947 et adressée à François Hollande, alors président de la République, a été rendue publique sur les réseaux sociaux. Elle stigmatise, dans une démarche profondément discriminante, les « vrais-faux mendiants ». L'artiste a vite fait de remettre en cause, en tant que faux, cette correspondance. Et l'affaire ne fait pas long feu tout en révélant la résistance de cet ancien lieu commun.

La réflexion de François Nourissier (1927-2011), romancier de culture chrétienne, s'applique parfaitement à cette stigmatisation des extrêmes sociaux autour de l'argent :

> Richesse et pauvreté, fric et pas fric, sentent également mauvais[101]. (Nourissier, *Un petit bourgeois*, 1963)

A été soutenu encore que l'histoire de la pauvreté était liée à l'image de la richesse par le grand sémiologue Roland Barthes (1915-1980)[102].

Les réactions contemporaines des Français participent bien de ce socle anthropologique d'origine religieuse. Une exposition de peinture de 2016,

99 E. Ionesco, *L'impromptu de l'Alma*, 1955, p. 176, cité dans la base Frantext.
100 L. Salvayre, *Les Belles âmes*, Paris, 2000.
101 F. Nourissier, *Un petit bourgeois*, 1963, p. 181, cité dans la base Frantext.
102 Roland Barthes cité par G. Perec, *En dialogue avec l'époque : 1965-1981*, réédition 2012, cité dans la base Frantext.

organisée à Baden-Baden, a bien représenté cette approche du bon et du mauvais argent, des riches et des pauvres, au Moyen Âge et à l'époque moderne. Malheureusement, le triomphe du côté abstrait sur le côté figuratif dans l'art en estompe les représentations virtuelles au XXe siècle. Mais, s'inspirant souvent de la Bible, des tableaux tant du Moyen Âge que des débuts de l'époque moderne, laissent voir le côté sombre de l'argent quand ils ne montrent pas sous des jours peu amènes marchands et autres manieurs d'argent tels les deux collecteurs d'impôt (1540) de Marinus van Reymerswaele du musée Stibbert de Florence[103]. Gageons que toutes ces représentations picturales se sont enracinées dans les cultures.

Malgré tout, les stigmatisations récentes de l'argent, objet du présent chapitre, tendent aussi à se comprendre par la croissance phénoménale des inégalités. De 1998 à 2005, alors que le revenu fiscal moyen n'augmentait que de 5,9 %, celui des 5 % les plus riches progressait de 11 %, celui des 1 % de 19 %, et encore plus, celui des 0,01 % des plus riches de 42,6 %[104]. Si cette différence n'est pas toujours ressentie au plan réel, son information influence les mentalités et provoque des phénomènes de stigmatisation de la richesse.

Cependant, les représentations démontrent un certain nombre d'ambivalences. La richesse est perçue comme un objectif possible, et la maxime gitane, citée oralement par l'homme de cirque, mais aussi grand poète Alexandre Romanès, né en 1951, en dit long en la matière : « Ne te moque pas des riches car cela pourrait t'arriver ! »

Le désaveu de l'argent est caractéristique de la nation française. Pour faire comparaison, les États-Unis d'Amérique ont inscrit sur le billet vert la devise bien connue « *In God we trust* » (Nous avons confiance en Dieu), consacrant ainsi l'union de Dieu avec un temple de l'argent que le dollar symbolise. Pascal Bruckner va jusqu'à soutenir que « la moindre transaction y est rachetée par l'onction du Très-Haut[105] ». À la pudeur française jusqu'ici en matière d'argent, s'oppose l'étalage américain. En définitive, la vindicte populaire secrétant l'angoisse s'applique d'une façon plus radicale sur les figures de riches qu'elles soient abstraites ou réelles : tel est le propos du chapitre suivant.

103 Money, Good and Evil. A Visual History of the Economy, Exhibition Guide, Staatliche Kunsthalle Baden-Baden, 5 mars –19 juin 2016, p. 1et *passim*.

104 J. Marseille, 2009, *op. cit.*, p. 138.

105 P. Bruckner, 2016, *op. cit.*, p. 85.

FIGURES ABSTRAITES, FIGURES CONCRÈTES DE RICHES STIGMATISÉS

Dans l'imaginaire des Français, les riches ont fait depuis longtemps l'objet de stigmatisation, de vindicte et souvent de peurs. Le « Courrier des lecteurs » d'un grand quotidien du soir flétrit la malhonnêteté supposée des riches :

> [...] Rappelons donc que toutes les études montrent que les riches trichent, mentent, fraudent et sont prêts à tout pour continuer à piller[1]. (*Le Monde*, 8 mai 2012)

La stigmatisation de l'argent s'applique le plus souvent à des figures idéales typiques. Il peut s'agir de catégories sociales, tels les patrons, les propriétaires ou les Juifs. Elles sont censées être riches et leur argent les entraînerait à des comportements répréhensibles. Le présent chapitre se focalise en outre sur trois personnages symboliques incarnant la richesse. La première figure stigmatisée, et cela depuis le XIXe siècle, est celle du banquier Rothschild. La seconde correspond à l'image critique en 2012 du grand industriel Bernard Arnault. Quant aux représentations depuis 2012, certes un peu à part, de l'acteur de cinéma Gérard Depardieu, elles méritent cependant attention. Toutes ces représentations révèlent les angoisses fréquentes des Français à l'encontre de l'argent perçu comme excessif et mal utilisé.

---

1 *Le Monde. Fr*, « le Monde de l'économie », 8 mai 2012 : le lecteur se présente sous le nom de Charles-Hubert de Girondiac.

LES CARICATURES IDÉAL-TYPIQUES DES RICHES

LES GRANDS PATRONS

La mythologie patronale a toujours exalté « l'héroïsme aventurier » des entrepreneurs[2]. *A contrario*, à l'époque contemporaine, leur argent suscite toujours des peurs nourries par un certain anticapitalisme. Ainsi en 1979, l'hebdomadaire satirique, *Le Canard enchaîné*, a publié la feuille d'impôts de Marcel Dassault (1892-1986), alors grand patron de la firme éponyme[3]. Elle fait sensation par les revenus visés représentant 66 fois ceux du Français moyen. De fait, les experts, et après eux les Français, soutiennent que ces revenus de la propriété de l'entreprise ne reflètent pas la productivité réelle de leurs dirigeants[4].

En outre, une tendance récente exacerbe cet écart. Elle réside dans le passage des salaires au mérite acceptés traditionnellement dans la société française, aux rémunérations visant à s'ajuster aux cours de bourse. L'argent des chefs d'entreprises du CAC 40 (cotation assistée en continu) créé à la Bourse de Paris en 1987, le reflète[5]. Ces gains sont donc davantage liés aux performances des marchés des actions qu'aux mérites propres des individus. Les millions d'euros brassés au cours des opérations de stock-options rappelleraient la fameuse affaire du collier de la reine Marie-Antoinette, sombre affaire d'escroquerie survenue à la fin du XVIIIe siècle qui avait alors indigné l'opinion apprenant les dépenses inconsidérées des élites en place[6].

Le patron est perçu, dans une tradition séculaire, en tant que « gros[7] ». L'argent permet pouvoir et influence. Est dénoncée une puissance patronale légitimée par son argent et non par ses mérites propres. La députée communiste Muguette Jacquaint, demandant en 1988 lors d'un débat parlementaire, un impôt sur les grandes fortunes afin de financer le

2 T. Pech, *Le temps des riches. Anatomie d'une sécession*, Paris, 2011, p. 80.

3 Cité par J. Marseille, *L'argent des Français*, Paris, 2009, p. 140.

4 T. Pech, 2011, *op. cit.*, p. 82.

5 J. Marseille, 2009, *op. cit.*, p. 139.

6 *Ibid.*, p. 296.

7 Voir le livre de P. Birnbaum, *Le peuple et les gros. Histoire d'un mythe*, Paris, 1979.

revenu minimum d'insertion destiné aux plus pauvres, a utilisé ce vocable de gros[8].

Dans les représentations littéraires, cet adjectif est fréquemment associé à patrons. Dans cette perspective, le roman représente le « gros patron » avec ses attributs, à l'instar d'Elsa Triolet (1896-1970) dans son recueil de nouvelles primé par le jury du prix Goncourt, *Le premier accroc coûte deux cents francs* (1945) : « L'intérieur de sa grotte serait magnifique, comme devait l'être l'intérieur...de tous les gros patrons[9]... » Cette sémantique stigmatisante est présente, à l'extrême fin du XXe siècle, chez le romancier et poète Raymond Queneau (1903-1976), proche un temps du surréalisme dans sa jeunesse[10].

Partant de ce point de vue, le roman représente à l'accoutumée la magnificence patronale[11]. De cette dernière représentation, en découle parfois une critique d'essence politique faisant des chefs d'entreprise des favorisés : « ...privilèges qui sont accordés aux riches, aux puissants, aux patrons[12]... »

Les œuvres romanesques mettent en scène fréquemment les patrons en tant que profiteurs. Ainsi, dans l'un de ses romans, Hervé Bazin (1911-1996) en propose l'évocation suivante :

> [...] il faut des malades pour qu'il y ait les médecins, comme des ouvriers pour nourrir les patrons[13].... (Bazin, *La Tête contre les murs*, 1949)

Il résulte de tout cela cette sentence sarcastique de 1952 :

> Les flics, les patrons, les militaires, les curés, c'est du pareil au même. Ils sont là exprès, tous pour emmerder le peuple[14]... (Gibeau, *Allons z'enfants*, 1952).

Au total, les entrepreneurs sont assimilés, dans la meilleure tradition marxiste, à des exploiteurs, comme chez Daniel Pennac, né en 1944

---

8 Muguette Jacquaint, « nouvelle lecture du projet de loi de RMI à la Chambre », le 21 novembre 1988, *J.O. Chambre, Débats*, 22 novembre 1988, p. 2588.

9 E. Triolet, *Le premier accroc coûte deux cents francs*, 1945, p. 176, cité dans la base Frantext.

10 R. Queneau, *Journaux 1914-1965*, 1996, p. 490, cité dans la base Frantext.

11 On se reportera à A. Boudard, *Mourir d'enfance*, 1995, p. 99 et à A.-M. Garat, *Nous nous connaissons déjà*, 2003, p. 24, cités dans la base Frantext.

12 P. Goldman, *Souvenirs obscurs d'un Juif polonais né en France*, 1975, p. 308, cité dans la base Frantext.

13 H. Bazin, *La Tête contre les murs*, 1949, p. 328, cité dans la base Frantext.

14 Y. Gibeau, *Allons z'enfants*, 1952, p. 211, cité dans la base Frantext.

ou chez Emmanuel Carrère, né en 1957[15]. Ce thème de l'exploitation prend une dimension métaphorique dans l'une des œuvres romanesques d'Émilie Carles (1900-1979) :

> [...] vous êtes tous des prolétaires et, si vous vous donniez la main, je crois que les patrons et les banquiers pourraient oublier leurs aumônes et plier les genoux. Je crois qu'ils ouvriraient leurs coffres et qu'ils partageraient sans discuter[16]. (Carles, *La soupe aux herbes sauvages*, 1978)

Au-delà de cette stigmatisation générale, est déclinée toute une série de comportements, tous aussi caricaturaux les uns que les autres. Ils étaient apparus dans le film *Les Affaires sont les affaires* (1942) de Jean Dréville (1906-1997). Le réalisateur mettait en scène un homme d'affaires sans scrupule tyrannisant son entourage au moyen de l'argent. Les représentations de l'argent, tant cinématographiques que littéraires, s'attachent au lien direct des riches avec celui-ci. La prétendue cupidité des chefs d'entreprise est caricaturée dans la poésie de Paul Éluard (1895-1952) : « ... les patrons ingrats incapables de se contenter de l'or des paradis[17]. » Ils sont accusés de vol par Philippe Sollers né en 1936, dans *Le Secret* (1993)[18].

La littérature égraine encore de petits défauts, censés découler de la richesse. Leur manque d'humanité est stigmatisé chez le philosophe existentialiste, de sensibilité progressiste et auteur de romans, Jean-Paul Sartre (1905-1980) :

> [...] les patrons aveuglés par l'égoïsme, se souciaient peu de satisfaire aux revendications les plus légitimes[19]... (Sartre, *La Mort dans l'âme*, 1949)

Plus d'une génération plus tard, la romancière Anne-Marie Garat, née en 1946, dans *Pense à demain* (2010), est encore plus précise : « Méfie-toi, mon gars, c'est pas de bons patrons. Ils sont irascibles, ombrageux. Ils sont inflexibles[20]... ». Les représentations opposent l'ardeur au travail des ouvriers à une certaine oisiveté patronale, sur fond d'exploitation, comme, en termes plutôt lestes, chez Raymond Queneau, dans *Le*

15 Voir D. Pennac, *La Petite marchande de prose*, 1989, p. 117 ; E. Carrère, *Un roman russe, 2007*, p. 85, cités dans la base Frantext.

16 É. Carles, *La soupe aux herbes sauvages*, 1978, p. 340, cité dans la base Frantext.

17 P. Éluard, *Poèmes retrouvés*, 1966, p. 789, cité dans la base Frantext.

18 P. Sollers, *Le Secret*, 1993, p. 239, cité dans la base Frantext.

19 J.-P. Sartre, *La Mort dans l'âme*, 1949, p. 238, cité dans la base Frantext.

20 A.-M. Garat, *Pense à demain*, 2010, p. 515, cité dans la base Frantext.

dimanche de la vie (1951) : « C'est pas comme une usine où les ouvriers se cassent le cul, tandis que les patrons se tournent les pouces[21]. » Ainsi les représentations patronales caricaturent et exacerbent des comportements, censés résulter de l'accumulation des richesses.

Témoignent de cette suspicion les réactions indignées de beaucoup face au comportement des riches patrons. Le 27 novembre 2013, le tout-puissant patron de la firme Peugeot en partance, Philippe Varin, était contraint, constatant le trouble que déclenchait cette information dans le pays, à renoncer à une retraite chapeau de plus de 20 millions d'euros. « Une relation un peu coupable avec l'argent[22] » lui fut alors imputée.

Également perceptible, en janvier 2016, fut l'indignation de l'opinion publique en réaction à la déclaration du ministre « socialo-libéral » de l'Économie, Emmanuel Macron pour lequel « Il est plus difficile d'être entrepreneur que salarié parce que, lui, il peut tout perdre ». Une autre polémique enfle durant le premier semestre 2016. Elle concerne certains grands patrons de l'industrie, tel celui de Peugeot ou de Renault aux augmentations de salaire totalement démesurées et sans rapport aucun avec ceux de leurs ouvriers. À ce propos, le député de droite Dupont-Aignan évoque « l'arrogance de l'argent roi[23] ». Le débat s'engage alors au sein de l'opinion et prend bientôt un tour politique pour savoir si les rémunérations patronales dépendent de l'assemblée générale de la firme ou bien seulement des décisions omnipotentes du conseil d'administration. Autre figure de « gros » est celle du propriétaire.

LES GROS PROPRIÉTAIRES

Depuis la Révolution au moins, la propriété a toujours été au centre de la vie sociale. À ce titre, le Code civil dit Code Napoléon, promulgué en 1804 et qui faisait une large place aux affaires pécuniaires, fut perçu en tant que code des propriétaires[24].

Dans une réaction teintée d'envie, les propriétaires, il va s'en dire plus gros que soi, sont à l'accoutumée perçus comme des riches. Ils sont mis en scène en tant que tels dans le roman. La grosse propriété, celle qui

21 R. Queneau, *Le dimanche de la vie*, 1951, p. 145, cité dans la base Frantext.

22 Éric Brunet, *BFM-TV*, 27 novembre 2013.

23 « Déclaration du député Nicolas Dupont-Aignan », *BFM-TV*, soir, 29 mars 2016.

24 D. Cohen, « Le droit et l'argent. Tout a-t-il un prix ? » *in* R.-P. Droit (*dir.*), *Comment penser l'argent ?*, Troisième Forum Le Monde Le Mans, Paris, 1992, p. 300.

accumule de l'argent, est représentée en tant qu'idéal type de la richesse. Dès le XIXe siècle, celle-ci était perçue en tant que vecteur d'un revenu sans travail à savoir la rente, et donc comme un droit peu conforme à la justice. La fameuse critique de Proudhon introduisant son *Premier Mémoire* (1840), « *Qu'est-ce la propriété ? C'est le vol* », est bien connue, de même que le *Troisième* (1842) intitulé *L'avertissement aux propriétaires.* Pour les contestataires du système capitaliste, la propriété démesurée était donc inique.

Dans la deuxième moitié du XXe siècle, les représentations littéraires en la matière abondent. Parmi les auteurs les plus fameux, ce sont Paul Éluard en 1952[25] ou Simone de Beauvoir en 1960[26]. Dès 1945, l'humoriste satirique d'origine lorraine Georges Chepfer (1870-1945), dans ses *Saynètes, paysanneries 2*, évoque les plus gros propriétaires du pays en tant que symbole de domination[27]. Tel roman contemporain a tendance à faire des propriétaires, des « grands », des « gros » : Marguerite Yourcenar (1903-1987) en 1951 et encore en 1974 puis en 1977 ou Marguerite Duras (1914-1996) dans sa production romanesque.

Cette perception de la propriété se fait volontiers critique, certes avec des nuances. La littérature esquisse ainsi une taxinomie, telle Colette (1873-1954) dans son roman *Le Fanal bleu* (1950) où elle présente « les bons propriétaires » en sous-tendant l'existence de « mauvais[28] ». Dès 1948, Blaise Cendrars (1887-1961) caricature le « bon argent » à leurs propos :

> Depuis cent ans qu'on en discute, des générations de requins..., propriétaires riverains, entrepreneurs se sont remplis les poches de bon argent et ont eu le temps de grossir[29].... (Cendrars, *Bourlinguer*, 1948)

L'image du prédateur est reprise par Michel Déon en 1960 : « ... cette région qui n'avait pas vu tomber, comme des oiseaux de proie, les grands propriétaires[30] », puis en 1998, par Marie Desplechin née en 1959 : « (une maison) pour se défendre du loup de l'hiver et des propriétaires parisiens[31] ». Une violente critique sociale est ébauchée par le futur Prix Nobel de littérature Claude Simon (1913-2005) :

---

25 P. Éluard, *Poèmes de Christo Boteu*, 1952, p. 462, cité dans la base Frantext.
26 S. de Beauvoir, *La force de l'âge*, 1960, p. 545, cité dans la base Frantext.
27 G. Chepfer, *Saynètes, paysanneries 2*, 1945, p. 75, cité dans la base Frantext.
28 Colette, *Le Fanal bleu*, 1950, p. 1001, cité dans la base Frantext.
29 B. Cendrars, *Bourlinguer*, 1948, p. 305, cité dans la base Frantext.
30 M. Déon, *La carotte et le bâton*, 1960, p. 227, cité dans la base Frantext.
31 M. Desplechin, *Sans moi*, 1998, p. 43, cité dans la base Frantext.

> [...] des millionnaires aux allures de maquignons... trafiquants d'argent de père en fils, usuriers, propriétaires de chevaux, de femmes, de mines[32].... (Claude Simon, *La Route des Flandres*, 1960)

Cette posture prend progressivement une place majeure. Les privilèges de la propriété sont flétris dans la littérature engagée : « ...La justice bourgeoise n'est pas seulement définie par son propos évident de défendre la propriété[33] » (Pierre Goldman). L'hostilité populaire aux propriétaires est pointée dans le cadre de la France d'avant 1914 par la romancière imprégnée d'histoire ouvrière, Anne-Marie Garat, née en 1946 :

> [...] saler les proprios qui harassent le pauvre monde... c'est contre le propriétaire que nous livrons gaiement nos plus joyeux combats[34]. Garat, *Dans la main du diable*, 2006)

Le propre de cette production romanesque n'est pas tant la critique d'essence politique que la mise en scène de quelques points de vue associant le pittoresque à la satire. La propriété est accusée de générer la cupidité :

> [...] un immeuble vétuste que ses propriétaires ruinés avaient renoncé à entretenir. Ils ne se manifestaient que pour réclamer les loyers avec une cupidité de rapaces[35] . (Garat, *L'enfant des ténèbres*, 2008).

Celle-ci produirait encore la spéculation[36]. Le roman n'en finit pas d'accumuler leurs petits travers : leurs négligences[37], leur indifférence[38], leurs caprices[39], leur étroitesse d'esprit[40], leurs mœurs primaires[41], leurs regards en coin[42].

---

32 C. Simon, *La Route des Flandres*, 1960, p. 152, cité dans la base Frantext.

33 P. Goldman, *Souvenirs obscurs d'un Juif polonais né en France*, 1975, p. 308, cité dans la base Frantext.

34 A.-M. Garat, *Dans la main du diable*, 2006, p. 1021, cité dans la base Frantext.

35 A.-M. Garat, *L'enfant des ténèbres*, 2008, p. 446, cité dans la base de données Frantex.

36 M. Déon, *Le Rendez-vous de Patmos*, 1960, p. 59, cité dans la base Frantext.

37 A.-M. Garat, *L'enfant...*, 2008, *op. cit.*, p. 446.

38 A. Dhôtel, *Le ciel du faubourg*, 1956, p. 133, cité dans la base Frantext.

39 A. Duperey, *Le voile noir*, 1992, p. 124, cité dans la base Frantext.

40 A. François, *Bouquiner*, 2000, p. 24, cité dans la base Frantext.

41 C. de Rivoyre à propos des « mœurs campagnardes » des propriétaires, *Les Sultans*, 1964, p. 39, cité dans la base Frantext.

42 H. Bianciotti, *Le pas si lent de l'amour*, 1995, p. 68, cité dans la base Frantext.

Cependant, l'hostilité à la propriété en tant que telle est loin de faire l'unanimité. Lors des débats parlementaires concernant les nationalisations de 1982, le principe de la propriété fut défendu. La droite soutint que celles-ci étaient irrecevables, au nom du droit de propriété inscrit dans la Constitution de 1958. Le *leader* de droite, Jean Foyer, ne mâcha pas ses mots : « Vos nationalisations sont l'expression législative de votre mythologie[43] ». De surcroît, à l'orée du XXIe siècle, la propriété est de plus en plus duale opposant sa dimension physique traditionnelle et une autre de nature immatérielle. Cette dernière, parfois critiquée, n'est pas aussi stigmatisée que la première. Une autre figure discutée dans l'opinion est celle du Juif.

LES JUIFS « PLOUTOCRATES »

L'antisémitisme a pris au cours de l'histoire de nombreuses formes, particulièrement d'origine religieuse, culturelle et en définitive raciale. Ce qui m'intéressera ici est l'antisémitisme économique.

La référence à l'argent des Juifs procède d'attitudes très anciennes visant une discrimination raciale. L'hostilité à ce peuple naquit du fait que les Juifs étaient au Moyen Âge les seuls prêteurs d'argent. Les Chrétiens étant empêchés d'exercer cette activité, les Juifs étaient alors incités à cette pratique par l'interdiction qu'ils subissaient de posséder la terre, bien économique central à l'époque. Dans l'iconographie du temps, ils étaient traditionnellement représentés avec des chapeaux pointus et arborant bourses et pièces d'or. Les Chrétiens devaient souvent leur rembourser des dettes exorbitantes et il en est résulté un fort ressentiment qui s'est perpétué au fil de l'histoire, quand bien même la cause eût disparu. Voilà l'origine de la vieille haine chrétienne au commerce de l'argent. Nonobstant, l'antisémitisme des Catholiques a profondément régressé sous toutes ses formes, sans doute, au fur et à mesure que la tentative d'extermination des Juifs par les Nazis était dévoilée par l'Histoire.

La littérature a souvent campé, en tant que représentation idéale-typique, l'usurier juif avec des traits physiques et moraux assez sordides. Le Shylock du *Marchand de Venise* (1596-1597) de William Shakespeare

43 Jean Foyer, « première séance du 13 octobre 1981 », *J.O. Chambre, Débats*, le 14 octobre 1981, p. 1720.

(1564-1616) en est une figure bien connue. Au fil de la comédie, il est successivement qualifié :

> *Certainly the Jew is thevery devil incarnation... It is the most impenetrable cur that ever kept with men... thy désires are workshop, bloody, starv'd, and ravenous.* (William Shakespeare, *The comical history of the merchant of Venice*, 1596-1597)
>
> « Assurément le Juif est le diable incarné... C'est le plus intraitable des dogues qui aient jamais frayé avec des hommes..., ses désirs sont ceux d'un loup, sanguinaires, affamés, voraces[44]. » (traduction française du même par Jean-Michel Déprats)

Plus tardivement, le *Gobseck* d'Honoré de Balzac (1799-1850) a incarné un autre personnage d'origine juive digne de la caricature :

> Jaunes comme ceux d'une fouine, ses petits yeux... Son nez pointu était si grêlé...que vous l'eussiez comparé à une vrille... Si vous touchez un cloporte, il s'arrête et fait le mort, de même cet homme[45]... (Balzac, *Gobseck*, 1830)

Une véritable stigmatisation haineuse a couru tout au long de l'Histoire. L'antisémitisme économique ordinaire consiste traditionnellement à faire des Juifs des hommes réussissant dans les affaires. Dans sa dimension extrême, il délivre des préjugés en en faisant des obsédés en matière d'appropriation de l'argent et donc des gens nuisibles. Il part de l'idée que l'argent des Juifs a été obtenu illégitimement. Ils seraient des êtres cupides et malhonnêtes cherchant à contrôler la finance et audelà, le monde dans sa globalité. Le terme « ploutocrate » renvoie à une personne puissante par ses richesses[46]. Dans les évocations littéraires, ce qualificatif est fréquemment appliqué à ce peuple. Sans disparaître totalement, cet étiquetage tend à s'atténuer après 1944 et la découverte de la Shoah. Les représentations à connotation plus ou moins antisémite de ces hommes en tant que manipulateurs d'argent, quoique loin de disparaître, sont devenues en effet moins violentes et prennent un tour d'une certaine façon plus modéré.

---

44 W. Shakespeare, *Le Marchand de Venise*, 1596-1597, texte original et traduction française de Jean-Michel Déprats *in Œuvres complètes, Comédies*, tome V, Paris, Bibliothèque de La Pléiade, 2013, p. 1069, 1151 et 1177.

45 H. de Balzac, *Gobseck*, 1830 *in* H. de Balzac, *La Comédie Humaine*, Paris, Seuil, 1965, p. 128.

46 *Cf. supra*, troisième chapitre.

Des sociologues du politique, à commencer par Vincent Tiberj, ont transposé un indice américain en France, sous le nom d'Indice Longitudinal de Tolérance. Cet indicateur résulte d'un sondage multifactoriel au sein de la population. Pour chaque facteur, il compare la proportion des réponses considérées comme tolérantes à la somme des tolérants et intolérants. Pour faire simple, l'indice est censé varier de 0 à 100 : il est théoriquement à 0 si l'ensemble des sondés ne sont pas tolérants et il pourrait atteindre 100 si l'ensemble des réponses était toutes tolérantes. Dans un deuxième temps, les chercheurs font usage d'une méthode statistique complexe pour agréger les réponses à la soixantaine de questions du sondage. Au total, l'étendue de l'indice reste variable de 0 à 100[47]. Le sondage 2015 nous révèle que les Juifs étaient la communauté la mieux acceptée de France : leur indice était de l'ordre de 82, atteignant une acmé depuis 1990, pour un indice global longitudinal de tolérance de 64 rassemblant diverses autres communautés tels les Noirs[48]. Pourtant, l'intolérance face aux Juifs, bref l'antisémitisme, restait significative avec un indice de 18.

Sans faire montre d'un racisme avéré, diverses allusions aux Rothschild peuvent, depuis la Seconde Guerre Mondiale, alimenter une certaine hostilité aux Juifs. Ces derniers étaient ainsi présentés en termes de différence de classes par l'écrivain et journaliste, Olivier Rolin, né en 1947 :

> Lucien, qui travaillait dans une usine de bonneterie, ça existait encore, s'imaginait que...(ce lieu) était exclusivement bourré de ploutocrates, des types fumant le cigare, portant jaquette gris perle, cravate blanche et chapeau haut-de-forme comme ce baron de Rothschild dont il avait vu une photo[49]....
> (Rolin, *Tigre en papier*, 2002)

Le roman militant, tel *Voyage au bout de la révolution : de Pékin à Sochaux*, publié en 2009, de Claire Brière-Blanchet née en 1940, sous-entend parfois une assimilation entre riches et Juifs : « ...nous continuâmes nos appels contre les riches, les ploutocrates, contre les

---

47 « Le regard des chercheurs sur les phénomènes de racisme », *spire.sciencespo.fr*, rapport 2015 de la Commission nationale consultative des droits de l'homme (CNCDH) sur le racisme, l'antisémitisme et la xénophobie, 2 mai 2016.

48 Résultat dans M. Baumard, « En 2015, une France plus toléran*te* », *Le Monde*, 3 mai 2016, p. 7.

49 O. Rolin, *Tigre en papier*, 2002, p. 58, cité dans la base Frantext.

Rothschild[50]... » L'allusion aux Rothschild est emblématique d'une référence aux Juifs en général[51]. Les « judéo-ploutocrates anglo-saxons » sont stigmatisés par l'écrivain et journaliste François Cavanna (1923-2014) dans ses *Russkoffs* (1979)[52]. Nonobstant, cette « étiquette » (*labelling*) est bientôt remise en cause par Alain Robbe-Grillet (1922-2008) :

> Le capitalisme international constituait une catégorie voisine et souvent confondue, sous le terme de judéo-ploutocrates, comme s'il n'y avait pas, à travers le monde, beaucoup plus de juifs pauvres que de milliardaires et comme si tous les marchands de canons étaient israélites[53]. (Robbe-Grillet, *Le miroir qui revient*, 1984)

Toutefois, la tragique affaire Ilan Halimi a révélé en 2006 que l'antisémitisme économique était loin d'avoir disparu. De quoi s'agit-il ? C'est un fait divers sordide mettant en rapport un jeune Parisien d'origine juive et une bande de malfaiteurs dénommée, de façon plutôt sinistre, le gang des barbares. Par cette dénomination, il affichait ainsi son refus de la civilisation occidentale, son inhumanité et sa cruauté. En janvier 2006, la bande attire le jeune Halimi âgé de 24 ans dans un guet-apens. Un racisme primaire sourd immédiatement. Certes, le gang a tenté auparavant de s'en prendre à des personnes non juives. Pourtant, s'il finit par s'intéresser à Ilan Halimi, c'est qu'il est juif et donc censé être riche si l'on en croit certaines représentations. Quand les malfrats s'aperçoivent que la famille n'a pas les moyens de payer l'importante rançon exigée, ils imaginent, s'appuyant sur la solidarité censée caractériser les relations entre Juifs, de demander à un rabbin de mobiliser la communauté perçue comme riche. La suite révéla la dimension dramatique de cet antisémitisme. Le jeune homme est en effet séquestré puis torturé. Il est poignardé de surcroît par le chef de la bande. Tout cela aboutit à son décès, le 13 février 2006.

A-t-il été assassiné car il était juif ? La question est discutée alors qu'existent à la même époque, au Proche-Orient, des maisons de torture destinées à extorquer des rançons en échange de personnes enlevées et séquestrées. Ce serait alors une affaire purement crapuleuse. Inversement,

---

50 C. Brière-Blanchet, *Voyage au bout de la révolution : de Pékin à Sochaux*, 2009, p. 141, cité dans la base Frantext.

51 *Cf. infra.*

52 F. Cavanna, *Les Russkoffs*, 1979, p. 282, cité dans la base Frantext.

53 A. Robbe-Grillet, *Le miroir qui revient*, 1984, p. 119, cité dans la base Frantext.

et la justice l'a confirmé, la cruauté des sévices infligés, jointe aux propos racistes des tortionnaires, plaide pour un antisémitisme, certes spécifique à une certaine communauté d'individus, mais forcené. Un des chefs d'inculpation a motivé ainsi l'assassinat : « …circonstances aggravantes de faits commis en raison de l'appartenance de la victime à une ethnie, une nation, une race ou une religion déterminée. » Cette sombre affaire, bientôt représentée par un film-plaidoyer sorti sur les écrans le 30 avril 2014, *24 jours. La vérité sur l'affaire Ilan Halimi*, traduit, toujours est-il, l'influence perverse de certaines représentations.

L'événement fit des émules. Le premier décembre 2014, un couple de jeunes Juifs est agressé d'une façon sordide au domicile familial de Créteil avec des mots très révélateurs adressés au jeune homme et relevant de représentations primaires : « T'es juif donc tu as de l'argent ». Peu après, l'ignoble attentat du 9 janvier 2015, au retentissement considérable en France et qui fait quatre morts pris en otage dans une épicerie « cacher » située aux portes de Paris, a procédé fondamentalement de diverses représentations antisémites d'essence économique. Le lieu de l'agression, un commerce juif, en atteste.

Les représentations haineuses des Juifs résistent donc, plus que jamais, dans la société française. En témoigne une enquête d'opinion selon la méthode des quotas réalisée entre les 3 et 5 février 2016 auprès de 1468 personnes de plus de 18 ans. À la question, « Les Juifs sont plus riches que la moyenne des Français », 38 % se déclaraient en désaccord contre 31 % qui ne se prononçaient pas et surtout quasiment un tiers se disait en accord. Ce dernier résultat était loin d'être négligeable alors que 9 % des sondés avouaient de l'antipathie à l'égard des Juifs[54]. Ce résultat ne contredit pas pourtant la thèse d'une meilleure acceptation de cette minorité dans la société française[55]. L'étiquetage de quelques figures concrètes de riches, en premier lieu les Rothschild, le démontre.

---

54 « Les préjugés antisémites », sondage de l'UEJF de SOS Racisme, IFOP, *uejf.org*, 12 février 2016.

55 *Cf. infra.*

À LA RECHERCHE DE RICHES BOUCS ÉMISSAIRES

UNE FIGURE TRADITIONNELLE DE RICHES STIGMATISÉS, LES BANQUIERS ROTHSCHILD

Origines et affirmation des stigmates de la richesse

Une désignation, faisant l'objet de stigmates, peut être analysée. Elle se rapporte à la grande famille de banquiers israélites, les Rothschild. À l'origine de la famille Rothschild, il est fait référence traditionnellement au fondateur, à savoir Meyer-Amschel (1744-1812), d'abord marchand changeur à Francfort. Le nom de Rothschild dans le Francfort de l'époque n'était d'ailleurs qu'un sobriquet pour désigner des gens habitant à l'enseigne de l'écu rouge (« Rothschild »). Devenu « Juif de cour » (*Hofjude)* dans le dernier tiers du XVIIIe siècle, Meyer-Amschel reçut le privilège d'administrer les affaires du souverain local, le prince électeur de Hesse, des grandes combinaisons financières à la plus élémentaire intendance. Il s'illustra alors au service du prince pendant les guerres napoléoniennes durant lesquelles il sut mettre à l'abri le trésor du souverain[56]. Voilà l'origine d'un mythe discuté, celui de la probité exemplaire de la famille.

Au cours de ces années, les Rothschild accédèrent à la fortune selon l'historien Niall Ferguson. Le capital familial aurait été multiplié par cinq entre 1797 et 1807[57]. Fortune faite, le fondateur étendit, à partir du tout début du XIXe siècle, ses propres affaires de négoce à une grande partie de l'Europe de l'Ouest, particulièrement l'Angleterre[58].

Meyer-Amschel avait cinq fils qui se sont progressivement installés dans des lieux majeurs de cette Europe du premier XIXe siècle : Anselme (1773-1855) resta à Francfort alors que Salomon (1774-1855) s'installa à Vienne ; Nathan (1777-1836) à Londres dès 1798 ; Charles (1788-1855) à Naples et Jacob (1792-1868), qui se fit bientôt appelé James, à

56 N. Ferguson, *The World's banker. The history of the house of Rothschild*, London, 1998, p. 68-69.

57 *Ibid.*, p. 76.

58 L. Bergeron, *Les Rothschild et les autres. La gloire des banquiers*, Paris, 1991, p. 41.

Paris à partir de 1811. Chacun d'entre eux a fait souche dans son pays d'émigration même si le nom de Rothschild a désigné longtemps le réseau européen qu'ils animaient.

Ce qui a fait la puissance de la famille dans le temps long du XIXe siècle, ce fut la combinaison, selon Ferguson, d'un creuset décisionnel au niveau européen et de trois Maisons de banque implantées dans des places stratégiques (Londres, Francfort et Paris)[59]. Après le Congrès de Vienne, la domination des Rothschild sur le marché international des capitaux paraissait une évidence[60]. « Rois des Juifs et Juifs des rois, a écrit Léon Poliakov, les Rothschild, ce sont d'abord les Juifs de Cour de la Sainte-Alliance des monarques[61] ».

Aux environs de 1825, les Rothschild faisaient figure de *leaders* européens dans le domaine des finances des États[62]. Dès cette époque, ils ont provoqué une certaine ire de la part des libéraux européens en passant pour une famille de banquiers conservateurs. Niall Ferguson a insisté sur le testament de Meyer-Amschel qui aurait appelé ses enfants à manifester unité et cohésion de la famille[63]. Les liens intrafamiliaux ont été entretenus aux origines par une stricte endogamie[64]. L'image de solidarité familiale entre les différentes branches a été renforcée concrètement, aux yeux de l'opinion, par l'existence d'un courrier Rothschild, réputé le plus rapide d'Europe[65]. De là à penser que le réseau étendait partout ses ramifications et contrôlait les économies d'une grande partie de l'Europe occidentale du XIXe siècle, il n'y avait qu'un pas.

En France, James a commencé par se livrer au commerce des Guinées anglaises[66]. Il est devenu le principal souscripteur d'emprunts sous la Restauration et il participa activement à des opérations de conversion qui le firent connaître de l'opinion. Sa Maison devient juridiquement indépendante à partir de 1817[67]. Il était l'un des membres de la « Haute Banque » juive qui comptait alors plusieurs dizaines de Maisons sur

59 N. Ferguson, 1998, *op. cit.*, p. 283.
60 *Ibid.*, p. 173.
61 L. Poliakov, *Histoire de l'antisémitisme*, tome 3, "De Voltaire à Wagner", Paris, 1968, p. 354.
62 N. Ferguson, 1998, *op. cit.*, p. 142.
63 *Ibid.*, p. 84-85.
64 L. Bergeron, 1991, *op. cit.*, p. 45.
65 J. Bouvier, *Les Rothschild*, 1ére édition 1960, Paris, 1967, p. 51-52.
66 *Ibid.*, p. 43.
67 L. Bergeron, 1991, *op. cit.*, p. 43.

quelques centaines de manieurs d'argent sur la place de Paris. Dès 1816, James avait été anobli et avait reçu en 1822 le titre de Baron, sans doute pour ses loyaux services. Dès 1823, il avait été fait chevalier dans l'ordre de la Légion d'honneur. Sous la Monarchie de Juillet et sous le Second Empire, il a été partie prenante de la plupart des grandes opérations financières ce qui lui valut le surnom de "prêteur des rois". À cette époque, le rôle financier des Juifs en général devint une évidence dans l'opinion. « Une vaste confédération commerciale à propos d'une religion », a déclaré un savant de ce temps[68].

James de Rothschild fut aussi à l'origine des premiers chemins de fer. Avant 1848, les Rothschild détenaient un dixième des capitaux émis en France en matière d'investissements ferroviaires. En 1845, Rothschild a été le seul adjudicataire de la ligne Paris-Lille, prémices à la fondation la même année de la Compagnie du chemin de fer du Nord dont l'histoire a été associée à celle de cette famille. Dès 1837, il s'était heurté aux critiques violentes de l'opinion qui l'avait empêché de prendre le contrôle de cette ligne de chemin de fer[69]. En outre, le baron James de Rothschild occupait une position dominante sur certains marchés comme ceux du thé, du tabac, du cuivre et du mercure. C'était probablement à la fin des années quarante la première fortune du royaume[70] et les Français le savaient. Dès la fin de la Monarchie de Juillet, le nom de Rothschild était associé dans l'opinion publique française au capitalisme naissant et à l'incarnation de la richesse. Il n'est donc pas surprenant que cette famille ait déclenché l'envie. En 1848, le réseau ferré du Nord a fait l'objet de divers attentats. La même année, la villa de Suresnes appartenant à Salomon de Rothschild a été pillée. Si j'ajoute l'achat en 1868 du célèbre vignoble bordelais château Laffitte dans un pays attaché à la réputation de son vin, la jalousie de l'opinion à l'encontre des Rothschild n'est nullement surprenante[71].

À l'époque, l'argent avait une dimension magique. Sa puissance était encore mal mesurée. Pour reprendre l'observation de Georg Simmel

68 Cité par L. Poliakov, 1968, *op. cit.*, p. 354.

69 F. Caron, *Histoire de l'exploitation d'un grand réseau. La compagnie du chemin de fer du Nord (1846-1937)*, Paris-La Haye, Mouton, 1973, p. 45.

70 N. Ferguson, 1998, *op. cit.*, p. 324.

71 A. Gueslin, « Rothschild du XVIIIe siècle à 1981 » *in Mythologies de l'argent. Essai sur l'histoire des représentations de la richesse et de la pauvreté dans la France contemporaine* (XIXe-XXe *siècles*), Paris, 2007, p. 11-15.

dans *Philosophie de l'argent*, venait s'y ajouter la conséquence d'un phénomène inattendu « le supplément psychologique de l'inouï, du supra empirique[72] ». Et le même a soutenu que la puissance nouvelle des Rothschild surprenait. Dans la tradition de l'Église, la condamnation de l'acquisition de l'argent était habituelle. Le peuple continuait d'ailleurs d'en faire un usage abusif. Il imaginait bien des irrégularités dans la constitution des fortunes. Personnages censés être « inquiétants », les Rothschild étaient couramment accusés d'une « moralité équivoque » et d'une « force démoniaque[73] ».

La rumeur s'amplifia et tendit même à se pérenniser dans le temps. En outre, dès cette époque, « le nom de Rothschild, a noté l'historien Michel Winock, devait définitivement associer dans l'imaginaire collectif les Juifs au commerce de l'argent[74]. » Le journaliste et homme politique nationaliste du tournant du XIXe siècle, Édouard Drumont (1844-1917) avait consacré sa vie à lutter contre les puissances d'argent sous un tour antisémite, particulièrement dans son pamphlet *La France juive* (1886). Il y stigmatisait une « invasion juive[75] ».

L'enrichissement précoce des Rothschild et un luxe quelque peu ostentatoire avaient finalement alimenté un antisémitisme populaire, a fait valoir Winock : tous les financiers juifs furent bientôt désignés du nom de Rothschild[76] ! L'antisémitisme, que subissaient les Rothschild[77], s'est diffusé, tout au long du XIXe siècle, dans divers milieux intellectuels. Ainsi, l'écrivain et homme politique nationaliste Maurice Barrès (1862-1923) a proféré cette sentence en 1890 : « À bas Rothschild, à bas les Juifs ».

Cette condamnation violemment antisémite a touché enfin la gauche, notamment à partir du pamphlet du fouriériste Alphonse Toussenel (1803-1885), *Les Juifs, rois de l'époque : histoire de la féodalité financière* (1847). Le socialiste Vincent Auriol a été jusqu'à publier, dans l'entre-deux-guerres, dans le journal socialiste *Le Populaire*, un article intitulé : « quand Rothschild est roi ». En substance, l'argent était censé libérer du travail.

72 G. Simmel, *Philosophie de l'argent*, première édition allemande 1900, Paris, 2009, p. 292.
73 *Ibid.*, p. 292.
74 M. Winock, *La France et les juifs de 1789 à nos jours*, Paris, 2004, p. 31.
75 E. Drumont, *La France juive. Essai d'histoire contemporaine*, tome 1, Paris, 1886, p. 336.
76 M. Winock, *Nationalisme, antisémitisme et fascisme en France*, première édition 1982, Paris, 2004, p. 158.
77 A. Gueslin, 2007, *op. cit.*, p. 11-25.

C'est également l'évocation du roi qui est réputé ne pas travailler car il dispose d'un « trésor ». L'argent se prête donc bien à la mystification. Auriol s'en prenait aux Juifs, ces bouc-émissaires, sous forme de slogans en vogue en France, au moins depuis Toussenel.

La stigmatisation anti-Rothschild à connotation antisémite a couru tout au long de la première moitié du XXe siècle, avant d'atteindre son paroxysme dans les années 1940. La *France juive* fut d'ailleurs republiée une ultime fois en 1941. Très tôt dans le XIXe siècle, cette « famille » avait acquis la dimension de mythe[78]. Il s'était épanoui à la fin du siècle pour atteindre sans doute son apogée au milieu de la Seconde Guerre Mondiale.

Le mythe est entré dans le paysage sociopolitique national, à tel point que le patronyme devient vite un nom commun. La référence à des « Rothschild de village », pour désigner les commerçants ruraux juifs souvent prêteurs d'argent[79], était fréquente dans les campagnes alsaciennes de l'entre-deux-guerres ! Une preuve de l'ascension des Rothschild au sein de l'imaginaire national a été l'apparition de la famille dans le jeune cinéma en train de s'affirmer. Un spécialiste du genre Didier Thouart[80] a fait référence à quelques films européens dont l'un français de la première moitié du XXe siècle se rapportant à ce patronyme. *Rothschild* (1933), déjà cité, du cinéaste Marc de Gastyne, mettait en scène le clochard Rothschild usant de son nom pour faire fortune.

L'opinion s'en prenait à l'accumulation d'argent censé être concentré par les Rothschild. L'expression caricaturale « riche comme Rothschild » était courante dès le XIXe siècle : madame Grandet fut représentée en tant que telle dans le Lucien Leuwen (1836) de Stendhal (1783-1842)[81].

La résistance des stigmates après 1945

Dans la seconde moitié du XXe siècle, le mythe se pérennise tout en perdant sa dimension antisémite la plus vile, probablement à la suite de

78 *Cf. supra*, deuxième chapitre.

79 A. Gueslin, « La légende noire de l'usure juive dans l'Alsace du XIXe siècle » *in Mythologies de l'argent. Essai sur l'histoire des représentations de la richesse et de la pauvreté dans la France contemporaine (XIXe-XXe siècles)*, Paris, 2007, p. 29.

80 D. Thouart, « La bourse vue par le cinéma », *Journal des Caisses d'épargne*, n° 3, mai-juin 1988, p. 62.

81 Stendhal, *Lucien Leuwen*, première édition 1836 *in Romans et nouvelles I*, Paris, 1983, La Pléiade, p. 1178.

l'holocauste. Il est fait de l'expression devenue courante « riche comme Rothschild » ou de l'allusion au « portefeuille de Rothschild ».

À la sortie de la guerre, la référence à la richesse des Rothschild, sans être totalement stigmatisante, est souvent reprise. « … L'adolescent qui, abandonné par ses parents, battu par son précepteur, brimé par ses camarades, est pris de l'ambition de devenir riche comme Rothschild[82] », commente en 1946 le philosophe fondateur du personnalisme chrétien, Emmanuel Mounier (1905-1950) dont l'anticapitalisme, ainsi que son hostilité à la souveraineté de l'argent, est bien connu depuis au moins son texte de 1932-1935 *Révolution personnaliste et communautaire*. Dans l'un de ses textes haut en couleurs de 1963, le romancier Alphonse Boudard (1925-2000), ayant participé à la Résistance avant de rejoindre la pègre, forge la formule suivante pour faire allusion à des montants colossaux : « Des amendes à ruiner Rothschild[83] ! » Cependant, plus tard en 1980, l'exagération du lieu commun est contestée par Robert Sabatier (1923-2012) dans *Les Fillettes chantantes* puisqu'il met en scène la répartie suivante : « Vois-tu Olivier, dit Samuel, tous les Juifs ne sont pas riches comme Rothschild[84]. »

Cette représentation de la richesse démesurée attribuée aux Rothschild réapparaît toujours sous différentes formes. Est dénoncé en 1978 le pouvoir d'influence de Rothschild, représenté en « Crésus et banquier qui vivait à Paris[85] » par Émilie Carles dans sa célèbre *Soupe aux herbes sauvages*. Et Daniel Pennac, né en 1944, use bientôt de la référence suivante : « … Je vais lui constituer une dot auprès de quoi les économies de Rothschild passeront pour un viatique d'étudiant[86]… » Au-delà de ces réparties à l'allure de constats, apparaissent d'autres développements caricaturant ouvertement les Rothschild.

Il s'agit d'abord de la thématique de la Seconde Guerre mondiale courant tout au long des années postérieures. La responsabilité des Rothschild dans la guerre est même envisagée en 1957 par une rescapée de la Shoah, Jacqueline Mesnil-Amar dans son *Journal* de 1944-1946[87]. L'idée était

82 E. Mounier, *Traité du caractère*, 1946, p. 563, cité dans la base Frantex.
83 A. Boudard, *La Cerise*, 1963, p. 116, cité dans la base Frantex.
84 R. Sabatier, *Les fillettes chantantes*, 1980, p. 241, cité dans la base Frantex.
85 É. Carles, 1978, *op. cit.*, p. 238.
86 D. Pennac, 1989, *op. cit.*, p. 123.
87 J. Mesnil-Amar, *Ceux qui ne dormaient pas : journal 1944-1946*, 1957, p. 49, cité dans la base Frantex.

apparue auparavant sur la scène romanesque. L'écrivain Roger Nimier (1925-1962), chef de file du mouvement littéraire des « Hussards », s'y rapporte dans l'un de ses principaux romans traitant de la dernière guerre :

> Le Hitler, il est bien trop copain avec le Rothschild et les nobles[88]... (Nimier, *Le Hussard bleu*, 1950)

C'est le thème récurrent de la collusion entre les riches et le pouvoir. La référence à la guerre et aux Rothschild ne cesse pas puisqu'en 1976 encore, André Malraux (1901-1976), l'auteur de *La Condition humaine* (1933), traite du thème de la dynastie Rothschild dans l'épuration et des prélèvements traditionnels sur les pauvres plutôt que sur les riches :

> ...Pourquoi que l'État leur a pris tout ce qu'ils avaient ? ... C'est les Rothschild, les banquiers, les gars comme ça, qu'ont fait le coup : c'est toujours aux pauvres qu'on prend[89] ! (Malraux, *Antimémoires*, 1976)

Dans les représentations littéraires, d'assez violentes caricatures apparaissent parfois. Les Rothschild sont accusés de corruption par l'historien militant Daniel Guérin (1904-1988) qui les a présentés en tant que « prince » en la matière[90]. Ils sont mis en scène en tant qu'animaux de proie par Cavanna dont la verve satirique est bien connue :

> ... Tout ça pour des feignants et des rapaces, même pas français, qui ont fait notre malheur ! Ah, ils doivent bien rigoler, Rothschild et Compagnie[91]. (Cavanna, *Les Russkoffs*, 1979)

Ils sont même caricaturés sous des allures d'animaux plutôt répugnants par la journaliste et écrivaine engagée dans la cause marxiste-léniniste, Claire Brière-Blanchet : « (les Rothschild)... ces porcs gavés de richesses sont une insulte permanente aux habitants des bidonvilles et des HLM[92]. » Non seulement, elle s'en prend aux alliés d'Israël, mais dans le fantasme traditionnel, elle fait des Rothschild des « oppresseurs du peuple », aboutissant à cette image sordide.

---

88 R. Nimier, *Le Hussard bleu*, 1950, p. 40, cité dans la base Frantex.

89 A. Malraux, *Antimémoires*, 1976, p. 224, cité dans la base Frantex.

90 D. Guérin, *Le feu du sang : autobiographie politique et charnelle*, 1977, p. 22, cité dans la base Frantex.

91 F. Cavanna, 1979, *op. cit.*, p. 198.

92 C. Brière-Blanchet, 2009, *op. cit.*, p. 579-580.

Un événement politique révéla combien ces représentations négatives des Rothschild étaient mal ressenties par les personnes concernées. En 1981, la Banque Rothschild, ainsi que de nombreuses autres banques, fit l'objet d'une nationalisation à la suite du succès électoral de la gauche en France. Au lendemain du vote de la loi du 26 octobre 1981, Guy de Rothschild (1909-2007) publia un article sous le titre-choc « Adieu Rothschild » qui parut à la Une du *Monde*[93]. Dans cet article, il fustige cette disposition législative. Il soutient par ailleurs qu'elle procède d'abord d'un anticapitalisme profond de la nouvelle majorité politique :

> Une famille dont le nom est associé à une institution bancaire éminemment capitaliste ne pouvait que voir rétrécir le champ de ses activités au fur et à mesure des étapes de socialisation qu'a connues la société française au cours de notre vingtième siècle[94]. (Rothschild, « Adieu Rothschild », 1981)

Partant de ce constat, l'héritier du nom s'interroge sur l'effet de cette loi sur les membres de sa famille. Il reproche aux pouvoirs politiques successifs dans la France contemporaine d'avoir fait des Rothschild « la quintessence du mal », de véritables « pestiférés » car, remarque-t-il en substance, « ils sont devenus le symbole proverbial de la richesse[95] ». Ce faisant, il renvoie à des lieux communs, telle l'évocation du portefeuille de Rothschild ou l'autre expression « riche comme Rothschild ».

Les Rothschild avaient en fait accédé au statut de symbole, ainsi que le reconnaît lui-même, l'auteur de l'article. Le baron Guy ajoute enfin : « on croirait qu'ils sont les seuls capitalistes en France[96]. » Il impute cette aversion envers les Rothschild à deux facteurs. Le premier est que cette famille était perçue en France en tant que véritable dynastie, et cela en faisait un stigmate. Le même baron traduit cette représentation en une « fantasmagorie » bien qu'il faille mentionner que, depuis l'installation du premier Rothschild en France sous le Premier Empire, la famille anoblie très tôt ne s'était pas interrompue, tout au long des décennies. Un autre facteur est, selon l'auteur, ce trait caractéristique déjà noté du tempérament national à savoir la jalousie de l'argent[97]. Enfin, l'origine

93 G. de Rothschild, « Adieu Rothschild », *Le Monde*, 30 octobre 1981, p. 1, 29.

94 *Ibid.*, p. 1.

95 *Ibid.*, p. 29.

96 *Ibid.*

97 *Cf. supra*, troisième chapitre.

juive des Rothschild aurait contribué dans un passé pas si lointain, à en faire des boucs émissaires.

Stigmates rémanents au seuil du XXIe siècle

Au début du XXIe siècle, la référence à « la fortune des Rothschild » est évidemment moins commune, même si un certain nombre de rémanences parcourent le corps social. En 2004, la radio nationale France Info a pu annoncer en début de journal : « un Rothschild s'achète Libé[98]... » Il y avait, dans cette annonce, la force d'un paradoxe confrontant une représentation rémanente, la puissance financière des Rothschild, à la ligne de *Libération*, un journal de dimension nationale, réputé pour son progressisme et son désaveu des puissances d'argent. À propos de l'intervention de la banque Rothschild dans le capital de *Libération*, un administrateur historique de ce journal Bernard Lallement (1948-2007) a montré qu'il n'était pas dupe de la contingence du mythe :

> Il y a trente ans, le premier (Édouard de Rothschild) aurait été honni par celui-là même (Serge July, Directeur du journal) à qui, hier, il vient de sauver la mise pour mieux ensuite tenter de la lui rafler au nom d'une logique financière trop longtemps ignorée[99]. (Lallement, « Une complainte pour Libé », 2006)

Pourtant, dans l'imaginaire populaire, le fait que le riche financier, et de moins en moins le baron, Édouard de Rothschild ait le contrôle d'un grand organe de la presse de gauche, est porteur de beaucoup de réminiscences quelque peu confuses. Dans cette affaire du rachat de *Libération* par un membre de la dynastie des Rothschild Édouard né en 1957, le même Bernard Lallement a ces mots, puisés dans l'œuvre du poète russe et critique social Nekrassov (1821-1877) : « l'argent n'a pas d'idées[100]. » Il révèle ainsi la rémanence du mythe et sa virulence.

Le nom de Rothschild n'a pas fini de faire gloser les commentateurs. Ainsi, un site d'origine américaine mais francophone, a pu faire usage en 2012 du pire déchaînement verbal à l'égard de la famille sous le titre « Les maîtres de la monnaie ». Il fait état, entre autres, de « la démoniaque

98 France Info, *journal de huit heures*, 3 décembre 2004.

99 B. Lallement, « Une complainte pour Libé », *Le Monde*, 4 juillet 2006, p. 17.

100 *Ibid.*

famille Rothschild et son œuvre satanique sur la planète terre depuis 1815 », rappelant sa participation à la finance internationale[101].

L'actualité de la famille, de quelque nature qu'elle soit, donne inévitablement l'occasion de faire resurgir les stigmates du passé. À la suite de la grande exposition de la Bibliothèque Nationale de France (BNF) de 2012-2013 sur « Les Rothschild en France au XIXe siècle », l'historien Pierre Assouline a délivré le diagnostic suivant à propos de la persistance du stigmate et il y observe la force des réminiscences déjà notées :

> Qu'importe, la trace est là. Elle a la puissance d'une empreinte. Plus forte encore que les clichés antisémites qui ont fait de ce nom l'immédiat synonyme inconscient d'argent, et plus encore de la souveraineté de l'argent[102]. (Assouline, « Les Rothschild, un nom gravé dans le marbre du temps », 2013)

Un autre article, anonyme cette fois, traitant de l'endettement de l'État français, notamment après la loi de 1973 interdisant son financement par la Banque de France à taux zéro, générant ainsi une pression fiscale accrue, n'a pas hésité à soutenir que les impôts des Français « graissent inutilement la patte aux usuriers ». Dans cet article intitulé « rendons à Rothschild ce qui appartient à Rothschild », il caricature ainsi le nom, faisant référence à la réflexion attribuée au fondateur de la dynastie Mayer Amschel, selon lequel le contrôle de la monnaie lui aurait permis de se passer de « ceux qui font les lois[103] ». Ce dernier article a donc entretenu la légende plus ou moins fondée d'un pouvoir disproportionné des Rothschild sur l'instance politique[104] et de leurs pratiques censées être « usuraires » et générant bien des peurs.

En conséquence, la mythologie de l'argent découle étroitement des représentations et des perceptions des contemporains. Elle présente une forte contingence : un mythe social n'est jamais totalement universel. Les rémanences, dont il fait l'objet, doivent être prises en compte. Je vais le voir avec deux affaires qui ont défrayé la chronique récente : celle de l'homme d'affaires Bernard Arnault et celle de l'acteur Gérard Depardieu.

---

101 « Les maîtres de la monnaie », *youtube.com*, 26 janvier 2012.

102 P. Assouline, « Les Rothschild, un nom gravé dans le marbre du temps », *larepubliquedeslivres.com*, 3 février 2013.

103 « Rendons à Rothschild ce qui appartient à Rothschild », *Bestofactus.wordpress.com*, 21 février 2013.

104 *Cf. supra*, deuxième chapitre.

LES STIGMATES D'UN « RICHE CON » : L'AFFAIRE BERNARD ARNAULT

Une des principales fortunes de France au seuil du XXIe siècle

Mais, qui est ce Bernard Arnault quand il fait parler de lui sous des formes stigmatisantes[105] ? C'est un homme d'affaire âgé d'une soixantaine d'années (né en 1949) et issu d'une bonne bourgeoisie industrielle du nord de la France. Ingénieur polytechnicien, il avait débuté au sein du groupe familial Ferret-Savinel dont il prit assez rapidement la présidence (1978-1984).

Puis à partir de 1984, il exerce des responsabilités de haut niveau dans des groupes textiles, tel Boussac. Il intervient progressivement dans le secteur du luxe avec le contrôle de firmes, tels La Financière Agache ou Christian Dior. À la tête de ce *holding*, il devient vite, l'un des hommes d'affaire emblématique du secteur industriel et financier du luxe après avoir pris le contrôle de firmes tels le maroquinier de luxe Louis Vuitton ou les champagnes Moët Hennessy.

En 1989, Bernard Arnault est à la tête du groupe LVMH (Louis Vuitton Moët Hennessy). Dans les décennies suivantes, il a été présenté en tant que l'une des plus grandes fortunes mondiales – la quatrième en 2012 selon le magazine économique *Forbes*, publié à New York. Sa visibilité est renforcée par sa place de *leader* du secteur du luxe (Louis Vuitton, mais aussi les parfums Dior, Guerlain, Givenchy et les plus fameux Champagnes...) et, de surcroît, par l'internationalisation de ses affaires. Il interpelle à ce titre l'opinion publique française.

L'affaire (10 septembre 2012)

Le 10 septembre de cette année-là, suite à un projet socialiste de taxation des riches du mois de mars de la même année[106], est portée, à la connaissance du public, la demande du milliardaire en vue d'obtenir la double nationalité française et belge. Dès la proposition socialiste de mars, le gouvernement et sa majorité de droite d'alors avaient eu vite fait de fustiger l'éventualité d'une confiscation fiscale. Ils agitèrent la menace de harcèlement contre les riches.

105 *Dictionnaire biographique Who's who in France*, édition 2011.
106 *Cf. supra*, deuxième chapitre.

Par conséquent, il n'est pas étonnant que les quelques milliers de personnes concernées, et parmi eux le milliardaire Bernard Arnault, aient réagi contre le projet, dès juillet 2012, quelques semaines après l'élection du socialiste François Hollande à la présidence de la république. Ce grand patron prit une décision dans la plus grande discrétion, dans ce contexte. Certes, il s'est défendu plus tard d'une démarche d'exil fiscal en expliquant que sa résolution procédait d'un souci de garantir l'intégrité de son patrimoine dans l'hypothèse d'une succession difficile[107]. Nonobstant, ces seules explications semblent peu plausibles. En tout cas, c'est en septembre de cette même année que sa requête est éventée dans les médias.

Bernard Arnault, dans le sillage de la critique traditionnelle du corps social à l'encontre des riches, accède immédiatement au rang de bouc émissaire traîné dans la boue de toutes parts. À son sujet, le journaliste du *Nouvel Observateur*, Olivier Cimelière, a utilisé le vocable de « repoussoir[108] ».

L'affaire dans l'affaire

La polémique fait rage, en 2012, puis en 2013, dans un contexte de débats à propos du pseudo refus des plus riches à être taxés et sur leur éventuel exil fiscal.

La presse s'empare immédiatement de l'affaire. Au sujet de certains journaux, le chroniqueur du *Nouvel Observateur* Olivier Cimelière a évoqué un « procès en sorcellerie » et même une « hystérie[109] ».

La critique la plus frappante est produite par le journal de gauche *Libération*. Dans une caricature occupant la quasi-totalité de la Une du journal, est figuré un montage photographique mettant en scène le milliardaire, une pauvre valise à la main, et intitulé en grosses lettres blanches surimposées sur la photographie : « Casse-toi riche con[110] ! ». C'était une parodie de la réaction de l'ancien président de la République Nicolas Sarkozy, déclarant en 2008 à un homme qui refusait de lui serrer la main : « Casse-toi, pauvre con. » Enfin, sur la partie inférieure droite de la page, une information en quelques lignes mentionne la

107 Propos recueillis par V. Giret, S. Lauer et V. Malingre, *le monde.fr*, 10 avril 2013.

108 O. Cimelière, « Bernard Arnault et sa demande de naturalisation belge : décryptage d'une com'ratée », *leplus.nouvelobs.com*, 10 septembre 2012.

109 *Ibid.*

110 *Une de Libération*, 10 septembre 2012.

demande de naturalisation de l'homme d'affaire français : allusion est faite à « l'égoïsme des plus fortunés ». Cependant, c'est le photomontage en pleine page qui retient l'attention et qui fait scandale.

Le milliardaire déclare regretter la vulgarité et la violence de cette Une. Il décide dans l'instant de porter plainte contre *Libération* faisant de cette insulte, une injure publique au sens juridique. Par ailleurs, les différentes instances concernées de son entreprise LVMH annoncent immédiatement leur décision d'interrompre leurs opérations publicitaires dans ce journal jusqu'à la fin 2012. La polémique se diffuse, tant à propos de la forme perçue parfois de façon quelque peu outrancière que sur le fond entrant inversement en empathie avec beaucoup de Français, comme l'a laissé supposer un sondage *Opinion way* d'octobre 2013 indiquant que 85 % des Français seraient favorables à la taxation envisagée par le nouveau gouvernement socialiste[111].

Les réactions politiques relativement nombreuses étaient imprégnées des représentations traditionnelles des Français. Les attitudes populistes sont marquées du côté des extrêmes. D'un côté, la responsable du Front National Marine Le Pen critique un tel exemple :

> Je suis très choquée que l'on puisse tenter d'obtenir une nationalité uniquement pour défendre des intérêts financiers[112]. (M. Le Pen, 2012)

De l'autre, le chef de file du Front de gauche Jean-Luc Mélenchon désigne le riche homme d'affaires en tant que « parasite » et traître[113]. Il va même encore plus loin, selon les représentations d'alors, en appelant à « mettre hors d'état de nuire les dirigeants irresponsables et cupides[114] ». Se rencontre là le traditionnel reproche de cupidité adressé aux riches.

Le parti communiste (PCF) reprend la thématique de la trahison. Dans *l'Humanité*, les sociologues réputés critiques sur les riches, Michel Pinçon et Monique Pinçon-Charlot ont développé alors la récurrente hantise d'une guerre ouverte entre les riches et les pauvres : « Elle (la demande de Bernard Arnault) a été vécue comme une déclaration de

111 Information radio-diffusée, *France info*, 24 octobre 2013.

112 Citée dans « Les réactions à la démarche de naturalisation belge de Bernard Arnault », *LCP.fr*, 9 septembre 2012.

113 Ce thème de la trahison se retrouve dans la déclaration du président du groupe socialiste majoritaire à l'Assemblée Nationale, Bruno Le Roux.

114 Cité par *Le point.fr*, 10 septembre 2012.

guerre contre les millions de Français qui vivent en-dessous du seuil de pauvreté… (La) nation (des plus riches), c'est leur classe, une classe aujourd'hui à la recherche du meilleur profit[115]… »

L'ancien candidat à l'élection présidentielle d'avril-mai 2012 du Nouveau Parti Anticapitaliste (NPA), Philippe Poutou, resitue l'affaire dans le cadre de l'affrontement historique du capital avec le travail et au-delà de la lutte des classes : « Qu'il parte s'il le veut, mais l'argent doit rester[116] ! » Sourd là la thématique de l'illégitimité de l'enrichissement perçu comme exorbitant.

Le syndicalisme ouvrier n'est pas de reste puisque, sur un ton certes modéré mais radical, le secrétaire général de la CFDT François Chérèque stigmatise une atteinte à la morale : « C'est immoral par rapport à la situation des salariés dont il a la responsabilité et sur lesquels il s'enrichit[117]. » La référence à l'antipatriotisme des riches caractérise les prises de position socialistes[118]. Cette thématique est reprise dans plusieurs autres interventions du même bord. Une réaction concertée est donc probable. Les racines culturelles d'un vieux débat ne sont pas loin.

La droite classique expose la traditionnelle ambivalence déjà remarquée de l'argent dans ses réactions. Un député, issu des rangs « Républicains », mais y militant dans le courant de la Droite Populaire, s'inscrit dans l'imaginaire des Français à propos d'une décision « inadmissible et honteuse » :

> Si un grand patron français n'a pas d'autre sentiment patriotique que l'affection qu'il porte à son compte en banque, il ne mérite que le plus profond mépris… Cette décision va apporter des arguments de poids à tous les gauchistes qui ne voient dans les patrons du CAC 40 que des financiers apatrides, cupides et sans foi ni loi[119]. (Myard, 2012)

Les mots sont dits et clairement dits, même s'ils sont censés se rapporter à d'autres. Nonobstant, le côté bon de l'argent résiste. Un ancien Premier ministre de droite, François Fillon, prend timidement la défense

115 M. Pinçon et M. Pinçon-Charlot, « Bernard Arnault, un citoyen du monde ? », *l'Humanité.fr*, 27 septembre 2012.

116 P. Poutou, « Dernière blague belge : Bernard Arnault demande sa naturalisation en Belgique », *npa2009.org*, 8 septembre 2012.

117 Cité dans « Les réactions… », 9 septembre 2012, *op. cit.*

118 Benoît Hamon, cité dans « La naturalisation belge de Bernard Arnault relance le débat sur la taxation des riches », *lexpress.fr*, 9 septembre 2012 ; Bruno Leroux, cité dans « Les réactions… », 9 septembre 2012, *op. cit.*

119 Jacques Myard, cité dans « Les réactions… », 9 septembre 2012, *op. cit.*

du riche et donne à l'affaire un tour politique et presque politicien, tout en lui attribuant implicitement une certaine gravité :

> Quand on prend des décisions stupides, on arrive à ces résultats effrayants… Cela va se répandre comme une traînée de poudre et dans toute la planète, on dira : « la France est un pays qui n'aime pas la réussite et qui n'aime pas ceux qui innovent ». C'est désastreux[120]. (Fillon, 2012)

Apparaît le thème récurrent selon lequel les riches, qui se font eux-mêmes, ont une vraie légitimité dans les mentalités de droite.

Cette polémique a entraîné le renoncement de Bernard Arnault, le 10 avril 2013, à sa demande de naturalisation belge. Dans *Le Monde* du même jour, il déclare entre autres : « j'ai sous-estimé l'impact de cette démarche… » Il ne veut plus de cette stigmatisation d'exil fiscal. Contre « l'étiquetage » de mauvais riche, subi depuis septembre 2012, il proclame sa bonne conscience morale et son attachement à la France[121]. Quant au conflit ouvert avec *Libération*, il y met un terme en septembre 2013. La polémique contre l'homme d'affaires était alors mise en sourdine.

Pourtant Bernard Arnault est confronté en 2016 à une nouvelle stigmatisation avec le documentaire *Merci Patron* du journaliste François Ruffin. Le long-métrage retrace l'histoire d'un couple jeté au chômage par la délocalisation en Pologne d'une usine du groupe LVMH contrôlé par le milliardaire. Lourdement endetté, risquant de perdre leur maison, le journaliste conseille au ménage de demander un dédommagement à l'homme d'affaire. Ce dernier est piégé par ce stratagème. Il le leur accorde mais à la condition express de ne pas médiatiser l'affaire. Le film a un retentissement certain dans le contexte de l'agitation sociale de mars-avril 2016. L'image de Bernard Arnault est à nouveau flétrie par son recours au secret des affaires, même si le patronat en général subit davantage la stigmatisation.

NOUVELLE STIGMATISATION À DIMENSION GRAND-GUIGNOLESQUE : L'AFFAIRE DEPARDIEU

Lorsque Gérard Depardieu croule sous les quolibets acerbes provoqués par son départ très médiatisé en Belgique puis en Russie, c'est

120 François Fillon, cité dans « La naturalisation… », 9 septembre 2012, *op. cit.*

121 Il faut noter que, dans le courant du mois de mars précédent, le Conseil d'État avait fixé à 66,6 %, pour une part, le seuil limite de la fiscalité confiscatoire, tous impôts confondus avec le risque d'inconstitutionnalité en cas de dépassement.

un comédien connu et reconnu, non seulement en France, mais aussi à l'étranger. C'est peut-être pour cette raison que son comportement en matière d'argent, plutôt que des peurs, déclencha surtout le ridicule dans l'opinion publique.

Un acteur connu et reconnu

Sa carrière cinématographique avait commencé dès 1965 –il avait à peine 17 ans – avec un court-métrage *Le beatnik et le minet.* Mais il atteignit très rapidement la notoriété avec de nombreux films, entre autres *Les valseuses* (1973), *Vincent, François, Paul et les autres* (1974), *Loulou* (1979), *Le dernier métro* (1980), *Danton* (1983), *Jean de Florette* (1985), *Cyrano de Bergerac* (1989), *Germinal* (1992), *Astérix et Obélix contre César* (1999), suivis d'autres films du genre…

Depardieu est un acteur très populaire qui a su incarner des figures emblématiques, connues ou anonymes, qui émaillent l'histoire et la civilisation française. Son jeu d'acteur et sa gouaille, parlant à la sensibilité des gens, peuvent séduire tant les mondes d'en haut que ceux d'en bas. Son physique même, relativement ingrat, s'inscrit bien dans la lignée de ces « tronches » si appréciées qui ont marqué le cinéma français et séduit son public.

Né en 1948, il est issu d'un milieu extrêmement modeste avec un père ouvrier tôlier. Ses origines populaires, sa vie d'enfant des rues plus ou moins délinquant, sa formation initiale limitée au certificat d'études primaires, parlent à l'imaginaire des Français par cette dimension misérabiliste de l'enfance et de l'adolescence. Cependant, toute cette sombre période a contrasté avec son ascension fulgurante. Une telle vie ne pouvait que séduire les Français, friands de ce genre d'histoire personnelle fondée sur une progression sociale accélérée. De tout cela, résultait l'extrême popularité dont jouissait l'acteur au début de la décennie 2010.

Un personnage stigmatisé par son exil fiscal

Le 9 décembre 2012, Gérard Depardieu déclencha soudainement un nouveau scandale dans l'opinion sensibilisée quelques semaines auparavant (septembre) par l'affaire Bernard Arnault. En effet, ce jour-là, le maire d'une petite commune belge, celle d'Estaimpuis, annonça, dans une conférence de presse, l'expatriation en Belgique de l'acteur. Cette petite commune était connue pour accueillir de riches Français, censés fuir les excès de la fiscalité de leur pays.

L'écho est immédiat et il est relayé par l'agence France presse. Une bronca se déclenche alors dans l'opinion. Le même jour, sur son site informant de l'expatriation de l'acteur, le journal *Libération* a mentionné par ailleurs ses liens avec la famille du hiérarque ouzbek, Islam Karimov vilipendé dans les médias pour ses atteintes aux Droits de l'Homme. Les débordements du comédien, dont la conduite en état d'ivresse le mois précédent avait défrayé la chronique, sont bien connus[122].

La polémique s'empare immédiatement de cette affaire hautement symbolique d'évasion fiscale d'un personnage célèbre, certes populaire, mais censé mal utiliser son argent. Elle prend vite un tour politique : des voix s'élèvent à gauche, mais aussi à droite. Sur ce dernier versant, le *leader* de l'UMP, le député Jean-François Copé déclare, le lendemain, que ce départ est « désolant pour notre pays et son image[123] ». L'attaque n'est pas frontale, mais elle stigmatise indirectement la responsabilité de l'acteur.

Du côté de l'extrême gauche, le 10 décembre, la candidate de Lutte Ouvrière à l'élection présidentielle de 2012, Nathalie Arthaud, joue le mode du mépris face aux réactions encore mal connues de l'opinion publique : « Le pauvre, il possède des vignes par-ci, des hôtels par-là, et il est embêté parce qu'il paie un peu d'impôts[124]. » De son côté, le 12 décembre, le chef de file du Front de Gauche, Jean-Luc Mélenchon, stigmatise un antipatriotisme de l'acteur : « Ceux qui s'en vont, n'ont qu'une patrie l'argent[125]. »

Le parti socialiste, à la tête du gouvernement d'alors, est tout aussi réactif. Il en appelle à la solidarité, vertu traditionnellement recherchée chez les riches. L'illustrent les interventions, tant celle du maire socialiste de Paris d'alors Bertrand Delanoë : « C'est triste parce que c'est un grand acteur... il a une générosité, et là, il ne le montre pas[126] », que celle du Premier ministre de l'époque Jean-Marc Ayrault, le 12 décembre :

---

122 « Depardieu élit domicile (fiscal) en Belgique », *Libération. Fr*, 9 décembre 2012.
123 « Depardieu chez les Belges : les étapes et les mots », *Libération. Fr*, 16 décembre 2012.
124 « Depardieu chez les Belges... », 16 décembre 2012, *op. cit.*
125 *Ibid.*
126 *Ibid.*

> Le départ de Gérard Depardieu pour la Belgique est assez minable… Payer un impôt, c'est un acte de solidarité, c'est un acte patriotique[127]. (Ayrault, 2012)

Le vocable « minable » est particulièrement stigmatisant et le thème de l'anti-patriotisme va faire flores. Finalement, le Président de la république, le socialiste François Hollande demande, le 14 décembre, sur le mode d'un relatif apaisement, un « comportement éthique ».

C'est trop pour Gérard Depardieu et, le 16 décembre 2012, dans une lettre ouverte publiée dans le *Journal du Dimanche*, il informe de sa décision de passer d'une simple délocalisation en Belgique à l'adoption d'une nouvelle nationalité. Il annonce en conséquence son intention de rendre son passeport français.

Nouvelle salve de critiques ! Michel Sapin, alors ministre du travail, parle « d'une forme de déchéance personnelle… attitude qui n'est pas à la hauteur de l'acteur[128] » alors que, de son côté, la ministre de la Culture, Aurélie Philipetti, se déclare « scandalisée ». Quant au premier secrétaire du Parti Socialiste, Harlem Désir, il stigmatise un choix de nationalité en rapport avec son impôt. Et pour finir, un député socialiste vilipende un personnage « profondément égoïste ».

Très vite, à la suite de ces évènements, la controverse rencontre un large écho dans l'opinion. Les quolibets fusent : « mauvais Français », « affairiste poujadiste et aviné », « star en naufrage[129] »… La rancune à l'encontre du sale argent et la raillerie à l'égard de la pratique de l'ivresse avérée de l'acteur, n'ont pas de bornes.

La polémique atteignit bientôt le monde artistique. Dès le 12 décembre, la grande artiste Line Renaud, aux sympathies de droite bien connues, conteste le comportement de Gérard Depardieu : « Lorsque le pays est en difficulté, on ne quitte pas le bateau[130]. » C'était faire de son collègue, un lâche et presque un rat, si l'on en croit le proverbe. La riposte de Gérard Depardieu du 16 décembre avait amplifié les rumeurs critiques dans ce monde du spectacle. Le 17 décembre 2012, l'acteur de cinéma Philippe Torreton, certes engagé auprès du Parti Socialiste, publie à son tour un article circonstancié

---

127 *Ibid.*

128 « Le citoyen du monde rend son passeport français… », *lemonde.fr*, 16 décembre 2012.

129 « Gérard Depardieu s'installe en Belgique. Et alors ? », *blog francetvinfo.fr*, le 11 décembre 2012.

130 « Depardieu chez les Belges… », 16 décembre 2012, *op. cit.*

dans les colonnes de *Libération* sous le titre « Alors Gérard, t'as les boules ? ». Il commence par stigmatiser le comportement d'évasion fiscale de son collègue, « riche parmi les riches ». Puis, sur le mode moqueur, il utilise l'antiphrase pour qualifier le comportement de Depardieu. Enfin, il n'a pas de mots assez forts pour le fustiger dans tous les domaines de son existence et de sa vie professionnelle :

> Le problème, Gérard, c'est que tes sorties de route vont toujours dans le même fossé… celui du fric, des copains dictateurs… L'homme est devenu riche, mais sa fortune lui a pété à la gueule… (Torreton, 2012)

Il utilise enfin le mode du mépris en usant du propos suivant : « Prends ton oseille et tire-toi[131]… »

Même si la grande actrice Catherine Deneuve entre dans la polémique pour blâmer l'article de Torreton, tant dans sa forme que dans sa « mesquinerie », elle ne prend pas pour autant la défense de Depardieu sur le fond. Citant Voltaire, elle fait part de tout son désaccord avec Depardieu :

> Ce n'est pas tant Gérard Depardieu que je viens défendre… L'homme est sombre, mais l'acteur est immense[132]… (Deneuve, 2012)

En janvier 2013, la décision du comédien, consistant à accepter une proposition de nationalité russe par le président de ce pays Vladimir Poutine, suscita de nouvelles représentations critiques dans les médias. Les modalités de l'installation de Gérard Depardieu en Russie, telle l'ouverture d'un restaurant dans la république russe de Mordovie située à l'est de Moscou, sont ridiculisées.

Pourtant, la controverse s'éteint progressivement. Le 21 décembre 2012, la présidente du MEDEF (Mouvement des entreprises de France), Laurence Parisot, citée dans les colonnes du journal *Libération*, veut y mettre un terme en sous-entendant la thèse du « bon argent » : « Insupportables… (sont) ces attaques contre certaines personnalités à haut revenu devenues des boucs émissaires[133]. »

---

131 L. Torreton, « Alors Gérard, t'as les boules ? », *Libération*, 17 décembre 2012.

132 C. Deneuve, « Monsieur Torreton… », *Libération*, 20 décembre 2012.

133 « Exil fiscal : gare au lynchage, prévient Laurence Parisot », *Libération*, 21 décembre 2012.

La boucle semble ainsi bouclée, mais la polémique concernant les riches et l'utilisation « scandaleuse » de l'argent n'était pas prête de se terminer. En mai-juin 2014, l'animateur de radio et de télévision Arthur, né en 1966 et issu d'une génération plus jeune, est flétri à son tour pour son exil fiscal en Belgique. Les médias, dont *Le Monde* en premier lieu[134], ont vite fait de s'emparer de l'affaire.

L'historien se doit de remarquer que cette stigmatisation de l'argent reste en France un fait culturel notoire qui n'est pas près de disparaître. Ce type de représentations sombres de l'argent, alimentant bien des peurs, sera envisagé, dans le chapitre suivant, à propos d'une institution emblématique la banque.

134 « Arthur quitte la France pour la Belgique », *Le Monde.fr*, 4 juin 2014.

HARO SUR LES BANQUES, EMBLÈME DE LA RICHESSE

Les banques, en leur qualité de « manieurs » d'argent, ont été stigmatisées comme tels dans l'histoire. Le retentissant échec au XVIIIe siècle à Paris de la banque de l'Écossais Law (1671-1729) déprécia pour longtemps dans l'opinion publique le système bancaire accusé de comportement spéculatif. Au XIXe siècle, les militants ouvriers s'en prenaient traditionnellement aux usuriers.

Ces critiques se poursuivent au XXe siècle. Dans la France de l'entre-deux guerres, le philosophe Alain (1868-1951), proche du radicalisme, a développé une théorie de la conspiration[1]. Il s'en prenait en 1925 aux puissances financières avec un vocabulaire nourri par la Révolution : la Banque y était assimilée à un donjon.

À l'occasion de la rediffusion en novembre 2014 sur la chaîne Arte du film britannique de Christine Edzard, *La petite Dorrit* (2008), tiré du feuilleton romanesque de 1856 de Charles Dickens, le commentaire du diffuseur du film, repris par les critiques, diabolise « la finance sans foi ni loi ». Elle représenterait « un univers socialement suspect[2] », image amplifiée par la dérégulation bancaire du tournant du deuxième millénaire. La crise de 2008, révélant les dérapages de la finance, amplifie ces réactions : l'enrichissement continu de ses responsables, de même que leur pouvoir subséquent, contribue alors à l'ire populaire puisant « sa légitimité dans les dérives d'un système dont les élites auraient perdu le sens des valeurs morales[3] ».

Les banques sont censées riches et abuser de leur richesse. « C'est la finance qui fait tourner l'économie ». Et encore : « Dans l'industrie, ce sont les financiers qui mènent le monde au lieu des ingénieurs ». Déjà en

---

1 *Cf. supra*, chapitre II.

2 D. de Blic, J. Lazarus, *Sociologie de l'argent*, Paris, 2007, p. 7.

3 J. Marseille, *L'argent des Français*, Paris, 2009, p. 7.

1978, les banquiers sont présentés par un journaliste en tant que caste[4] avec tout ce que cela implique de pouvoir occulte. Une hypothèse serait de soutenir que la puissance bancaire et la domination qui en résulte sont à l'origine du désaveu subi par ce milieu.

La prise en compte de l'étiquetage de la banque, tant dans la littérature qu'au cinéma, aboutira à l'examen des fantasmes de peurs de ce monde dans l'opinion publique. Elle débouchera finalement sur la dimension doctrinale inspirant cette stigmatisation du métier de prêteur d'argent.

L'ÉTIQUETAGE DES BANQUES

Les représentations de la réalité sont socialement construites et elles aboutissent très souvent à des formes de stigmatisation. Est attribuée, à l'individu ou au groupe d'individus concernés, une étiquette (*labelling*) subodorant une vision caractéristique de la société. J'emprunte ce concept méthodologique à l'école américaine de sociologie de l'interactionnisme, même si l'un de ses principaux représentants avoue son insatisfaction par rapport à ce que l'on a appelé une « théorie de l'étiquetage ».

L'étiquetage s'intègre toutefois dans une réflexion sur la déviance de la part du sociologue Howard S. Becker[5] : je n'adopterai pas cependant l'idée très contestée[6], répandue pour le monde des déviants, selon laquelle l'étiquetage engendre des conduites proches de l'étiquette. Les riches n'adoptent pas systématiquement un comportement de riches à partir des étiquettes qui leur sont affectées. Nonobstant, je soutiendrai que la richesse – ici celle des banques – transgresse les normes sociales en vigueur dans les milieux peu concernés par l'argent.

Je m'intéresserai au processus d'étiquetage intégré par Becker dans sa théorie et s'appliquant au « vaste domaine des conduites[7] ». Pour transposer Becker, le groupe de ceux qui seront étiquetés en tant que

4 P. Simonnot, *Banquiers, votre argent nous intéresse*, Paris, 1979, p. 117.

5 H. S. Becker, *Outsiders. Études de sociologie de la déviance*, édition américaine 1963, Paris, 1985, p. 201-233, particulièrement p. 202 au sujet de la théorie de l'étiquetage.

6 Elle est contestée notamment par H. S. Becker, 1963, *op. cit.*, p. 203.

7 *Ibid.*, p. 201.

riches n'est pas homogène économiquement. Il faudrait pouvoir analyser la nature de l'écart entre grande richesse et richesse ordinaire.

DES REPRÉSENTATIONS LITTÉRAIRES STIGMATISANTES

Par là, je n'entends pas suivre une théorie, mais seulement observer des croyances. Ainsi, l'opinion publique s'est emparée d'une image récurrente de la banque. La relative obscurité des banquiers dans les relations sociales[8] est devenue un poncif. En 1950, les banques sont mises en scène en tant que véritables puissances par Marguerite Duras (1914-1996) :

> Elles étaient, et elles seules, les liens obscurs qui la reliaient aux puissances du monde dont elle dépendait corps et biens : le cadastre, la banque[9]. (Duras, *Un barrage contre le Pacifique*, 1950)

Son constat se rapporte à l'accumulation d'argent produite par l'activité bancaire.

Les images proposées dans la littérature juxtaposent très souvent le monde de la banque et son pouvoir de domination. « L'énorme fortune du banquier Pluvignec » est représentée par Hervé Bazin (1911-1996) dans son roman de 1972 *Cri de la chouette*[10].

Le roman transforme fréquemment l'argent du banquier en un pouvoir d'influence. Anne-Marie Garat, née en 1946, a eu les mots les plus cinglants dans son livre *Dans la main du diable* (2006) : « Pour que les banquiers soient nos larbins et pas nos maîtres, de l'argent, de l'argent[11] ! » Pourtant, ce trait n'est pas propre au genre. Dans leur cours de journalisme de 1952, Gilberte et Henri Coston, très engagés à droite, ont fait allusion aux « financiers qui mènent le monde[12] ». En 1944, sont vilipendés par Jean Giraudoux (1882-1944) dans sa pièce de théâtre *La folle de Chaillot*, par un qualificatif virulent et engagé, les banquiers en général : « J'ai à défendre l'exploiteur, le banquier[13]... »

La critique ne se limite pas à la seule littérature. Cette aversion envers les banques se retrouve encore dans l'affiche en ce début du XXIe siècle.

---

8 P. Simonnot, 1979, *op. cit.*, p. 37.

9 M. Duras, *Un barrage contre le Pacifique*, 1950, p. 29, cité dans la base Frantex.

10 H. Bazin, *Cri de la chouette*, 1972, p. 40, cité dans la base Frantex.

11 A.-M. Garat, *Dans la main du diable*, 2006, p. 782, cité dans la base Frantex.

12 G. Coston, H. Coston, *L'ABC du journalisme : cours élémentaire en 30 leçons*, 1952, p. 44, cité dans la base Frantex.

13 J. Giraudoux, *La folle de Chaillot*, 1944, p. 139, cité dans la base Frantex.

Une œuvre du genre, signée Piérick et représentant un banquier face aux aléas du sort, est légendée ainsi en 2013 : « Les deux hantises des banquiers ? L'argent qui dort … et le peuple qui se réveille ! »

Cet argent d'origine bancaire est le plus souvent présenté comme mal acquis et le banquier en tant que « suspect[14] ». Sans doute faut-il y voir un effet du ressort romanesque, à moins que ces images ne reflètent la rubrique des faits divers. Dans cette veine, le banquier est décrit en tant qu'auteur de malversations. Celui de la Rampa de Blaise Cendrars (1887-1961) est représenté en tant que « prêteur à la petite semaine, avec des fausses pierres, des cailloux du Rhin, de la fausse bijouterie[15]… ». Jusqu'en 1990, début d'une véritable surveillance étatique, les institutions financières ont été en effet souvent accusées de complaisance, de négligence, voire de complicité en la matière[16]. Une satire de ce genre est replacée, dans le contexte des années 1920, par le romancier, lauréat du prix Goncourt 2013, Pierre Lemaitre né en 1951 :

> À quoi ça sert de rembourser une banque ? avait-il écrit sur le grand cahier. On va s'enfuir avec des fonds volés de toute façon ! Voler ceux d'une banque, c'est tout de même le moins immoral[17] ! (Lemaitre, *Au revoir là-haut*, 2013)

Il s'agit là de la déclaration d'un ancien poilu, lui-même issu d'une grande bourgeoisie bancaire, à propos des malversations de l'un de ses camarades devenu employé de banque.

Les banquiers sont qualifiés parfois de « véreux » aussi bien dans *Un mauvais rêve*[18] (1948) de Georges Bernanos (1888-1948) que dans *La force de l'âge*[19] (1960) de Simone de Beauvoir (1908-1986). Finalement, les figures d'êtres corrompus font florès comme si le maniement de l'argent générait forcément de telles pratiques. Mais le souvenir de la faillite frauduleuse de la banque Oustric en 1930 restait vif dans les mémoires des lendemains de la guerre.

Le philosophe personnaliste Emmanuel Mounier (1905-1950) encore, radicalement hostile à la spéculation, a même écrit dans cette optique

14 A. Malraux, *Le Règne du malin*, 1976, p. 976, cité dans la base Frantex.

15 B. Cendrars, *Bourlinguer*, 1948, p. 158, cité dans la base Frantex.

16 C.-E. Lucy, *L'odeur de l'argent sale. Dans les coulisses de la criminalité financière*, Paris, 2003, p. 15, 136.

17 P. Lemaitre, *Au revoir là-haut*, Paris, 2013, p. 413.

18 G. Bernanos, *Un mauvais rêve*, 1948, p. 931, cité dans la base Frantex.

19 S. de Beauvoir, *La force de l'âge*, 1960, p. 592, cité dans la base Frantex.

en 1946 : « … la moralité meurt quand on la met en banque[20]. » Cette dernière thématique est présentée, quelques décennies plus tard, par la psychothérapeute et ancienne délinquante, Hélène Castel née en 1959, dans son récit autobiographique :

> Une banque, temple des détracteurs des règles les plus basiques du partage, de l'équité – milieu broyeur d'éthique[21]. (Castel, *Retour d'exil d'une femme recherchée*, 2009)

Une stigmatisation d'essence morale s'amplifie dans le contexte des nouvelles pratiques bancaires ayant surgi à la veille de la crise de 2008. « Est-il normal que des dirigeants quittent les poches pleines une entreprise affichant des pertes colossales et annonçant des licenciements massifs[22] ? » (Jacques Marseille)

Le roman n'hésite pas à introduire des pseudo-actes délictueux. Des êtres corrompus, les banquiers Schoudler, sont mis en scène en 1948 dans *Les grandes familles*, roman de Maurice Druon (1918-2009), à qui une opposition de nature idéologique à l'égard du monde bancaire ne peut être attribuée : « … si vous avez des Sonchelles (actions) de la banque Schoudler, n'importe quelle valeur de ces bandits-là, vendez, vendez dès demain[23]… »

La classique spéculation, cette fièvre de reproduire à tout prix l'argent, prend parfois des allures de malversations. Simone de Beauvoir la représente ainsi dans *Mémoires d'une jeune fille rangée* (1958) : « Banquier à Verdun, ses spéculations avaient abouti à une faillite où s'étaient engloutis ses capitaux et ceux d'un bon nombre de gens[24]. » Des « combines » sont mises en scène par les romanciers, tel Hervé Bazin en 1972[25].

Ce thème est repris quelques années plus tard, dans son autobiographie, sur le mode de la dénonciation, par l'historien engagé Daniel Guérin (1904-1988). Il y stigmatise des « combinaisons sordides[26] ». Ces

20 E. Mounier, *Traité du caractère*, 1946, p. 689, cité dans la base Frantex.

21 H. Castel, *Retour d'exil d'une femme recherchée*, 2009, p. 138, cité dans la base Frantex.

22 J. Marseille, *op. cit.*, p. 7-8.

23 M. Druon, *Les grandes familles*, tome 2, 1948, p. 66, cité dans la base de données Frantex.

24 S. de Beauvoir, *Mémoires d'une jeune fille rangée*, 1958, p. 65, cité dans la base de données Frantex.

25 H. Bazin, 1972, *op. cit.*, p. 40.

26 D. Guérin, *Le feu du sang : autobiographie politique et charnelle*, 1977, p. 22, cité dans la base Frantex.

pratiques sont présentées d'une façon systématique par le romancier Michel Del Castillo, né en 1933 :

> Sur les effets corrupteurs de l'argent, Avelino se montrait d'une verve intarissable. Financiers et banquiers, marchands et boutiquiers, étaient ses cibles favorites. À ces faiseurs de profits, il n'accordait aucune circonstance atténuante[27]. (Del Castillo, *La nuit du décret*, 1981)

Ce thème général de la malhonnêteté et de la corruption est traité parfois, sous l'angle humoristique. Le communiste Louis Aragon (1897-1982), dans son roman de 1947 *Les voyageurs de l'impériale*, a ces mots pleins d'ambiguïté : « Un homme fort intelligent, ce banquier, certainement très honnête[28]. » Une confusion de domicile plutôt cocasse est même proposée par l'écrivain Grégoire Bouillier, né en 1960, dans son autobiographie aux allures fictionnelles :

> Vers la fin de la rue, une banque s'est installée là où vécut Arsène Lupin[29]. (Bouillier, *Rapport sur moi*, 2002)

Le héros de Maurice Leblanc (1864-1941), créé en 1905, avait été présenté par ce romancier en tant que « gentleman cambrioleur ». Donc, de l'apparence à la réalité, l'écart semble bien mince.

Avec la grande crise financière de 2008, un seuil a été franchi avec la criminalisation de certains banquiers. De là à justifier les représentations anciennes, il n'y a qu'un pas ! D'une façon générale, les banquiers sont vite accusés d'un manque total d'humanité, voire de violence. Le journaliste Philippe Simonnot a ainsi cette expression :

> Sous la banque, la violence[30]. (Simonnot, *Banquiers, votre argent nous intéresse*, 1979)

Des traits excessifs de caractère sont même attachés au maniement de l'argent par Jean Giraudoux encore :

> L'orgueil, la cupidité, l'égoïsme les (*les banquiers*) chauffent à un tel degré de rouge que, s'ils passent sur un point où la terre recèle la bonté ou la pitié, ils s'évaporent[31]. (Giraudoux, *La folle de Chaillot*, 1944)

27 M. Del Castillo, *La nuit du décret*, 1981, p. 68, cité dans la base Frantex.
28 L. Aragon, *Les voyageurs de l'impériale*, 1947, p. 168, cité dans la base Frantex.
29 G. Bouillier, *Rapport sur moi*, 2002, p. 41, cité dans la base de données Frantex.
30 P. Simonnot, *op. cit.*, p. 9.
31 J. Giraudoux, 1944, *op. cit.*, p. 180.

Sont révélateurs des vocables puisés dans le registre de la prédation, tels « vampires » chez Marguerite Duras[32] ou « requins » chez Daniel Guérin[33].

En 1950, une connivence interbancaire est stigmatisée en tant que politique systématique :

> [...] la mère ... s'adressa à une deuxième banque auprès de laquelle, elle fit de nouveau deux séries de démarches. Et, de nouveau, celles-ci s'avérèrent parfaitement inutiles à cause de la solidarité irréductible[34]... (Duras, *Un barrage contre le Pacifique*, 1950)

Ces derniers comportements sont vilipendés sur un mode d'humour grinçant dans *Les paravents* (1961) de Jean Genet (1910-1986) : « Le banquier : Ne vous gênez pas, chère amie, dégueulez à votre aise. Ce ne sera pas perdu pour tout le monde[35]. » Une mise en scène plutôt sinistre de la banque dans une famille de la noblesse est rencontrée dans une œuvre (1974)[36] du romancier Jean d'Ormesson, né en 1925, qu'on ne peut pourtant pas croire hostile à la détention d'argent par principe.

La banque et les banquiers sont souvent objets de mépris. Mépris d'abord, sur l'origine douteuse de leur argent. À la sortie de la deuxième guerre mondiale, dans son célèbre roman *Vipère au poing*, Hervé Bazin propose une généalogie tortueuse de banquiers :

> Tes grands-parents croquent allégrement l'énorme fortune que leur a laissée ton arrière-grand-père le banquier qui lui-même l'avait ramassée dans toutes les poubelles du Second Empire[37]. (Bazin, *Vipère au poing*, 1948)

Les déclinaisons ne manquent pas quant à l'allure physique du banquier fréquemment stigmatisée, ou même à sa quasi-sottise. Cet amusant tableautin en est proposé par Michel Del Castillo, en 1981, dans sa *Nuit du décret* : « Si vous regardez ses photographies, vous aurez l'image d'un épicier en gros, d'un boucher ou, à la rigueur, d'un banquier. Vous

32 M. Duras, *Un barrage...*, 1950, *op. cit.*, p. 209.
33 D. Guérin, 1977, *op. cit.*, p. 245.
34 M. Duras, *Un barrage...*, 1950, *op. cit.*, p. 231.
35 J. Genet, *Les paravents*, 1961, p. 147, cité dans la base Frantex.
36 J. d'Ormesson, *Au plaisir de Dieu*, 1974, p. 108, cité dans la base Frantex.
37 H. Bazin, *Vipère au poing*, 1948, p. 220, cité dans la base Frantex.

penserez à tout, sauf à la poésie[38]. » De son côté, Gabriel Matzneff, né en 1936, donne des banquiers ce diagnostic intellectuel, plutôt radical :

> Le peuple se fait une haute idée des banquiers, mais n'importe quel imbécile peut être banquier[39] ! (Matzneff, *Ivre du vin perdu*, 1981)

« Le banquier fait honte », raconte dans son autobiographie *La force des choses*, Simone de Beauvoir. Sous une forme quasi comique, elle a ses mots : « Je m'excuse ; cet individu, c'est mon frère, un banquier ! me dit-il, sur le ton d'un banquier avouant qu'un clochard est son frère[40]. »

STIGMATISATION BANCAIRE AU CINÉMA

Dès l'entre-deux-guerres, la thématique de l'argent et des banques avait revêtu une connotation péjorative dans le cinéma français. L'esthétique des excès bancaires a été observée dans le film muet de 1928 de Marcel L'Herbier (1888-1979), *L'argent*, adapté du célèbre roman éponyme de 1891 d'Émile Zola (1840-1902). Y est racontée l'histoire d'un grand banquier du Second Empire Nicolas Saccard confronté à la spéculation boursière. Sa cupidité le perdra dans une nouvelle spéculation où se mêlent des affaires de sexe, avant qu'il ne tente de se rétablir. L'Herbier a ainsi transposé dans son film une intrigue, ayant pour cadre le Second Empire, dans la France des années vingt. Bien que la critique ait été à dominante mauvaise, le film montre une grande qualité esthétique dans la tradition des films muets du cinéaste.

À l'aune de l'histoire, cette œuvre avait une grande portée : dans sa remémoration assez radicale de la fête impériale, L'Herbier a voulu stigmatiser l'agiotage financier à la veille de la crise de 1929. Le personnage zolien de Saccard propose le portrait d'un détenteur opulent de capitaux, prêt à tout pour arriver à ses fins. Gageons que ce thème a rencontré là un écho favorable dans l'opinion, même si ce film, arrivé au crépuscule du cinéma muet, se heurta à un échec commercial, avant d'être redécouvert. La même année, le court-métrage *Autour de l'argent*, à partir du film de L'Herbier, a été produit par Jean Dréville (1906-1997). Cette thématique a été poursuivie. Dès 1936, fut présenté sur les

38 M. Del Castillo, 1981, *op. cit.*, p. 43.

39 G. Matzneff, *Ivre du vin perdu*, 1981, p. 191, cité dans la base Frantex.

40 S. de Beauvoir, *La force des choses*, 1963, p. 325, cité dans la base Frantex.

écrans un *remake* cette fois parlant du même film de L'Herbier, réalisé par Pierre Billon avec des acteurs fameux, tel Pierre Richard-Willm.

La Banquière, une œuvre cinématographique de 1980, cette fois donc contemporaine et exprimant cette critique lancinante de l'argent, a été réalisée par Francis Girod (1944-2006). Il y dresse le portrait de l'aventurière Marthe Hanau (Romy Schneider) au cours des années 1920. C'est l'histoire d'une femme d'origine modeste qui devient immensément riche en exploitant l'épargne populaire. À côté de la figure présentée en philantrope de la banquière, apparaissent d'autres personnages plus sombres, avilis par l'argent et finissant par dominer le monde politique.

En 2013, le paroxysme est atteint dans un contexte de crise économique et financière, avec un autre genre cinématographique. Le documentaire, *Noire finance*, de Jean-Michel Meurice et Fabrizio Calvi a été diffusé sur les chaînes de télévision Arte, puis M6. Le film comporte deux volets aux titres signifiants : *la grande pompe à finance* et *le bal des vautours*. Des financiers s'y muent en « barons voleurs », en spéculateurs criminels cherchant à accroître leurs profits par la fraude. Tout cela en pleine impunité !

Toutes ces œuvres, tant littéraires que cinématographiques, puisent leur inspiration dans le corps social en même temps qu'elles l'imprègnent. L'analyse de quelques représentations sociales permet de montrer la propagation des peurs de l'argent.

JALONS POUR UNE HISTOIRE DES PEURS DE L'ARGENT APRÈS LA SECONDE GUERRE MONDIALE

Entre réel et stigmatisation. Les banques et l'État

La politique financière de l'État découle, durant cette période, à la fois de faits réels et, le plus souvent, de représentations plutôt sombres du monde des banques. La stigmatisation bancaire pourrait expliquer la mise en œuvre, à deux reprises dans l'après-guerre, de nationalisations de banques (1945 et 1982). La campagne présidentielle de 2012 a confirmé l'existence de fantasmes de peurs de l'argent.

LES REPRÉSENTATIONS SOMBRES DE L'ARGENT AU CŒUR DES NATIONALISATIONS BANCAIRES DE 1945

La thématique traditionnelle de la puissance démesurée des banques, et de la domination en résultant, se retrouve dans ce projet. À la sortie de la guerre, les nationalisations bancaires étaient justifiées ainsi :

> Les banques ne devaient pas conserver une puissance susceptible de leur permettre de s'opposer à la politique du gouvernement et en particulier le petit groupe d'hommes qui, par l'intermédiaire de la Haute Banque, contrôlait l'ensemble de l'économie[41]. (*Les Cahiers du communisme*, 1945)

Un autre thème, peu ou prou légendaire, mais prégnant dans le contexte de l'époque, est celui de la trahison des banques, thème qu'a soutenu solennellement le général De Gaulle, alors chef de la France libre, dès l'époque du Gouvernement d'Alger, le 11 juillet 1943 :

> Dans la guerre économique qui est imposée à notre pays, c'est trahir la patrie que d'agir comme le font certains banquiers[42]. (De Gaulle, 1943)

Une partie de la droite, d'ordinaire plutôt circonspecte en la matière, se rallia à la nationalisation de certaines banques. L'historienne Claire Andrieu a considéré ainsi que « (le) passé propre à la France suscitait un unanimisme de gauche[43]... ». Au-delà, celui-ci entretient sans doute la traditionnelle mythologie en matière de banque[44]. Sur un fond d'anticapitalisme en effet, les partisans des nationalisations reprochaient aux grandes banques, et particulièrement aux banques d'affaires, d'être « en état de complot permanent de haute trahison envers la France et la République[45] ». Représentation gratuite sans doute éloignée de la réalité !

Outre la Banque de France, les nationalisations du 2 décembre 1945 ont touché les quatre grandes banques de dépôts, le Crédit

41 Cité par J.-J. Becker, « Le PCF » *in* C. Andrieu, L. Le Van, A. Prost, (*dir.*), *Les nationalisations de la Libération. De l'utopie au compromis*, Paris, Presses de la Fondation Nationale des Sciences Politiques, 1987, p. 164.

42 Charles de Gaulle cité par le député François Mortelette *in J.O. Chambre, débats*, 15 octobre 1981, « troisième séance du 14 octobre 1981 », p. 1824.

43 C. Andrieu, « Les banques, par fidélité au programme du CNR » *in* C. Andrieu, L. Le Van, A. Prost, (*dir.*), 1987, *op. cit.*, p. 317.

44 *Cf. supra*, deuxième chapitre.

45 Proposition de loi communiste du 11 décembre 1945 citée par C. Andrieu, « Les banques. », 1987, *op. cit.*, p. 319.

lyonnais, la Société générale, la Banque nationale pour le commerce et l'industrie (BNCI) et le Comptoir national d'escompte de Paris (CNEP). Paradoxalement, dans une Chambre où les gauches avaient la majorité absolue, les banques d'affaires, symboles pourtant de l'argent accumulé, ne furent pas concernées. Cela révélait l'ambivalence déjà notée des représentations de l'argent. La suite allait le confirmer.

De fait, l'Assemblée ne renonça pas définitivement à la nationalisation des banques d'affaires, se contentant de la repousser en attendant un avis du tout nouveau Conseil National du Crédit. Pourtant, à l'issue du délai requis, ce dernier rendit un avis défavorable. Pour suivre Claire Andrieu, cette volonté des gauches de combattre les puissances d'argent avait été enrayée dès 1946 par la contrainte politique de l'union nationale et par le surgissement de nouvelles priorités[46]. Un nouveau projet de loi de nationalisation bancaire d'avril 1946, issu de la SFIO, ne fut jamais discuté « faute de temps ».

Après 1945, la volonté politique d'annihiler les « puissances d'argent » paraît passer désormais au second plan. Les représentations les plus sombres en la matière seront donc relativisées en termes d'influence sur le politique.

LES NATIONALISATIONS BANCAIRES DE 1982 ET LA PÉRENNISATION DES PEURS DE L'ARGENT

Une volonté politique de nationalisations bancaires, fruit à la fois de la sphère réelle et des représentations, resurgit une génération plus tard et aboutit aux décisions de 1982. Le 27 juin 1972, Parti socialiste, Parti communiste et Mouvement des radicaux de gauche s'étaient rapprochés pour élaborer un programme commun de gouvernement. Il est repris en vue de l'élection présidentielle de 1981. Il s'oppose clairement au « grand capital[47] », bref à l'argent, qu'il a l'intention de nationaliser :

> Pour briser la domination du grand capital…, le gouvernement réalisera progressivement le transfert à la collectivité des moyens de production les plus importants et des instruments financiers actuellement entre les mains de groupes capitalistes dominants[48]… (*Programme commun de gouvernement du Parti communiste français et du Parti socialiste*, 1972)

---

46 C. Andrieu, « Les banques… », 1987, *op. cit.*, p. 324.

47 *Cf. supra*, deuxième chapitre.

48 *Programme commun de gouvernement du Parti communiste français et du Parti socialiste (27 juin 1972)*, Paris, Éditions sociales, 1972, p. 113-114.

Au cours du congrès socialiste de janvier 1981, le PS adopta « 110 propositions de gouvernement », que son candidat François Mitterrand devait porter. Il y est envisagé de réformer les circuits financiers. C'est l'argent démesuré qui est visé.

À ce sujet, dès son élection à la présidence de la République en mai 1981, Mitterrand et son gouvernement à direction socialiste ont élaboré un projet de loi de nationalisations, en partie bancaires. Le projet écarte du champ des nationalisations, des institutions ne faisant pas peur à savoir, outre les banques mutualistes appartenant à leurs sociétaires, des établissements de petite dimension à caractère strictement local, ne détenant pas un argent démesuré, et donc n'ayant aucun pouvoir de domination, telles les grandes banques.

Le texte, qui arrive devant l'Assemblée Nationale le 13 octobre 1981, a cristallisé notamment un affrontement gauche-droite autour des représentations de la finance propres à la France. Le projet est approuvé par la Chambre le 18 décembre suivant. Il est soumis au Conseil Constitutionnel à la suite du refus du Sénat de le voter, ce qui révèle une fois de plus les ambivalences de l'argent dans cette assemblée réputée modérée. Certaines dispositions se rapportant particulièrement au sacro-saint droit de propriété de nature constitutionnelle, sont censurées en janvier 1982. Ambivalence de l'argent, toujours ! Le 13 février 1982, une loi de nationalisations élaborée à partir d'un nouveau texte ménageant la propriété a été approuvée.

Quelles représentations bancaires ont été produites par le personnel politique au cours des discussions parlementaires ? D'entrée, le vocable « empire » a été agité par le rapporteur de la commission spéciale Michel Charzat[49]. Il veut signifier par là une puissance démesurée du « grand capital » dans la tradition reprise en 1945. Cette thèse est confirmée, dans la suite de la discussion, par le Premier Ministre Pierre Mauroy[50]. Charzat développe sa pensée en s'appuyant sur le thème de « la reconstitution de féodalités financières[51] ». Se retrouve là la thématique de la puissance des banques, agitée depuis les années précédant la Grande Guerre et s'étant épanouie entre 1919 et 1945[52]. Leurs pratiques spéculatives, si

49 *J.O. Chambre, débats*, 14 octobre 1981, « première séance du 13 octobre 1981 », p. 1710.

50 *Ibid.*, p. 1716.

51 *Ibid.*, p. 1712.

52 *Cf.* deuxième chapitre.

fréquemment stigmatisées dans les représentations[53], sont diabolisées par un député communiste soutenant même que « (les banques) font main basse sur les villes livrées à une spéculation effrénée[54] ». Elles sont présentées en tant qu'agents économiques inutiles à l'économie et vouées à la recherche exclusive de « profits confortables[55] ».

Au plan idéologique, les propos des parlementaires socialistes révèlent une perception critique anticapitaliste d'inspiration marxiste : depuis la réforme de 1966, la banque a intégré le marché « renforçant et accentuant la logique de l'accumulation capitaliste[56] ». Jean-Paul Planchou, député PS, parle même d'un « Monopoly industriel » aboutissant à écarter l'intérêt collectif au profit de l'opportunité de faire des affaires. Son collègue du même parti Georges Le Baill a eu alors les mots suivants : « Tous les mauvais coups sont bons contre l'intérêt national... Où est le civisme dans cette affaire[57] ? » Se rencontrent là des perceptions stigmatisantes consistant à faire des riches, des gens privilégiant leurs intérêts propres et révélant en définitive un déficit de civisme[58].

Est flétrie encore une véritable logique de type capitaliste par le député du même bord Dominique Taddei : « Les banques privées sont obligées de rechercher la rentabilité immédiate. » Plus loin, est brandie leur « nature profonde[59] ». Il s'agit bien d'une stigmatisation des riches, ici des banquiers, dans la grande tradition de gauche :

> [...] une couche sociale minoritaire, sans pouvoir officiel, mais toute puissante... ceux-là mêmes que nous retrouvons aujourd'hui partout, menaçants, prêts à se dresser contre l'État et contre la volonté populaire[60]... (Bêche, Chambre Débats, 1981)

---

53 *Cf. supra*.

54 *J.O. Chambre, débats*, 15 octobre 1981, « première séance du 14 octobre 1981 », Déclaration du député communiste François Asensi, p. 1767.

55 *J.O. Chambre, débats*, 14 octobre 1981, *op. cit.*, Déclaration du député socialiste Jean-Paul Planchou, p. 1712.

56 *J.O. Chambre, débats*, 15 octobre 1981, *op. cit.*, Déclaration du député PS Jean-Paul Planchou, p. 1758.

57 *J.O. Chambre, débats*, 15 octobre 1981, « troisième séance du 14 octobre 1981 », Déclaration du député Georges Le Baill, p. 1811.

58 *Cf. supra*, chapitre III.

59 *J.O. Chambre, débats*, 15 octobre 1981, « première séance... *op. cit.* », Déclaration du député socialiste Dominique Taddei, p. 1771.

60 *J.O. Chambre, débats*, 15 octobre 1981, « deuxième séance du 14 octobre 1981 », Déclaration du député socialiste Guy Bêche, p. 1790.

Du côté communiste, la recherche effrénée des profits n'est pas moins critiquée : « Au nom du profit maximum, les banques… ont financé, et à quel prix, le redéploiement, la casse de secteurs entiers de production[61]. »

Les représentations de la droite se caractérisent par leur ambivalence et s'opposent radicalement à celles de la gauche. En premier lieu, elle fait l'apologie du droit de propriété, « central » selon elle. Elle reproche à la gauche de puiser son inspiration dans une mythologie des nationalisations[62]. Le communiste André Lajoinie a répondu en niant « une quelconque imagerie d'Épinal de la gauche[63] ». Reproche surprenant dans le contexte de l'époque, la critique socialiste des banques, selon le député UDF François d'Aubert, s'inspirerait de son enracinement religieux : « Vous reprenez une vieille idée du Moyen Âge "selon laquelle gagner de l'argent avec de l'argent" est un péché[64]. »

Référence est faite finalement à la doctrine sociale de l'Église. Dans l'objectif de critiquer l'accumulation, la plupart des papes du XXe siècle, après Benoît XV (pontificat de 1914 à 1922), sont cités encore par d'autres parlementaires du même bord. Le député UDF Emmanuel Hamel s'appuie encore sur Jean-Paul II (1920-2005) ayant déclaré inacceptable le droit exclusif de la propriété des moyens de production, présenté par le capitalisme en tant que « dogme intangible de la vie économique[65] ». Nonobstant, ce député modéré met un terme habile à son propos par une citation quasiment inverse du même Jean-Paul II : « ces réformes multiples et tant désirées ne peuvent être réalisées par l'élimination a priori de la propriété privée des moyens de production[66]. »

Une véritable violence verbale contre cette remise en cause socialiste de l'argent est développée en cours de discussion :

---

61 *J.O. Chambre, débats*, 15 octobre 1981, « première séance… *op. cit.* », Déclaration du député communiste François Asensi, p. 1766.

62 *J.O. Chambre, débats*, 15 octobre 1981, « première séance… *op. cit.* », Déclaration du député Émile Koehl, p. 1771 ; Voir aussi l'intervention de Jean Foyer : cf *supra* quatrième chapitre.

63 *J.O. Chambre, débats*, 15 octobre 1981, « deuxième séance… *op. cit.* », Déclaration du député communiste André Lajoinie, p. 1794.

64 *Ibid.*, Déclaration du député François d'Aubert, p. 1798.

65 *J.O. Chambre, débats*, 15 octobre 1981, « troisième séance… *op. cit.* », Déclaration du député Emmanuel Hamel, p. 1813.

66 *Ibid.*

> Vous accrochez l'étoile jaune sur les chefs d'entreprise en juillet ; vous l'agrafez maintenant sur les représentants de la profession bancaire[67]. (Noir, Chambre, débats, 1981)

Au cours du débat, la droite parlementaire, malgré les ambiguïtés notées, a fait de l'argent, sous la forme de la propriété, un principe de base de l'organisation sociale. La liberté même était en jeu[68]. Ces représentations à l'égard des banques ne doivent donc pas surprendre, ce qui explique le désaccord radical de la Haute Assemblée à majorité modérée sur le texte voté par la Chambre en décembre 1981. Les lois de nationalisations bancaires ont donc porté à leur paroxysme les fantasmes de peurs de l'argent, produits à gauche par des représentations très sombres.

LA STIGMATISATION DES BANQUES DANS LA CAMPAGNE PRÉSIDENTIELLE DE 2012 DE FRANÇOIS HOLLANDE (PS)

La critique du monde de l'argent, en une période de crise financière, a retenu une nouvelle fois l'attention, lors de la campagne électorale de 2012. Ainsi, dans le hall du Parc des Expositions du Bourget, en banlieue parisienne, en janvier 2012, le candidat socialiste François Hollande, né en 1954, avait choisi de donner un tour solennel à son discours critique de l'argent aux accents lyriques, recueillant tout au long force acclamations d'une foule enthousiaste. Un nombre signifiant de militants, peut-être 25 000 selon les sources du PS – d'autres diront 10 000 –, avait accouru.

Les puissances d'argent y ont été stigmatisées. Une critique de l'influence démesurée des grands groupes financiers, et au-delà de l'argent, est mise en avant dans sa campagne par le socialiste François Hollande, dans la filiation de son prédécesseur Mitterrand (1920-1996).

Analysant brièvement la crise de 2008 que la France et le monde occidental affrontent alors, François Hollande s'indigne contre le « système » en général et les nantis en particulier[69]. Dans la tradition de gauche, il reprend l'image de la finance anonyme « sans visage et sans nom » dont il fait son adversaire. (ovations) Son discours de Rouen de

67 *J.O. Chambre, débats*, 15 octobre 1981, « première séance… *op. cit.* », Déclaration du député RPR Michel Noir, p. 1761.

68 *J.O. Chambre, débats*, 15 octobre 1981, « troisième séance… *op. cit.* », Déclaration du député Pierre Bas, p. 1820.

69 *Discours de François Hollande au Bourget le 22 janvier 2012*, p. 4-9.

février 2012 villipende encore « La finance, ennemi sans visage ». « Un long combat, une dure épreuve » sont alors annoncés dans une perspective plutôt angoissante. La menace d'une véritable guerre, puisque Hollande fait allusion à des « armes », est même agitée[70] (ovations).

L'interdiction des « produits financiers toxiques », souvent stigmatisés à gauche, est proposée d'entrée (suppression des stocks-options tellement décriées, encadrement des bonus[71]...) (applaudissements). Par une allusion au large soutien des États lors de la crise de 2008, les banques, symbole de l'accumulation de l'argent, sont visées particulièrement : elles « mangent désormais la main qui les a nourries[72] » (applaudissements). La métaphore passe par la chair et le sang et amplifie d'autant les peurs.

La taxinomie, comme à l'accoutumée en matière de représentations, oppose dans ce discours le bon (crédit) au mauvais (la spéculation, notamment dans les paradis fiscaux) (ovations). Silence est fait curieusement sur certaines pratiques dans le domaine de la distribution du crédit. Le programme des 60 engagements du candidat, présenté à la suite, en avril 2012, reprend en les précisant les développements proposés au Bourget. La représentation stigmatisante et génératrice de peurs de la finance internationale est reprise dans le préambule :

> Il y a la finance, bien sûr, qui a pris le contrôle sur l'économie, la société et même nos vies[73]. (Programme de François Hollande, 2012)

La suppression des produits financiers, mentionnés au Bourget et permettant un enrichissement indu, est prévue : l'argent produisant de l'argent en-dehors de tout contrôle. C'est bien de morale qu'il s'agit là puisque la condamnable spéculation est déplorée. Les banques, particulièrement les plus grandes, sont en première ligne dans ces pratiques, notamment en matière d'évasion fiscale[74]. Dans la tradition française et dans une perspective de plus grande justice sociale, leurs profits sont perçus comme excessifs (plafonnement des tarifs bancaires).

70 *Ibid.*
71 Les bonus (primes) sont de grosses rémunérations attribuées par les banques aux traders (opérateurs de marché).
72 *Discours de François Hollande au Bourget...*, *op. cit.*, p. 4-9.
73 Élection présidentielle 22 avril 2012, *programme de François Hollande*, p. 2-42.
74 C.-E. Lucy, 2003, *op. cit.*, p. 144 et suiv.

Dans toute cette campagne présidentielle, les représentations stigmatisantes de l'argent sont présentes dans trois des dix affiches des candidats. Outre celle de Philippe Poutou (Nouveau Parti Anticapitaliste : NPA), l'affiche de la candidate de la Ligue Ouvrière Nathalie Arthaud vilipendait avec virulence l'argent : « … au lieu de gaspiller son argent pour aider les banquiers et les grands groupes, l'État doit créer des emplois… Les grands groupes capitalistes et les banquiers qui dirigent l'économie la conduisent à la catastrophe. Il faut mettre fin à leur dictature sur les entreprises. »

Le thème récurrent des représentations de la puissance de l'argent, à l'image de celles de la *City* de Londres ou de *Wall Street*, a été repris, dans l'affiche du candidat Jacques Cheminade, au nom du micro-parti, le « Mouvement Solidarité et Progrès » : « couper les banques en deux pour faire sauter le verrou financier comme à la Libération. »

Ces critiques « affichées » de l'argent étaient censées rencontrer l'adhésion populaire. La candidate du Front National, de son côté, a été jusqu'à faire usage de l'amalgame, souvent fait, à l'occasion d'une réunion électorale à Palavas-les-flots (Hérault) le 15 mars 2012 : « banquiers, fraudeurs : il faut sortir nos travailleurs et nos retraités de cet infernal étau. »

Cet hypercriticisme procède bien des représentations sombres et pérennes de l'argent au cours du xxe siècle. Ce défoulement stigmatisant s'enracinait à tel point dans l'histoire que, reprenant, en 2012, la suite romanesque des *Rois maudits* (1955-1977) de Maurice Druon, la revue *Banque* a agité l'antique malédiction du pouvoir politique contre le monde de l'argent : « Chaque règne, en ses moments difficiles, brandissait la même menace et raflait aux Lombards une part de leur fortune en les obligeant à racheter leur droit de séjour. Pour compenser la perte, les banquiers augmentaient pendant un an le taux d'usure[75]. »

75 « Présidentielle 2012 : les programmes des candidats », *revue-banque.fr*, 28 février 2012.

AUTRES PEURS DE L'ARGENT GÉNÉRÉES PAR L'ACTIVITÉ BANCAIRE

L'HOSTILITÉ AUX PRINCIPES DE BANQUE

La banque, en tant que telle, a été depuis toujours stigmatisée et même diabolisée. La critique religieuse ancienne du prêt d'argent en est peut-être à l'origine[76]. Une autre raison, pour l'homme ordinaire, tiendrait à la déconnexion de la richesse financière avec la richesse industrielle fondée sur le travail concret[77]. Enfin, la pratique du secret empêchant les banques d'exposer publiquement les problèmes, pourrait être à l'origine d'un certain désaveu[78].

En l'espèce, le prêteur Busch, mis en scène en 1891 dans *L'Argent* par Émile Zola, a permis d'illustrer cette hostilité au principe même de la banque. Il achetait à faible prix les créances les plus douteuses. Ce « chiffonnier de la dette » recherchait alors des débiteurs potentiellement solvables : « (il) dénudait les gens, pénétrait les secrets de famille, prenait note des parentés riches, des moyens d'existence… comme un chien quête le gibier[79]… »

Cette répulsion se retrouve dans le réel. Ainsi, au milieu des années 1950, quelques Caisses Rurales de Crédit de l'Ouest, autour de Nantes, et rassemblées dans une Association des Caisses de Crédit Mutuel Libres, bientôt intégrées dans le tout jeune réseau du Crédit Mutuel, refusent absolument d'être dénommées banques[80]. Apparues dès la fin du XIXe siècle et d'inspiration chrétienne, elles étaient attachées à leur caractère historique d'œuvre d'entraide[81]. En rapport, avec leurs seuls sociétaires, elles n'empruntaient que pour prêter des sommes modiques[82]. Voilà un exemple des peurs que la référence aux banques peut déclencher.

---

76 *Cf. infra.*

77 Matthew Lynn cité par T. Pech, *Le temps des riches. Anatomie d'une sécession*, Paris, 2011, p. 156.

78 P. Simonnot, 1979, *op. cit.*, p. 25-26.

79 É. Zola, *L'Argent*, 1891, cité par P. Simonnot, 1979, *op. cit.*, p. 243-244.

80 A. Gueslin, *Histoire des Crédits Agricoles*, Tome 1, « L'envol des Caisses mutuelles (1910-1960) », Paris, 1984, p. 863-943.

81 A. Gueslin, *Les origines du Crédit Agricole (1840-1914)*, 1978, *passim.*

82 A. Gueslin, Histoire des Crédits Agricoles, Tome 1, 1984, *op. cit.*, p. 917.

LA BANCARISATION À L'ORIGINE DE NOUVELLES PEURS

Depuis la seconde guerre mondiale, le métier de banquier ainsi que sa sphère d'intervention ont profondément évolué. Avec la bancarisation de la société française à savoir la large diffusion de la monnaie bancaire (chèques, cartes de crédit…) et, plus précisément avec l'endettement, le client, et il le craint d'autant, est devenu un capital devant rapporter[83]. De surcroît, les divers questionnaires bancaires, telle la technique du *scoring* recherchant la fiabilité dans des barèmes perçus comme arbitraires, déclenchent nombre de représentations stigmatisantes de l'intrusion bancaire dans la sphère du privé. Par ailleurs, les exclus bancaires, privés autoritairement de comptes, réagissent parfois violemment quand ils sont contraints d'utiliser des moyens archaïques de paiement leur retirant la souplesse du fonctionnement bancaire.

Nonobstant, la fidélité de la clientèle bancaire est bien connue : au seuil des années 1980, son taux pouvait être évalué à 80 %[84]. Tout cela témoigne encore de l'ambivalence de l'argent déjà analysée.

LES DÉRIVES BANCAIRES STIGMATISÉES

Les dérapages financiers de toutes sortes ont exacerbé la stigmatisation. Le métier de traders, opérateurs de marché, apparu après 1945, l'illustre. Leur réussite outrancière est attribuée couramment au système financier plutôt qu'à leur mérite personnel[85]. Ce métier, selon sa perception stigmatisante, provoquerait un rapport sauvage, voire addictif à l'argent[86]. Bref, cette fonction, faisant de l'argent la seule finalité de l'existence, fait sourdre de sombres représentations.

Les pratiques du *trading* ont entraîné une véritable bronca médiatique à l'occasion, en janvier 2008, de l'affaire Jérôme Kerviel, puis lors de ses développements judiciaires[87]. Le jeune trader concerné– il est âgé alors d'une trentaine d'années – était un employé de la Société Générale. À la suite de diverses manipulations financières, il est accusé d'avoir

83 D. de Blic, J. Lazarus, 2007, *op. cit.*, p. 67.

84 P. Simonnot, 1979, *op. cit.*, p. 176.

85 T. Pech, 2011, *op. cit.*, p. 112.

86 Michel Pinçon *in* M. Pinçon, M. Pinçon-Charlot, *L'argent sans foi ni loi*, Paris, 2012, p. 43.

87 Voir par exemple sur les ondes de la radio *France Info*, 19 mai 2014, 10h, les interventions de l'homme politique Éric Coquerel et du consultant Emmanuel Peyrat à propos de la spéculation financière.

provoqué de grosses pertes (plusieurs milliards d'euros) aux dépens de son employeur. Quand l'information est révélée, l'écho médiatique est considérable. Le métier, ainsi que le jeune trader font l'objet des représentations les plus sombres. Le jeune homme est accusé d'avoir trompé son employeur, la Société Générale, en spéculant sur des montants exorbitants d'argent. Par ailleurs, les gains personnels exceptionnels, qu'il en retire, ont choqué l'opinion. Inversement, la banque est exonérée de toute responsabilité. À la suite de l'argumentation du trader soutenant que ses pratiques étaient connues des responsables, la Société Générale et les autres grandes banques sont alors accusées d'agir en tant que puissances financières, voire d'encourager ou au moins de tolérer de tels comportements spéculatifs. Les représentations changent du tout au tout. La Société Générale qui était relativement plainte, est rangée dans la catégorie traditionnelle de la finance malodorante. L'image de marque des grandes banques, de la Générale en particulier, est ternie, d'autant que l'affaire s'avère relativement obscure.

Même si les dissimulations du trader ne font guère de doute car il a été condamné pénalement à une assez lourde peine de prison ferme (2010-2014), des sources bien informées semblent attester que la Société Générale savait. Cela suffit pour retourner l'opinion et les représentations font alors de Jérôme Kerviel une « victime » à forte audience médiatique.

De même, la traditionnelle rémanence de l'hostilité envers l'argent apparaît en pleine lumière, quand les stratégies financières paraissent entrer en contradiction avec le mouvement social. Un administrateur du journal de gauche *Libération*, se rapportant à la crise du quotidien, écrit en 2006 : « Le journal affichait une détestation ostentatoire de l'argent en général et des banquiers en particulier[88]. » L'institution bancaire était représentée en tant qu'ennemi du peuple. Elle faisait peur.

La spéculation est également diabolisée. À l'orée du deuxième millénaire marquée par l'affirmation du néolibéralisme, et en l'espèce de la dérégulation bancaire, par l'extension des pratiques d'évasion fiscale, les banques sont accusées de participer à ces activités frauduleuses. La BNP est présentée ainsi en tant que bouc émissaire par le journaliste Antoine Peillon : « la championne française du offshore[89]. »

---

88 B. Lallement, « Une complainte pour Libé », *Le Monde*, 4 juillet 2006, p. 17.

89 A. Peillon, *Ces 600 milliards qui manquent à la France. Enquête au cœur de l'évasion fiscale*, première édition 2012, Paris, 2013, p. 164.

DES IMAGES ASSEZ FUNESTES, PRODUITES PAR UNE CERTAINE PUBLICITÉ BANCAIRE

En 1972, une publicité a provoqué un tollé à une époque où la perception des banques reste en France largement négative : images froides de temples inabordables de l'argent animés par les banquiers, figures énigmatiques de « grand-prêtre[90]... ».

Une publicité concerne la BNP, présentée en tant que grande banque s'inscrivant dans l'histoire de France. Elle était le résultat de la fusion en 1966 de deux autres grandes banques nationalisées en 1945, la BNCI et le CNEP[91]. Elle s'affirma bientôt, en tant que première banque française de dépôts et sixième du monde. Son rayonnement et son prestige étaient à la mesure de sa puissance. Dans ce contexte, elle décide de lancer, comme l'on sait, une campagne publicitaire au début des années 1970. La France de cette époque était en pleine prospérité. L'argent circulait. Par cette publicité, il s'agissait de capter l'épargne nationale.

Elle fait appel alors à la grande agence de publicité Publicis. Le but est de la promouvoir et de lui donner une nouvelle jeunesse dans l'opinion. Pour éviter le discours du gentil banquier, le publiciste Daniel Robert propose alors une affiche représentant, dans sa moitié gauche, un personnage de buste, censé être Al Capone, vêtu de noir et aux dents apparentes. Côté droit de l'affiche, figure le slogan « pour parler franchement, votre argent m'intéresse ».

À sa réception, l'affiche n'a qu'un résultat mitigé. Sur le mode positif, mais sans fournir de résultats précis, l'agence Publicis se félicite officieusement d'un net supplément de notoriété[92], se traduisant par un mouvement d'ouverture de comptes à la BNP. Nonobstant, du côté du personnel et de l'opinion, les critiques ne manquèrent pas. De fait, la campagne tend à décapiter un tabou majeur, l'argent : la référence au célèbre bandit italien de Chicago, par l'esthétique même de la figuration, ne convient pas car elle renforce les représentations sombres des banques. En atteste le personnel de la Banque qui apprécie peu, semble-t-il, d'être incarné par un personnage révélant son avidité avec sa bouche grand ouverte, alors que la clientèle potentielle observe l'affiche avec

90 P. Simonnot, 1979, *op. cit.*, p. 172.

91 *Cf. supra.*

92 V. Richebois, « BNP : votre argent les intéresse », *Les Échos*, 2 août 2010, p. 8.

suspicion. Le slogan publicitaire quasi-agressif aurait pu laisser croire que les nouveaux placements bancaires profiteraient à la clientèle. Bien au contraire, celui-ci contribue à assimiler le banquier à un vampire.

La virulence des critiques surprend, mais « chaque fois que l'on heurte un tabou, on sait qu'une partie de l'opinion va râler. Ici, il y a eu moins de 20 % de mécontents, mais les gens qui l'étaient, l'étaient vraiment[93] ». Cette dernière réflexion révèle à la fois, la pérennisation de la stigmatisation de ces institutions et l'ambivalence de leurs représentations.

Dès l'année suivante en 1973, cette campagne publicitaire est abandonnée. En termes d'ouvertures de comptes, ses bénéfices n'ont pas compensé, probablement le déficit en termes d'image de marque. Elle concourre cependant à renforcer la désacralisation de l'argent !

Une autre campagne publicitaire de 1987 révéla la difficulté des banques à se mettre en scène. Elle a concerné la privatisation de la Compagnie financière de Suez. L'idée fut de faire de l'actrice Catherine Deneuve, une incitatrice à l'achat d'actions de la banque privatisée. Le message suivant a été diffusé alors : « Bientôt vous pourrez devenir actionnaire de Suez : Réfléchissez ! ». La campagne se clôtura avec le spot télévisé où l'actrice, en tailleur noir et au visage lumineux dans un décor dépouillé, déclare : « Chez Suez, ce sont des stratèges de l'argent : Réfléchissez ! » Cette dernière occurrence verbale y a été préférée à « acheter », dans le dessein d'enrayer la diabolisation traditionnelle.

L'opération publicitaire est d'abord un succès. Pourtant, à la suite du krach boursier du 19 octobre 1987 ayant entraîné une décote de 17 % du titre le premier jour de sa cotation, des représentations négatives de tout cela se déchaînent alors : la « retape » de Catherine Deneuve est caricaturée. La campagne, à peine terminée, s'avère donc un échec. Le résultat révèle en définitive, la précarité de l'image de l'argent[94].

Dans l'opinion populaire est bien connu le proverbe « La banque ne prête qu'aux riches ». Il reflète une réalité étudiée de près, jadis[95]. De surcroît, les *lobbies* financiers dont l'action principale consiste à tenter d'échapper aux réglementations, sont désormais villipendés. Plus que jamais, la banque reste stigmatisée.

---

93 Claude Marcus, directeur général de Publicis Conseil, cité par Les Échos, *Stratégies*, 1998.

94 C. Gatinois, « Catherine Deneuve aurait dû réfléchir », *Le Monde*, 23 juillet 2014, p. 22.

95 A. Gueslin, *Les origines…*, 1978, *op. cit.*, passim.

ESSAI D'ANALYSE : AUX SOURCES PROFONDES DES REPRÉSENTATIONS BANCAIRES

LE PRÊT D'ARGENT DANS LE LIVRE

Comment comprendre cette hostilité envers la banque ? Il faut se référer à des facteurs infrathéologiques, dans une France où la pratique religieuse est désormais en forte régression. Si le christianisme s'en est pris, dès l'origine, au prêt à intérêt, il avait été condamné plus de trois siècles auparavant par Aristote qui en faisait « une grossesse monstrueuse[96] ».

Dans la théologie aux origines du christianisme, toute relation sociale doit être désintéressée ou conçue dans un cadre charitable[97]. Parmi ces facteurs, est utile aussi, de prendre en compte la vieille condamnation d'essence chrétienne du prêt, autrement traduite par le vocable historique d'usure. Percevoir un intérêt sur le prêt d'argent à terme, c'est vendre le temps et, celui-ci n'appartient qu'à Dieu.

Avec l'avènement du christianisme, l'argent revêtit une signification particulière. La Bible, valorisant le travail par-dessus tout, ne proscrit pas la possession de l'argent. Nonobstant, elle est très claire quant à sa condamnation du prêt, correspondant à un revenu sans travail. En atteste l'Ancien Testament, probablement à l'origine de l'interdiction hébraïque du prêt à intérêt. En l'espèce, il est très explicite dans deux de ses versets successifs :

> Tu n'exigeras de ton frère aucun intérêt ni pour argent, ni pour vivres, ni pour rien de ce qui se prête à intérêt. Tu pourras tirer un intérêt de l'étranger, mais tu n'en tireras point de ton frère[98]… (Deutéronome, 23, 19-20)

En conséquence, le prêt à intérêt n'était permis par la loi hébraïque qu'à l'égard d'étrangers. La Loi interdisait formellement, que l'Hébreu, prêtant à un autre Hébreu, se fasse payer un intérêt. Pourtant, cette prescription de la loi mosaïque ne correspondrait qu'à une simple recommandation

96 Cité par P. Bruckner, *La sagesse de l'argent*, Paris, 2016, p. 26..

97 D. de Blic, J. Lazarus, 2007, *op. cit.*, p. 13.

98 *Bible*, « Ancien Testament », traduction André Segond, « Deutéronome », 23, 19 et 20.

de prêt gratuit. Cependant, cette disposition est de plus en plus formelle avec le développement de la société hébraïque.

Aristote a condamné ultérieurement dans sa philosophie le prêt à intérêt : « L'argent ne devrait servir qu'à l'échange ». La monnaie, stérile par nature, ne serait qu'un signe de valeur, et non une marchandise. Il serait « contre-nature », que l'argent engendre l'argent (Simmel citant Aristote)[99]. Ces considérations aristotéliciennes ont été rappelées par les Pères de l'Église.

Le christianisme imposa cette interdiction, d'une façon assez rigide. Il puisait son inspiration d'abord dans le Livre, non seulement dans l'Ancien Testament, tant dans le Deutéronome que dans le Psalmiste : « … il n'exige point d'intérêt de son argent[100]… . » C'est surtout dans le Nouveau testament et, en l'espèce dans l'Évangile des Béatitudes, qu'il a trouvé une justification :

> Aimez vos ennemis, faites du bien et prêtez sans rien espérer[101]. (Luc, 6, 35)

Thomas, cité par Max Weber, a qualifié de *turpitudo* la recherche du profit. La doctrine dominante alors dans l'Église rejetait « l'esprit du gain capitaliste » pour la même raison[102].

Ainsi, c'est dans la parole de Jésus-Christ, qu'est puisée la prohibition historique du prêt à intérêt. Cette dernière introduisait d'ailleurs aux Béatitudes et était fondée sur la vertu théologale de la charité. Les Pères de l'Église, de même que les conciles successifs, ont pris en compte ce commandement biblique. En un temps où la religion chrétienne imprégnait la législation civile, le prêt à intérêt fut proscrit dès l'époque carolingienne, en 789 par un capitulaire d'Aix-la-Chapelle.

Les interdits de l'Église ont scandé les périodes médiévale et moderne jusqu'à la fin du XVIIIe siècle. Le fameux évêque d'Hippone, Augustin a diabolisé l'usure en tant que « fornication spirituelle[103] ». Le pape Benoît XIV (1675-1758) a déclaré ainsi, « c'est un meurtre ». Cette condamnation, visant les seuls usuriers manifestes[104], se traduisit par

99 G. Simmel, *Philosophie de l'argent*, première édition allemande 1900, Paris, 2009, p. 182.

100 *Bible*, « Ancien Testament », traduction André Segond, « Psaumes », psaume 15.

101 *Bible*, « Nouveau Testament », traduction André Segond, « Evangile de Luc », 6, 35.

102 M. Weber, *L'éthique protestante et l'esprit du capitalisme*, première édition 1901, réédition Gallimard, Paris, 2003, p. 57-58.

103 Augustin, évêque d'Hippone cité par P. Bruckner, 2016, *op. cit.*, p. 26.

104 S. Piron, « prêts charitables et opérations capitalistes dans l'éthique franciscaine des contrats monétaires » *in* L. Fontaine, G. Postel-Vinay, J.-L. Rosenthal, P. Servais (*dir.*),

l'excommunication des prêteurs d'origine chrétienne et, même par l'interdiction de leur sépulture en terre consacrée. L'enseignement de l'Église a donc proscrit l'utilisation erronée de l'argent, fondée sur l'idée que l'argent pouvait produire de l'argent. Par conséquent, les métiers de l'argent et, en pratique son commerce, furent très tôt réprouvés.

La conception du métier, en tant que « profession-vocation », au sens weberien, heurtait le sentiment moral d'époques entières. « *Deo placere, vix potest* » (elle peut difficilement plaire à Dieu) : voici la formule consacrée désignant l'activité du marchand[105]. Le travail des hommes d'affaires, a fait remarquer Max Weber, était donc suspect[106]. L'usure à savoir le fait de prêter à intérêt et, par conséquent, le fait de s'enrichir, donc l'action de s'enrichir sans travailler soi-même, était interdite *de facto* aux Chrétiens de l'époque médiévale. Cette interdiction fut vite, inscrite dans le Droit Canon.

La société ne niait pas sa nécessité, mais elle trouvait pratique de le réserver aux mécréants, en particulier aux Juifs. Tout au long de l'histoire, la stigmatisation du financier israélite fut à l'origine d'un antisémitisme économique.

Ce dernier interdit religieux a connu cependant maints aménagements, notamment avec l'épanouissement du capitalisme et de l'activité marchande. Max Weber a montré d'une façon limpide cette évolution[107]. L'Église quant à elle, quoique longtemps méfiante envers les marchands, a reconnu au fil du temps leur contribution au « bien commun[108] ». La dimension temporelle du prêt a fini par justifier l'intérêt[109]. L'interdiction ecclésiastique est tombée alors, progressivement en désuétude.

La législation civile française enregistra alors ce déclin. Finalement, l'institution ecclésiastique elle-même a recouru au prêt à intérêt. Des rémanences subsistèrent pourtant au XIXe siècle et ont alimenté alors l'approche mythique de l'argent. Nonobstant, l'idée que l'argent ne

Des personnes aux institutions. Réseaux et cultures du crédit du XVIe au XXe siècle, Louvain, 1997, p. 13.

105 M. Weber, *L'éthique protestante…*, 2003, *op. cit.*, p. 54.

106 *Ibid.*, p. 58.

107 *Ibid.*, *passim.*

108 S. Piron, « prêts charitables… », 1997, *op. cit.*, p. 12.

109 Voir ce qu'en dit T. Van Houd, « Vers une histoire intellectuelle du crédit aux temps modernes : La table de prêt, la bourse et la banque dans la pensée économique de Léonard Lessius (1554-1623) » *in* L. Fontaine, G. Postel-Vinay, J.-L. Rosenthal, P. Servais (*dir.*), 1997, *op. cit.*, p. 53.

doit pas produire de l'argent restait ancrée dans les milieux chrétiens les plus conservateurs au plan doctrinal, comme cela a été vu.

La stigmatisation de l'usure fut illustrée dans la plus belle tradition romanesque. Le personnage de Rigou, ignoble figure de l'usurier des campagnes du XIXe siècle, a été campé par Balzac (1799-1850) dans *Les paysans* (1844-1855).

L'opposition traditionnelle de l'Église au prêt d'argent fut solennellement réanimée, en 2014, par le pape François sous la forme d'une condamnation. Certes, il existait auparavant, dans certains pays, telle l'Italie, des conseils contre l'usure dont la portée médiatique était limitée. Cette condamnation solennelle intervint le 29 janvier 2014, dans le cadre d'une audience générale au Vatican. « Cette "plaie sociale" blesse la dignité inviolable des personnes[110] », a déclaré le pape François.

L'ANALYSE D'ESSENCE MARXIENNE DU MÉTIER DE BANQUIER

Dans le monde capitaliste, décrit par Marx, le nombre de banquiers tendait à augmenter au fur et à mesure que le pays s'enrichissait : « La classe des capitalistes financiers, écrit Marx, se développe parallèlement à l'accroissement de la richesse matérielle[111]. » De là, à penser qu'ils étaient alors en quantité superfétatoire, il n'y avait qu'un pas. Les banquiers sont qualifiés « d'ânes[112] » et « d'aristocrates de fumier[113] ». Marx fait même allusion à leurs « fantaisies prétentieuses[114] ». Il stigmatise, avec férocité, « cette engeance de spéculateurs[115] ». Il en fait des « escrocs[116] », voire des « bandits[117] ».

Dans ses écrits, ceux-ci ont fait l'objet de critiques virulentes. Marx les présentait en tant qu'êtres cupides, voire malhonnêtes : il vitupérait ainsi contre la « malhonnêteté » d'un Lord banquier « borné » de

110 « Le Pape François dénonce la "plaie sociale" de l'usure », « La voix du Pape et de l'Église en dialogue avec le monde », *radiovaticana.va*, 29 janvier 2014.

111 K. Marx, « Livre troisième édité par F. Engels, Le procès d'ensemble de la production capitaliste », *Le Capital*, tome 7, première édition 1894, Paris, 1974, p. 171.

112 *Ibid.*, p. 212.

113 R. Higonnet, « Karl Marx et la spéculation bancaire » *in Études de marxologie*, octobre 1959, numérisé sur le site collectif-smolny.org.

114 K. Marx, « Livre troisième… », *Le Capital*, 1974, *op. cit.*, p. 84.

115 *Ibid.*, p. 172.

116 *Ibid.*, p. 107.

117 *Ibid.*, p. 206.

surcroît[118]. Bref, en prélevant des profits, le banquier s'approprierait le travail d'autrui : « … le profit des banquiers n'est qu'une retenue sur la plus-value[119]… » Le grand philosophe a remarqué, par ailleurs, que les crédits bancaires à l'économie pouvaient alimenter toute une série d'opérations spéculatives et douteuses :

> […] développer le moteur de la production capitaliste, c'est-à-dire l'enrichissement, par exploitation du travail d'autrui pour en faire le système le plus pur et le plus monstrueux de spéculation et de jeu[120]… (Marx, Engels, 1894)

Ce sont les garanties apportées par le débiteur qui comptent selon lui !

Karl Marx a soutenu alors, que les financiers étaient à l'origine des crises dont ils savaient tirer parti[121] : « … le système de crédit peut faire figure de levier principal de la surproduction et de la surspéculation[122]… » Citant l'économiste de banque, Tooke, il écrit : « … le financier exploite les périodes de crise[123]. » Marx s'est attaché à démontrer que les banques au fur et à mesure de leur concentration en « grandes banques », ont tendu à rassembler l'essentiel du capital-argent. Dans sa typologie des classes, présentée dans *Le Capital*, il fait de la bourgeoisie financière d'alors, l'emblème de la grande bourgeoisie.

De là à stigmatiser la banque en tant que telle, il n'y avait qu'un pas pour les Marxistes. De la coupe aux lèvres, la distance était faible. Dans l'ouvrage, *Le capital financier* de 1912, se retrouve ainsi chez l'Allemand Hilferding (1877-1941), la critique de la banque et du capital financier.

Les fantasmes de peurs, concernant les banques, procèdent tous de la démesure de l'argent au sein de ces institutions. La puissance et la domination en résultant, de même que la surabondance et les dérives qui s'en suivent entretiennent la stigmatisation de ce monde tant dans les représentations littéraires et cinématographiques que dans l'opinion.

118 *Ibid.*, p. 90.

119 K. Marx, « Livre troisième, Le procès d'ensemble de la production capitaliste », *Le Capital*, tome 6, première édition 1894, 1974, p. 330.

120 K. Marx, « Livre troisième… », *Le Capital*, tome 7, 1974, *op. cit.*, p. 107.

121 R. Higonnet, *op. cit.*, *passim*.

122 K. Marx, « Livre troisième… », *Le Capital*, tome 7, 1974, *op. cit.*, p. 106.

123 *Ibid.*, p. 83.

Cependant l'analyse révèle que, fréquemment en matière doctrinale, il est reproché au prêt à intérêt d'aboutir à la production d'argent par de l'argent. Cette critique imprègne la société française, vantant le mérite en tant que référence vertueuse : en l'occurrence, l'argent serait légitimé par l'effort produit pour le gagner à savoir par le travail. Ce dernier aspect se rencontre encore, ainsi que le chapitre qui suit le montre, dans l'argent du non-travail, au sens physique du mot, perçu comme mauvais.

L'ARGENT DU NON-TRAVAIL

Un argent perçu comme mauvais

Dans la civilisation judéo-chrétienne, l'argent est par excellence la contrepartie du travail. Il revêt une dimension essentielle dans la Bible. Le Psaume 128 de l'Ancien Testament l'envisage ainsi : « … Tu jouis alors du travail de tes mains, tu es heureux, tu prospères[1]. » Le Nouveau Testament donne la parole sur le même thème à l'apôtre Paul : « Si quelqu'un ne veut pas travailler, qu'il ne mange pas non plus[2]. » Les Écritures sont donc émaillées de références au labeur et à son fruit.

Comme l'a bien montré le Max Weber de l'*Éthique* (1905), le protestantisme s'est emparé de la valeur Travail. Côté catholique, le pape François rappelait en novembre 2013 la fonction du travail : « …nous renions notre histoire d'Église … en tant qu'elle est histoire de sacrifices…, de constance dans le travail pénible, par ce que tout travail est accompli à la "sueur de notre front"… (Le Sauveur) a travaillé de ses mains pour gagner son pain[3]. » Dans cette proclamation pontificale, se retrouvent les mots de la Genèse : « C'est à la sueur de ton visage que tu mangeras du pain[4]… »

Les prescriptions religieuses concernant le labeur impriment leur marque sur le mode infrathéologique dans une société en voie de déchristianisation. La dernière mention biblique est d'ailleurs passée dans le langage populaire sous la forme : « gagner son pain à la sueur de son front ». Le principe du gain, obtenu par le hasard, irrite même le père d'un gagnant au Loto selon lequel, dans la famille, l'argent doit être

---

1 « Psaume 128, 2 », Ancien Testament *in La Bible*, traduction de Louis Segond, première édition 1910, Genève, La maison de La Bible, 1966, p. 475.

2 « Seconde épître de Paul aux Thessaloniciens », 3, 10, Nouveau Testament *in La Bible*, *op. cit.*, p. 174.

3 *Evangelii Gaudium*, Exhortation apostolique du pape François, 26 novembre 2013, p. 58, 113, 116.

4 « Genèse, 3, 19 », Ancien Testament *in La Bible*, *op. cit.*, p. 3.

gagné à la sueur de son front[5]. Dès ses origines, le capitalisme a fait du travail le fondement essentiel de l'accumulation. Nonobstant, les socialismes ont accrédité cette conception dans son essence. Une certaine unanimité apparaît par conséquent au plan culturel dans la justification de l'argent produit par le labeur.

L'argent sans travail, en tant que fil conducteur du présent développement, ne rencontre donc qu'une très relative acceptation dans la société française, même s'il est loin d'être considéré comme « sale » au sens métaphorique du mot.

Historiquement, les jeux d'argent ont été stigmatisés pour cette raison. En 1885, des ouvriers ayant gagné à la loterie ont été fustigés par Émile Zola dans l'un de ses romans :

> [...] c'est votre idée, à vous tous, les ouvriers français, déterrer un trésor, pour le manger seul ensuite, dans un coin d'égoïsme et de fainéantise... Jamais vous ne serez digne du bonheur tant que vous aurez quelque chose à vous, et que votre haine des bourgeois viendra uniquement de votre besoin enragé d'être des bourgeois à leur place[6]. (Zola, *Germinal, 1885*)

L'invention en 1988 en France d'un revenu sans travail, le Revenu Minimum d'Insertion (RMI) révèle bien des tâtonnements. Bien que mesure devant permettre aux individus de survivre, les débats parlementaires, ainsi que ce développement le montre, ont révélé l'ambivalence du personnel parlementaire sur la question d'un argent sans labeur préalable.

HEURS ET MALHEURS DES JEUX D'ARGENT

« ...Le jeu d'argent existe depuis toujours et continue à fasciner les hommes[7]. » Pour autant, il est souvent perçu de façon duale avec un envers sombre. Une explication de nature infrathéologique, et résistant bien, est

5 Cité par M. Pinçon, M. Pinçon-Charlot, *Les millionnaires de la chance. Rêve et réalité*, première édition 2010, Paris, 2012, p. 153.

6 É. Zola, *Germinal*, première édition 1885, cité par M. Pinçon, M. Pinçon-Charlot, *Les millionnaires...*, 2012, *op. cit.*, p. 178.

7 T. Gallois, *Psychologie de l'argent*, première édition 2005, Paris, 2011, p. 137.

rencontrée dans les Écritures où est décrit le jeu aux dés de la tunique du Christ : « Les soldats, après avoir crucifié Jésus, prirent... aussi sa tunique, qui était sans couture... Ils dirent entre eux : Ne la déchirons pas, mais tirons au sort à qui elle sera[8]. » Les jeux de hasard paraissent tellement néfastes que le pape François s'est attaché à les condamner en 2016. Dès le mois de janvier de cette même année, il en fait une « plaie sociale diffuse[9] ».

Depuis la libéralisation des jeux d'argent en Italie en 2011, les cas de joueurs devenus accros y avaient explosé. L'initiative d'un mouvement engagé contre l'addiction aux jeux de hasard reçut, au début de mai 2016, le soutien du diocèse de Rome, celui du pape François et du cardinal Vicaire du Pape Agostino Vallini[10]. Il est donc évident que les réactions des plus hautes autorités ecclésiastiques ont stimulé, de toutes parts, les stigmatisations contre les jeux de hasard.

DES REPRÉSENTATIONS SOUVENT NÉGATIVES

Des représentations en demi-teinte au cinéma

Le cinéma avait donné ses lettres de noblesse en quelque sorte aux jeux de hasard. Ainsi, *Le Million* de 1931, chef-d'œuvre de René Clair (1898-1981) a une dimension de comédie autour du gain à la loterie, obtenu par un artiste-peintre déchu. Acculé par ses créanciers, vivant dans un logis misérable, ce dernier achète un billet de loterie qui prend un caractère magique. Le film s'attache au voyage impromptu, sur le mode comique, de ce billet égaré. Il traite du pouvoir potentiellement salvateur des jeux d'argent, selon la croyance populaire. Une dimension optimiste s'en dégage ainsi.

À l'inverse, un long-métrage, postérieur à 1945, se révèle un chef d'œuvre en dépit d'un accueil initial défavorable. C'est en 1963 qu'est mis en scène dans *La baie des Anges* par le cinéaste Jacques Demy (1931-1990), le futur réalisateur des célèbres *Parapluies de Cherbourg* (1964), un espace emblématique voué aux jeux de hasard, la ville de Nice, ainsi qu'en témoignent ses célèbres casinos.

---

8 « Évangile de Jean », 19, 23-24, Nouveau Testament *in La Bible*, *op. cit.*, p. 94.

9 « Le pape qualifie de "plaies sociales" diffuses l'usure et les jeux de hasard », *la-croix.com*, 12 janvier 2016.

10 « L'Église soutient une initiative contre l'addiction aux jeux de hasard », *fr.radiovaticane.va*, 6 mai 2016.

C'est l'histoire d'un employé de banque découvrant les jeux d'argent. Le contraste est saisissant entre d'une part, la banque rassemblant principalement de l'argent produit par le labeur et d'autre part, de « l'argent facile » gagné par le jeu. Parti à Nice pour jouer, le héros mène parallèlement une histoire d'amour, tout en cultivant sa passion du jeu. Il s'attache à une jeune femme (Jeanne Moreau), en blond platine et dépendant du jeu au point de ne pouvoir s'en défaire.

Nonobstant, par une sorte de morale, l'amour finira par l'emporter sur l'addiction au jeu et il sauvera le couple. Le jeu d'argent figure dans ce film en tant que passion perverse, véritable vice. Il s'inscrit dans une démarche d'argent obtenu par des moyens peu nobles. Une telle œuvre cinématographique est une critique acerbe de l'addiction au jeu et elle renvoie à la stigmatisation courante de l'argent trop facilement gagné. Le film fut pourtant délaissé à l'époque par le public, fantasmant davantage peut-être sur le caractère magique du jeu, à l'opposé de la dimension tragique de l'œuvre.

Une perception relativement sombre de la littérature

Le roman présente d'abord le jeu de hasard en tant qu'élément influençant le corps social en profondeur. Un véritable brassage de la société française s'opèrerait à travers le PMU, sous la plume d'Alphonse Boudard (1925-2000) dans *Mourir d'enfance* (1995). Son propos est particulièrement évocateur : « Il est vrai qu'au PMU toute la société se retrouve, des plus riches aux plus pauvres… bourgeois, ouvriers, vagabonds, femmes du monde, homosexuels… Arabes, chinetoques ou auvergnes[11]… »

Le jeu de hasard est un authentique fait de culture nationale selon le romancier Robert Sabatier (1923-2012) dans *Les fillettes chantantes* de 1980 : « … la France pouvait danser la Java et le *lambeth walk*, jouer au PMU et déguster la meilleure cuisine et les meilleurs vins du monde[12]. »

Au-delà de la vision ordinaire et quasi-romantique, se profile le spectacle de toutes les pathologies du jeu. La déchéance, d'abord. Elle résulte des pertes au jeu. Au départ, elles correspondent à de petites pertes presque naturelles, ainsi que les décrit Marie Depussé, née en 1935,

11 A. Boudard, *Mourir d'enfance*, 1995, p. 234, cité dans la base Frantext.

12 R. Sabatier, *Les fillettes chantantes*, 1980, p. 261, cité dans la base Frantext.

dans son récit *Les morts ne savent rien* (2006) : « Elle parlait des premiers temps de leur mariage, de leur amour, à Paris, quand ils allaient jouer aux courses et qu'ils revenaient à pied, contents et sans un sou[13]… »

L'engrenage de l'altération des conditions de vie est davantage représenté en littérature. Il est initié, dans un premier temps, par le déséquilibre budgétaire résultant du jeu, ainsi que le conte le romancier et scénariste Richard Morgiève, né en 1950 :

> Malheureusement, il en dépense plus qu'il n'en gagne et Geneviève ne l'aide pas à faire des économies. Ils aiment jouer tous les deux et ils jouent à tout, à la loterie, aux courses, aux cartes[14]. (Morgiève, *Un petit homme de dos*, 1988)

Les courses sont associées par Albert Simonin (1905-1980) dans son autobiographie de 1977 à « l'hémorragie de monnaie » au sein de sa famille[15].

La ruine est fréquemment proche, ainsi que le raconte Michel Leiris (1901-1990) dans son autobiographie :

> […] à moins qu'ils ne fussent simplement réduits à la mendicité, tel cet ancien collègue de mon père qui, après avoir eu « chevaux et voitures », avait perdu en jouant aux courses tout ce qu'il possédait[16]… (Leiris, *Règle du jeu*, 1948)

La mise en scène du jeu et de ses conséquences directes procède, le plus souvent dans la littérature, d'une description à leur désavantage des joueurs et de leurs traits de comportement. L'appât du gain, trait de caractère plutôt vil, est censé les motiver. « …avec la même fiévreuse impatience que l'obsédé de Baccara court au casino[17] », imagine Geneviève Dormann (1933-2015) dans son roman *La petite main* de 1993. La représentation du jeu prend des allures quasi-pathologiques dans le roman autobiographique *Une mère russe* (1978) du poète Alain Bosquet (1919-1998) : « … une sorte d'habitude comme le poker, les courses de chevaux ou le bakchich ; on peut en guérir, mais l'effort est coûteux et les lésions laissent quelques stigmates[18]. »

13 M. Depussé, *Les morts ne savent rien*, 2006, p. 67, cité dans la base Frantext.
14 R. Morgiève, *Un petit homme de dos*, 1988, p. 209, cité dans la base Frantext.
15 A. Simonin, *Confessions d'un enfant de La Chapelle*, 1977, p. 106, cité dans la base Frantext.
16 M. Leiris, *La Règle du jeu*, 1948, p. 199, cité dans la base Frantext.
17 G. Dormann, *La petite main*, 1993, p. 56, cité dans la base Frantext.
18 A. Bosquet, *Une mère russe*, 1978, p. 213, cité dans la base Frantext.

Dans les représentations, le jeu va de pair avec une véritable dissolution des mœurs sous la forme de l'ivrognerie. *La Règle du jeu* (1976) de Michel Leiris[19] ou *Andrélie* (2005) de Roger Grenier[20], né en 1919, le confirment. Une bonne illustration se rencontre dans le *Fatou Cissé* de 1954 de Maurice Genevoix (1890-1980) : « …ce fils trop distrait qui pensait à des beuveries, des jeux d'argent où couvent toutes les violences[21]… »

Quelques mises en scène exhalent même le mépris de leurs auteurs. Une « nouvelle » noblesse, la « noblesse de casino[22] », est représentée par Louis Aragon (1897-1982). La bêtise présumée de tous ces joueurs est stigmatisée par le romancier, prix Nobel 1985, Claude Simon (1913-2005) dans *La Route des Flandres* (1960) : « …on n'a jamais vu un type qui joue aux courses, penser qu'il a simplement paumé son fric par manque de pot ou parce qu'il a choisi un toquard au lieu de croire qu'on le lui a volé dans une combine[23]… » Cependant, le mépris le plus éclatant est rencontré certainement dans *Texaco*, prix Goncourt 1992, de Patrick Chamoiseau, né en 1953 : « Annette … épousa un inutile …, un chien de casino qui dissipait sa vie au brasier des double-six[24]… »

Toutes ces images littéraires stigmatisantes aboutissent à faire des joueurs des damnés et à diaboliser le jeu au-delà de son apparente dimension heureuse. La sentence de Raymond Queneau (1903-1976) résume tout cela en quelques mots : « Les salauds ! I-z-ont gagné à la loterie[25]. »

LES AMBIGUÏTÉS DE LA SOCIÉTÉ FRANÇAISE

Au sein de la société contemporaine, les jeux d'argent se sont multipliés, témoignant ainsi de l'intérêt de la population pour ceux-ci : oubli des tracas et des contraintes de la vie, recherche de sensations fortes[26]… Le climat de détente, ainsi que le désir sensible de récréation, ont été fréquemment constatés dans les bureaux du Loto. L'ambiance des casinos avec leurs jeux de roulette ou de baccara secrète la griserie[27].

19 M. Leiris, *La Règle du jeu*, 1976, p. 294, cité dans la base Frantext.
20 R. Grenier, *Andrélie*, 2005, p. 40, cité dans la base Frantext.
21 M. Genevoix, *Fatou Cissé*, 1954, p. 163, cité dans la base Frantext.
22 L. Aragon, *Les voyageurs de l'impériale*, 1947, p. 99, cité dans la base Frantext.
23 C. Simon, *La Route des Flandres*, 1960, p. 135, cité dans la base Frantext.
24 P. Chamoiseau, *Texaco*, 1992, p. 26, cité dans la base Frantext.
25 R. Queneau, *Le dimanche de la vie*, 1951, p. 139, cité dans la base Frantext.
26 T. Gallois, 2011, *op. cit.*, p. 137 et 142.
27 *Ibid.*, p. 137.

Le PMU, créé en 1930 et regroupant plus de 70 sociétés de courses, ainsi que la Loterie nationale fondée en 1933 dans le but de venir en aide aux invalides de guerre, ont obtenu un tel succès financier qu'ils ont provoqué l'émergence de nouveaux jeux, tels les machines à sous, le Loto et ses déclinaisons comme le rapido ou l'amigo, les innombrables paris sportifs et autres jeux en ligne sur Internet… Bref, l'attrait de l'opinion pour un argent facilement gagné, voire faisant naître la richesse, ne doit pas être celé.

À l'inverse, le jeu a été fréquemment perçu en tant que facteur de débauche. Les Français se représentent les casinos en tant qu'affaires louches. Ces établissements sont soupçonnés de blanchir un argent gris, sinon sale[28]. L'ambivalence contemporaine du Loto est rejetée par les non-joueurs lui reprochant d'être par son caractère public « un impôt de plus sur les revenus des pauvres[29] ». Il est blâmé enfin pour être un revenu sans effort.

Nonobstant, le fantasme d'un gros gain providentiel court dans la totalité de la société française, particulièrement dans les milieux populaires connaissant la difficulté de gagner un argent suffisant par le labeur. Les médias ont vite fait de s'en emparer et d'en faire état tel *Le Journal du Dimanche* du 18 septembre 2005 : « Il était une fois, à Franconville, une famille pauvre et frappée par le sort qui se retrouve assise sur un tas d'or[30]. » Un paradoxe est que ces milieux critiquent souvent en cela la société de consommation ainsi que le fait que le Loto n'implique pas de mérites propres, mais dès qu'ils ont joué et gagné, ils s'empressent d'acquérir ce à quoi ils ont tant rêvé, voiture, maison, piscine, voyages[31]. Tous ces biens visibles et facilement acquis déclenchent la stigmatisation des gagnants au jeu.

Sur le versant négatif, les perceptions des Français en matière de gains au jeu méritent que l'on s'y attarde car le gros gain modifierait le « regard du monde », ainsi que le soulignent les sociologues Michel et Monique Pinçon. Les mêmes remarquent subtilement que l'héritage légitime assez facilement la fortune alors que le gain au jeu est davantage

28 C.-E. Lucy, *L'odeur de l'argent sale. Dans les coulisses de la criminalité financière*, Paris, 2003, p. 13.

29 M. Pinçon, M. Pinçon-Charlot, *Les millionnaires…*, 2012, *op. cit.*, p. 201.

30 *Le Journal du Dimanche*, 18 septembre 2005, cité par M. Pinçon, M. Pinçon-Charlot, *Les millionnaires…*, 2012, *op. cit.*, p. 241-242.

31 M. Pinçon, M. Pinçon-Charlot, *Les millionnaires…*, 2012, *op. cit.*, p. 59.

problématique[32]. Dans les milieux de la richesse traditionnelle, « la soudaineté de la fortune met à nu le pouvoir de l'argent que le travail symbolique de la vieille richesse tente d'oblitérer[33]... ».

Le regard des semblables participerait à une reconstruction, sous les traits de la richesse, du gagnant pauvre ou issu des classes populaires, comme cela est fréquent. Ainsi que l'écrit le psychologue Thierry Gallois, « On vous voit maintenant au travers du filtre de l'argent[34] ». Les deux sociologues précédemment cités observent « qu'en continuant de vivre comme si de rien n'était, on évite les remarques et les envies des autres... ». Et ils font référence à une gagnante que certaines connaissances saluaient par un « bonjour madame la marquise[35] ». De surcroît, les gagnants envisageant à l'accoutumée de ne plus travailler[36], le mépris se répand dans leur environnement. Par ailleurs, les Français n'aiment pas d'ordinaire les chanceux. Par conséquent, l'argent qui découle du jeu est mal perçu. Tout en étant dénués de la désignation « d'argent sale », attribuée à un argent obtenu de façon illicite, les jeux de hasard sont clairement mal perçus.

Une différence avérée entre les gains du jeu et ceux du labeur salarié peut être établie[37]. Les gagnants au jeu déclenchent souvent la jalousie de leurs voisins et de leurs proches en général. Un couple de gagnants s'en explique ainsi : « ça s'est très mal passé dans nos deux familles. Ils sont totalement jaloux[38]. » L'observation de Monique Pinçon-Charlot le confirme :

> [...] les grands gagnants du Loto, d'origine modeste, (qui) rencontrent parfois des difficultés liées au fait qu'on accepte les *success stories* des princes et des princesses, mais pas quand c'est votre voisine qui devient millionnaire grâce au pur hasard[39]. (Monique Pinçon-Charlot *in L'argent sans foi ni loi*, Paris, 2012)

Concrètement, est propagé tel ragot selon lequel les anciennes collègues d'une gagnante ne la saluaient plus, alors qu'un autre racontar

32 *Ibid.*, p. 52 et 67.
33 *Ibid.*, p. 72.
34 T. Gallois, 2011, *op. cit.*, p. 162.
35 M. Pinçon, M. Pinçon-Charlot, *Les millionnaires...*, 2012, *op. cit.*, p. 14 et 77.
36 *Ibid.*, p. 31.
37 D. de Blic, J. Lazarus, *Sociologie de l'argent*, Paris, 2007, p. 74.
38 Cité par M. Pinçon, M. Pinçon-Charlot, *Les millionnaires...*, 2012, *op. cit.*, p. 100.
39 M. Pinçon, M. Pinçon-Charlot, *L'argent sans foi ni loi*, Paris, 2012, p. 46.

fait référence à des voisins reprochant aux gagnants « d'être tombés dans la bourgeoisie (sic)[40] ». De son côté, Thierry Gallois décrit le cas d'un paysan ayant gagné au Loto et devenu « la bête noire du village ». Il est représenté en tant que « salaud maintenant riche et qui pourtant ne le méritait pas[41] ».

Les médias ont vite fait de flêtrir les joueurs malhonnêtes. L'illustre bien l'affaire des paris sportifs apparemment truqués en mai 2012 dans l'entourage du célèbre joueur de handball de Montpellier, Nikola Karabatic, né en 1984 et d'origine croate[42].

Les jeux de hasard engendrent fréquemment une addiction aisément explicable. Phénomène de dépendance, elle consiste en une envie quasiment irrépressible de pratiquer telle ou telle activité, le jeu compulsif par exemple. Au plan psychologique, « le joueur pathologique reste convaincu qu'il peut réussir à gagner et continue inlassablement[43] ». En dépit de ses pertes, la personne concernée joue à nouveau dans le cadre d'une conquête de l'estime de soi[44]. Les conséquences de l'addiction aux jeux d'argent sensibilisent l'opinion. Un sondage TNS Sofres de 2010 estime à quelque 7 %, le nombre de personnes jouant souvent[45]. Pourtant, le jeu est largement analogue dans ses effets à ceux de la drogue : on peut être « accro » aux deux. L'analogie provoque la hantise. Ainsi que l'usage des stupéfiants, la pratique du jeu engendre, à l'accoutumée, de grosses pertes ne l'interrompant pas pour autant. Ainsi en résulte la déchéance touchant 1 à 2 % de la population adulte du pays[46]. Au total, l'argent du jeu est considéré comme une espèce diabolique.

Une personne directement concernée déplore, longuement en ces termes, ce que cela implique :

> Je suis entrée sans m'en rendre compte dans l'enfer du jeu. Tout doucement, insidieusement, mais sûrement et de plus en plus accro, je n'ai pas vu les murs de ma vie autour de moi s'écrouler. On pense qu'on est plus fort que

40 M. Pinçon, M. Pinçon-Charlot, *Les millionnaires...*, 2012, *op. cit.*, p. 31, 79.

41 T. Gallois, 2011, *op. cit.*, p. 160, 161.

42 A. Devailly, « Handball : ouverture du procès des paris après un match suspect », *Le Monde*, 16 juin 2015, p. 13.

43 T. Gallois, 2011, *op. cit.*, p. 140-141.

44 *Ibid.*, p. 144.

45 « L'ouverture à la concurrence des jeux en ligne », *sondages-en-France.fr*, 10 avril 2010.

46 J.-P. Tassin, « Le jeu, une drogue comme les autres ? », *Pour la Science*, n° 372, octobre 2008, *pourlascience.fr*.

> cette pulsion, qu'on peut s'arrêter quand on veut ; on repousse sans arrêt les limites de cette dépendance, s'enfonçant un peu plus chaque jour, prenant un peu plus de risque jusqu'au jour où…
>
> Moi, ce sont les casinos qui ont eu l'emprise sur moi depuis quelques années… Et je me suis endettée, moi et ma famille avec… L'angoisse, le stress, les envies d'en finir apparaissent et on joue pour faire face à ses dettes…
>
> J'aurais bien voulu apurer mes dettes… Oui, c'est ce que je me disais…
>
> Seulement avec l'informatique, je ne connaissais pas les casinos sur Internet… Moi qui croyais en avoir fini, en 2 mois, d'un clic de souris et en passant des heures sur mon ordi, voilà que j'ai à nouveau ruiné ma famille[47]… (Témoignage sur le site *au finish.com*, 2005)

De tels autoportraits terrorisent et mobilisent l'opinion pour ce qui concerne les implications de l'argent engagé au jeu.

Une hypothèse explicative possible est que le jeu, et donc l'argent qui lui était affecté, auraient été largement tolérés depuis fort longtemps. Cependant, dans les années 1980, jaillissent des critiques relativement radicales alors que le jeu s'avère parfois néfaste à l'équilibre familial. Diverses enquêtes d'opinion ont montré l'inquiétude des Français. Pour apprécier les réactions du public, le meilleur outil par sa globalité correspond sans doute au sondage. Dans un sondage de 1986, à la question « Vous paraît-il moral qu'il existe des jeux où l'on puisse gagner autant d'argent…dans un pays qui connaît des difficultés économiques ? », un peu plus d'un tiers des personnes interrogées se les représentaient au registre de l'immoralité. Les Français toléraient donc plutôt bien un tel argent sans effort.

Malgré tout, l'Institut de sondage concerné, l'Ipsos, a renouvelé la même enquête, en 1994, à partir d'un échantillon de 800 personnes âgées de 18 ans et plus, donc des adultes. Les réponses soutenant la moralité du jeu d'argent se sont dégradées assez nettement : près de la moitié des sondés (49 %) y affirment qu'il est immoral[48].

Cependant, ces résultats signifient aussi que plus de la moitié des personnes interrogées accepte implicitement son caractère moral. Ceci s'explique peut-être par cette occupation qui s'était répandue dans la société française dans la période de crise postérieure à 2008. Une enquête

47 « Joueurs, le jeu est une drogue puissante ! ma vie en est brisée… », *aufeminin. com*, 4 juin 2005.

48 Ipsos France, « La chance aux jeux d'argent », *ipsos.fr*, 15 janvier 1994.

TNS Sofres, publiée en 2009, révèle qu'un Français sur deux, âgé de plus de 15 ans, (48 %) déclare pratiquer des jeux d'argent[49].

Compte tenu de la diffusion de cet usage, beaucoup de Français se méfient désormais des jeux en ligne. Une nouvelle enquête d'opinion du même institut de sondage, réalisée en avril 2010 auprès de 940 individus, montre que plus des deux tiers des personnes consultées (67 %) répondaient que l'ouverture en ligne subséquente du marché des jeux de hasard aurait des effets négatifs sur la santé et l'addiction des joueurs[50]. Cette perte d'indépendance et de liberté a connu progressivement une dimension médicale. Elle est estimée alors en tant que pathologie.

Si les jeux d'argent sont toujours pratiqués, ils déclenchent fréquemment des phénomènes de terreur chez les personnes concernées ainsi que dans leur entourage. L'argent, servant au jeu et produit par ce dernier, serait donc un mauvais argent[51]. Il est « mauvais » à tel point que certains gagnants sont mal à l'aise face au gain. La richesse soudaine provoque parfois la perte des repères : peur ancienne de l'argent ; croyance dans le mérite avant tout[52]... Des blocages, au moment de recevoir ses gains au Loto, sont même observés chez tel ou tel. Cet argent sans travail, donc « facile », fait peur.

LE REVENU MINIMUM D'INSERTION (RMI) : UNE ABERRATION ?

Le revenu minimum d'insertion a été promulgué en France par une loi du 1er décembre 1988 dans un contexte de crise économique génératrice d'un chômage important, tranchant avec la prospérité des décennies précédentes, prospérité considérée comme glorieuse et définitive.

49 B. Teinturier, « Les Français et les jeux d'argent en ligne », *audipresse.fr*, 2009.

50 « Sondage Sofres : 67 % des Français désavouent l'ouverture des jeux d'argent en ligne », *pokerworks.com*, 19 avril 2010.

51 *Cf.* premier chapitre.

52 T. Gallois, 2011, *op. cit.*, p. 165.

LE REVENU MINIMUM D'INSERTION, UN PROJET PLEIN DE PARADOXES

Dans l'histoire, l'absence de travail a toujours été une caractéristique disqualifiante voire même excluante, en particulier en ce qui concerne les pauvres. Les propos du président du Comité de mendicité de l'Assemblée constituante, le Duc de La Rochefoucauld-Liancourt, au moment de la Révolution française, en sont une bonne illustration :

> Les véritables pauvres, c'est-à-dire ceux qui, sans propriété et sans ressources, veulent acquérir leur subsistance par le travail ; ceux auxquels l'âge ne permet pas encore ou ne permet plus de travailler ; enfin, ceux qui sont condamnés à une inaction durable par la nature de leurs infirmités ou à une inaction momentanée par des maladies passagères.
>
> Les mauvais pauvres, c'est-à-dire ceux qui...se refusent à tout travail, troublent l'ordre public, sont un fléau dans la société[53]... (Duc de La Rochefoucauld-Liancourt, Comité de mendicité, 1790)

Même si le dualisme bons/mauvais pauvres tend à régresser dans les années suivantes, cette taxinomie reste enracinée dans la culture des Français.

Un dispositif novateur et discuté

La nouvelle disposition légale, créant un droit à un « revenu de remplacement en l'absence de travail[54] », a provoqué un véritable bouleversement d'essence culturelle dans la société française. Selon le propos du socialiste Louis Mermaz : « L'État s'est longtemps esquivé, évitant d'ériger en obligation sociale l'aide qu'il se devait d'apporter aux impécunieux[55]... » Le RMI repose sur un paradoxe. Jusque-là, dans la société française, le principe de revenu était associé à celui de labeur selon l'adage bien connu : tout travail mérite salaire, et inversement tout salaire présuppose un travail.

53 Cité par A. Gueslin, *D'ailleurs et de nulle part. Mendiants vagabonds, clochards, SDF en France depuis le Moyen Âge*, Paris, 2013, p. 78.

54 Jean-Claude Boulard, « discussion en séance unique d'un projet de loi de RMI à la Chambre, le 5 octobre 1988 », *J.O. Chambre Débats*, 6 octobre 1988, p. 692.

55 Louis Mermaz, « discussion en deuxième séance d'un projet de loi de RMI à la Chambre, le 4 octobre 1988 », *J.O. Chambre Débats*, 5 octobre 1988, p. 655.

Le RMI, en faisant bénéficier les Français d'un revenu sans effort, introduit un tel « péché originel[56] » que Pierre-Christian Taittinger, issu des rangs de la droite, a eu ces mots relativement obscurs mais traduisant la contestation du principe : « ...l'institution doit être acceptée par nos compatriotes[57]. » Lors de la discussion parlementaire du projet de loi de RMI, le socialiste Jean Le Garrec s'est appuyé en ce sens sur André Gorz (1923-2007), philosophe et journaliste auteur de nombreux ouvrages sur le travail et son devenir dans le contexte capitaliste : « ... (chacun) doit aussi avoir la possibilité, le droit et le devoir de fournir à la société l'équivalent travail de ce qu'il a consommé[58]. »

En fait, le projet n'enterrait pas définitivement le vieux couple labeur/revenu. Jacques Godfrain, issu des rangs du RPR, fut on ne peut plus clair :

> Rien ne serait plus grave que de laisser se développer l'idée folle selon laquelle il serait possible en France d'être payé à ne rien faire. Au revenu minimum, doit être indissolublement lié une activité minimum[59]... (Godfrain, Assemblée Nationale, octobre 1988)

Une mesure contribuant à désacraliser le travail

À l'époque, a surgi une autre logique : « le travail n'est plus la condition du secours[60]. » Selon le socialiste Marc Bœuf en présence de ce projet rompant avec la tradition, le labeur est en passe d'être désacralisé :

> Pendant longtemps, le travail a été la principale source de richesse. Le revenu était lié à l'ouvrage accompli à l'usine, au champ, au bureau. Aujourd'hui, le travail n'est plus la seule source de richesse, les machines sont là produisant des richesses sans travail humain[61]. (Bœuf, Assemblée Nationale, novembre 1988)

---

56 J. Marseille, *L'argent des Français*, Paris, 2009, p. 312.

57 Pierre-Christian Taittinger, « discussion du projet de loi de RMI au Sénat le 2 novembre 1988 », *J.O. Sénat Débats*, 3 novembre 1988, p. 711.

58 André Gorz, cité par Jean Le Garrec, rapporteur pour avis de la Commission des Finances, « discussion en première séance du projet de loi de RMI à la Chambre le 4 octobre 1988 », *J.O. Chambre Débats*, 5 octobre 1988, p. 644.

59 Jacques Godfrain, « discussion en séance unique du projet de loi de RMI à la Chambre le 5 octobre 1988 », *J.O. Chambre Débats*, 6 octobre 1988, p. 700.

60 Louis Mermaz, « discussion en deuxième séance d'un projet de loi de RMI à la Chambre, le 4 octobre 1988 », *op. cit.*, p. 655.

61 Marc Bœuf, « discussion du projet de loi de RMI au Sénat le 2 novembre 1988 », *J.O. Sénat Débats*, 3 novembre 1988, p. 722.

En effet, pour la première fois en France, dans l'histoire, était adoptée l'idée qu'il était possible de verser aux plus pauvres sans emploi, un « revenu minimum garanti complétif » à savoir un revenu s'ajoutant aux diverses formes d'assistance[62].

Un projet en rapport avec la situation de grande pauvreté

La grande pauvreté était au seuil des années 1980 une question vivement débattue en France. L'appel du 1er février 1954 de l'abbé Pierre avait sensibilisé l'opinion. Une génération plus tard, le fameux rapport « Grande pauvreté et précarité économique et sociale » du 11 février 1987 au Conseil économique et social du Père Joseph Wresinski rencontre un grand écho médiatique. Il y souligne avec vigueur le fond de sa doctrine à savoir l'absence des Droits de l'Homme dans le monde des plus pauvres et leur nécessaire conquête en sa faveur.

À la suite de ce rapport, en octobre 1987, le Père Joseph prend l'initiative d'un rassemblement de 100 000 personnes en faveur des Droits de l'Homme sur les marches du Trocadéro à Paris, transformé progressivement en Journée annuelle internationale pour l'élimination de la pauvreté. De là à situer le RMI dans le cadre des Droits de l'Homme, il n'y avait qu'un pas. Pour le député socialiste Jean-Pierre Sueur, il s'inscrit dans cette problématique car cette disposition établit « le droit de vivre dans la dignité matérielle[63] ». Pour sa part, le socialiste Claude Évin précise : « ...toute personne dite pauvre (doit pouvoir) être reconnue non comme un objet d'assistance, mais comme un sujet de sa propre histoire[64]. » C'est « un élément essentiel de la mobilisation nécessaire de la société contre la pauvreté[65]... », ajoute le même.

L'idée de créer un revenu minimum destiné aux plus pauvres est, bientôt, développée par les principaux candidats à l'élection présidentielle des 24 avril et 8 mai 1988. Au cours de la campagne électorale,

62 C. Euzéby, *Le revenu minimum garanti*, Paris, 1991, p. 7.

63 Jean-Pierre Sueur, « discussion en séance unique d'un projet de loi de RMI à la Chambre le 5 octobre 1988 », *J.O. Chambre Débats*, 6 octobre 1988, p. 693.

64 Claude Évin, ministre de la Solidarité, de la Santé et de la Protection Sociale, « discussion en première séance du projet de loi de RMI à la Chambre le 4 octobre 1988 », *J.O. Chambre Débats*, 5 octobre 1988, p. 633.

65 *Ibid.*, p. 632. Voir aussi du même, « discussion du projet de loi de RMI au Sénat du 2 novembre 1988 », *J.O. Sénat Débats*, 3 novembre 1988, p. 701.

le président socialiste sortant, François Mitterrand (1916-1996), réélu à cette occasion, avait fait état d'une proposition en ce sens dans sa *Lettre à tous les Français* d'avril 1988 :

> [...] un responsable politique en mesure de peser sur le sort de chacun a le devoir de refuser l'exclusion. Je demanderai donc au prochain gouvernement qu'un revenu minimum soit attribué aux victimes de la nouvelle pauvreté. Peu importe le nom qui lui sera donné, revenu minimum d'insertion ou revenu minimum garanti... L'important est qu'un moyen de vivre ou plutôt de survivre soit garanti à ceux qui n'ont rien, qui ne peuvent rien, qui ne sont rien. C'est la condition de leur réinsertion sociale. (Mitterrand, *Lettre à tous les Français*, avril 1988)

La justification de ce nouveau type de revenu au nom de la pauvreté est reprise par son Premier ministre Michel Rocard (1930-2016) :

> Il n'est pas digne de notre passé, ni concevable pour notre avenir, que tant de gens survivent dans la misère et se voient rejetés aux franges d'une société qui les frappe d'exclusion sans appel... Dans de nombreux cas, cet effort s'adressera à certains qui n'ont même pas d'état civil, que l'illettrisme empêche de lire un formulaire ou de signer un chèque, que le repli sur soi a coupés depuis longtemps du monde extérieur. (Rocard, 1988)

Un homme de droite, tel Jean-Pierre Fourcade va beaucoup plus loin en mettant en balance richesse et pauvreté : « Dans une société comme la nôtre qui révère l'argent et la réussite, il est nécessaire d'intensifier la lutte contre la pauvreté et la précarité et d'essayer de mettre en œuvre la réinsertion des exclus[66]. » Ce principe d'un argent sans effort versé aux plus démunis, rallie aisément la sénatrice communiste Marie-Claude Beaudeau[67]. Le thème de l'argent versé aux plus pauvres, en dépit d'un emploi, paraissait donc faire l'unanimité.

RMI et chômage

Une autre justification tient au contexte assez nouveau de chômage que connaît la France à l'issue des prospères « Trente Glorieuses »,

66 Jean-Pierre Fourcade, président de la Commission des Affaires Sociales, « discussion du projet de loi de RMI au Sénat le 2 novembre 1988 », *J.O. Sénat Débats*, 3 novembre 1988, p. 735.

67 Marie-Claude Beaudeau, « discussion du projet de loi de RMI au Sénat du 4 novembre 1988 », *J.O. Sénat Débats*, 5 novembre 1988, p. 859.

désignation relativement discutable de la période 1945-1975, mais qui avait, en tout cas, permis le plein emploi en France. La démarche du revenu minimum d'insertion s'inscrit dans le constat que ses futurs bénéficiaires ne pourraient pas facilement s'insérer sur le marché du travail. « La dignité serait que chacun ait un emploi[68] », assure Claude Évin. Il n'est donc pas étonnant alors qu'une référence indirecte au droit au travail ait été faite : « recherche d'un droit indissoluble entre le droit au revenu et le droit au travail[69]. »

Le Préambule de la constitution du 27 octobre 1946, confirmé par celle du 4 octobre 1958 alors en vigueur, avait proclamé :

> Tout être humain qui, en raison de son âge, de son état physique ou mental, de la situation économique, se trouve dans l'incapacité de travailler a le droit d'obtenir de la collectivité des moyens convenables d'existence[70]. (Préambule de la constitution de1946)

À ce stade intermédiaire entre l'assistance aux personnes incapables de travailler et le versement d'aides à la reprise d'activité pour les individus aptes, le but du législateur est bien de remettre en activité par tous les moyens les personnes privées d'emploi.

Une disposition assistancielle originale

Ce revenu ne sera pas le fruit d'un labeur concret et il a été rappelé au Sénat qu'il ne sera pas un salaire[71]. Il est envisagé comme un ultime « filet de sauvetage[72] » d'essence assistancielle. Dans cette perspective, il combine deux systèmes traditionnels de droits à la protection sociale : l'aide sociale légale et la Sécurité sociale. De fait, il correspond à une

---

68 Claude Évin, ministre de la Solidarité, de la Santé et de la Protection Sociale, « discussion en première séance du projet de loi de RMI à la Chambre le 4 octobre 1988 », *op. cit.*, p. 633.

69 Jean Le Garrec, rapporteur pour avis de la Commission des Finances, « discussion en première séance du projet de loi de RMI à la Chambre le 4 octobre 1988 », *J.O. Chambre Débats*, 5 octobre 1988, p. 644.

70 Cité par Claude Évin, « discussion en première séance du projet de loi de RMI à la Chambre, le 4 octobre 1988 », *op. cit.*, p. 633.

71 Claude Évin, « discussion du projet de loi de RMI au Sénat le 2 novembre 1988 », *op. cit.*, p. 737.

72 M. Laroque, « Le revenu minimum d'insertion, droit révolutionnaire et prestation sociale d'un nouveau type », *Droit social*, n° 7-8, juillet-août 1989, p. 600.

prestation sociale d'un nouveau type, voire d'un troisième type. Il n'est pas prévu de prélever de cotisations sociales auprès des bénéficiaires, celles-ci étant prises en charge par la collectivité publique[73]. Finalement, à l'origine de ce projet « révolutionnaire », se découvre probablement une forme de « bonne conscience[74] ». Le député RPR Jean-Yves Chamard a estimé ainsi la future mesure législative :

> [...] cette loi revenant à payer les pauvres pour qu'ils laissent notre conscience en paix[75] (Chamard, Assemblée Nationale, octobre 1988)

Cette réaction révèle subrepticement la vieille hantise d'une rémunération en l'absence d'effort !

De fait, ce projet de loi s'inscrit dans la volonté de faire bénéficier les plus démunis d'un versement d'argent aux antipodes de la traditionnelle allocation de secours, au sens d'attribution unilatérale d'une certaine somme délivrée par un donateur. En même temps, ce revenu a été conçu en tant que prestation de nature générale : « ...d'ambition qui dépasse les dispositifs existants. Il s'agit de créer, à l'échelle nationale, un droit objectif ayant une vocation quasi universelle et une portée radicalement nouvelle par le niveau de l'aide et les droits connexes qui lui sont rattachés. » Nonobstant, ce caractère globalisant n'est que partiel puisque les jeunes de moins de 25 ans et les étrangers en sont exclus[76]. Pourtant, il a pour objectif « d'assurer le bouclage de la protection sociale[77] ».

Cette idée, en rupture avec la tradition assistancielle unilatérale, d'attribuer un revenu sans contrepartie d'un emploi mais comportant un certain nombre de devoirs, est parfaitement justifiée en ces termes par le député centriste Adrien Zeller :

> Ce texte marque une évolution positive des esprits par rapport à l'époque où l'opinion publique...se déchargeait volontiers du problème sur les opérations caritatives généreuses et médiatiques, opérations sympathiques certes, mais

---

73 *Ibid.*, p. 598-599.

74 *Ibid.*, p. 597 et 600.

75 Jean-Yves Chamard, « discussion en séance unique du projet de loi de RMI à la Chambre, le 12 octobre 1988 », *J.O. Chambre Débats*, 13 octobre 1988, p. 879.

76 Au Parlement, les jeunes chargés de famille seront inclus dans le dispositif.

77 Interview de Bertrand Fragonard, délégué interministériel au Revenu Minimum d'Insertion *in Droit social*, n° 7-8, juillet-août 1989, p. 573.

> bien incapables de résoudre sérieusement le problème de la pauvreté[78]. (Zeller, Assemblée Nationale, octobre 1988)

Un dessein dérivant de l'impôt sur la fortune

Le RMI a été élaboré en liaison avec le futur ISF, impôt de solidarité sur la fortune qui devait succéder à l'IGF (1982-1987), impôt sur les grandes fortunes, ayant fonctionné au cours du premier septennat de François Mitterrand. Il avait été abrogé, pour ne pas décourager l'argent, par le gouvernement de cohabitation du RPR Jacques Chirac. Le devoir de solidarité demandé traditionnellement aux riches est rappelé par le candidat socialiste Mitterrand lors de sa deuxième campagne présidentielle de 1988 : « Comment financer ? En grande partie par le rétablissement de l'impôt sur les grandes fortunes. Les Français comprendront que celui, qui a beaucoup, aide celui qui n'a plus rien[79]. » Il a été précisé en outre par Pierre Bérégovoy, bientôt ministre des Finances socialiste :

> qu'il s'agit...de demander à ceux qui ont beaucoup – et leurs mérites leur ont peut-être permis d'avoir beaucoup – de faire un geste qui n'est pas très important, de telle sorte que ceux qui n'ont rien, disposent d'un peu plus... La fortune crée des devoirs à l'égard de la société[80]. (Bérégovoy, Assemblée Nationale, octobre 1988)

Cependant, cette disposition n'était pas entièrement novatrice. En Europe, certains pays voisins de la France jouissaient depuis longtemps d'un mécanisme analogue : le Danemark, le Royaume-Uni, l'Allemagne fédérale et les Pays-Bas.

La France également, dans le contexte de difficultés économiques et sociales des années 1980, avait partiellement mis en œuvre un tel dispositif[81]. À la veille de la discussion parlementaire concernant la loi sur le RMI, au milieu de l'année 1988, près de 30 collectivités locales françaises avaient déjà expérimenté une formule de revenu minimum garanti. Les premières tentatives concernant le troisième âge avaient été

78 Adrien Zeller, « discussion en deuxième séance du projet de loi de RMI à la Chambre le 4 octobre 1988 », *J.O. Chambre Débats*, 5 octobre 1988, p. 650.

79 F. Mitterrand, *Lettre à tous les Français*, avril 1988, paragraphe « les nouveaux pauvres ».

80 Pierre Bérégovoy, ministre des Finances, « discussion en première séance du projet de loi de RMI à la Chambre le 4 octobre 1988 », *J.O. Chambre Débats*, 5 octobre 1988, p. 634.

81 C. E-Euzéby, 1991, *op. cit.*, p. 75-78.

lancées à Neuilly dès 1966, puis à Besançon en 1968. Les collectivités concernées au début de 1988 avaient dressé une liste précise des catégories de bénéficiaires concernés. Par ailleurs, avait été prévu, dans les premiers mois de l'année 1986, par un gouvernement socialiste, le versement de compléments locaux de ressources à des fins de réinsertion sociale.

Pourtant, c'est un gouvernement de droite dans le cadre de la cohabitation qui les met en œuvre à partir de l'hiver 1986-1987 (plan Zeller). Fin 1987, 71 départements, sur la centaine que comptait la France, appliquent cette dernière disposition. Le nombre de bénéficiaires, néanmoins, se limitait à une dizaine de milliers[82].

Le projet de créer un revenu minimum destiné aux plus pauvres sans emploi représente donc une procédure profondément novatrice, s'inscrivant en rupture avec la tradition assistancielle. La représentation ancienne du travail, seul pourvoyeur d'argent, résiste cependant et se retrouve au Parlement dans les débats sur le RMI.

LES AMBIVALENCES DU RMI AMPLIFIÉES AU PARLEMENT

Le 23 décembre 1987, avait été déposée une proposition de loi socialiste, en ce sens, sur le Bureau de l'Assemblée nationale. Tout naturellement, comme l'on sait, le candidat socialiste à l'élection présidentielle de 1988, François Mitterrand avait proposé de créer un revenu d'un nouveau type dans sa *Lettre à tous les Français* d'avril de la même année.

Il revint à son nouveau Premier Ministre Michel Rocard, issu des rangs du Parti Socialiste, d'élaborer un projet de loi. Dès le mois de juin 1988, ce dernier avait été motivé en fonction du projet Mitterrand :

> L'espoir, c'est aussi permettre à ceux qui sont les plus durement frappés, que notre société laisse partir à la dérive, que la marginalité guette, d'avoir droit à une deuxième chance… Instaurer un droit au revenu minimum est une innovation d'une portée considérable… La solidarité n'est pas la bonne conscience de la modernisation, elle est la condition de sa réussite parce qu'elle donne tout son sens au respect de l'autre, au respect de la dignité humaine. Oh, certes, le montant de l'aide sera insuffisant au regard du souhaitable. Mais il offrira à tous ceux qui en disposeront une nouvelle chance, un nouvel espoir. Une chance d'échapper à la misère… Il faudra, là encore, bousculer nos habitudes, briser les rigidités de l'État providence, mobiliser les énergies de tous… Il nous faudra…être mieux ouverts sur la société… (Motifs du Projet de loi, juin 1988)

82 *Ibid.*, p. 78-79.

Le 13 juillet 1988, est déposé, sur le Bureau de la Chambre par le nouveau gouvernement, un « projet de loi relatif au revenu minimum d'insertion (RMI) », consacrant le droit de toute personne à bénéficier d'un minimum de ressources, d'une protection en cas de maladie et prévoyant la mise en œuvre pour les bénéficiaires d'actions d'insertion sociale et professionnelle[83].

L'objet participe donc d'une mutation fondamentale dans les représentations liant le labeur au revenu. Sourd alors, un nouveau droit quasiment révolutionnaire, « celui de disposer de ressources minimales de subsistance et de recevoir de la société un soutien approprié[84] », la référence au travail n'étant plus qu'au second plan

L'exigence de réinsertion

Un élément essentiel au cours des débats, réside dans le refus de l'assistance à savoir d'un argent manquant en quelque sorte de légitimité. Le versement de ce revenu avait été assorti, dans le texte du projet, d'une condition express. « Une chance de retrouver sa place dans le monde des autres. C'est pourquoi le revenu minimum doit être étroitement lié à un effort d'insertion… Il nous faudra également veiller à ce que cette réforme atteigne bien ses buts, sans créer des abonnés de l'assistance, sans négliger la volonté tenace de l'insertion. », a fait valoir Michel Rocard, recherchant traditionnellement la conciliation, dans sa lettre de motivation. Ainsi, a été associée, tout au long des débats, l'occurrence « revenu » à celle « d'insertion », au sens d'effort d'éducation, de formation permettant de rendre apte à l'emploi. Une

83 Le texte est déposé sur le Bureau de la Chambre des députés. Il doit y être discuté en première lecture du 4 au 12 octobre 1988. Le 13 de ce mois, il est transmis au Sénat et il y est débattu du 2 au 4 novembre. Les textes votés par les deux assemblées étant différents, la procédure de la navette est alors instaurée. Une Commission mixte paritaire exprimera ce désaccord et la discussion parlementaire se poursuit. En seconde lecture, elle intervient successivement à l'Assemblée Nationale, en séance unique du 21 novembre 1988, et le 27 du même mois au Sénat qui accepte finalement d'avaliser le texte voté par l'Assemblée. Après lecture ultime du projet par la Chambre des députés le 30 novembre 1988, la loi du 1er décembre 1988 relative au revenu minimum d'insertion est promulguée au *Journal Officiel*. Loi n° 88-1088 du 1er décembre 1988, relative au revenu minimum d'insertion, *J. O. Lois et décrets*, 3 décembre 1988, p. 15119.

84 Claude Évin, ministre de la Solidarité, de la Santé et de la Protection Sociale, « discussion en première séance du projet de loi de RMI à la Chambre, le 10 octobre 1988 », *J.O. Chambre Débats*, 11 octobre 1988, p. 718.

cible majeure correspond aux personnes privées d'emploi dans la perspective d'une réintégration dans le cycle productif. À ce titre, ce revenu est par conséquent conditionnel et il peut être abrogé en cas d'absence d'effort pour se réinsérer.

La grande novation, portée par ce programme de réinsertion, est exprimée avec fermeté par le Premier Ministre. Par ailleurs, note le juriste et praticien de la Sécurité Sociale, Michel Laroque : « Son caractère révolutionnaire (du RMI) réside dans le couple indissociable du revenu et de l'insertion… (Cette dernière) en refera des membres à part entière de la société française[85]. » À la Chambre, le rapporteur de la Commission des Lois, le socialiste Jean-Pierre Worms, se fait, avec des accents gaulliens, pédagogue en ces termes :

> Son originalité…tient à l'intime articulation entre un droit institué et garanti par la loi, le droit à un revenu de subsistance pour tous et une ardente obligation qui relève, non pas du droit, mais de la dynamique sociale : l'insertion[86]. (Worms, Assemblée Nationale, octobre 1988)

L'obligation d'un contrat

Le devoir d'insertion procède pour ce gouvernement à direction socialiste d'un engagement personnel du bénéficiaire[87]. Il lui assure une « implication effective dans (cette) démarche[88]… », s'adossant logiquement à des liens contractuels[89] et exprimant donc une réciprocité. Bernard Derosier, alors député socialiste, a résumé ainsi la procédure souhaitée : « Faire un "libre contrat", preuve que le RMI n'est pas un assistanat de plus, mais bien l'occasion d'une reconnaissance de l'individu[90]. » Au-delà du sens juridique du mot, les nécessaires nuances ont été apportées par

85 M. Laroque, juillet-août 1989, *op. cit.*, p. 600.

86 Jean-Pierre Worms, rapporteur pour avis de la Commission des Lois, « discussion en première séance du projet de loi de RMI à la Chambre, le 4 octobre 1988 », *J.O. Chambre Débats*, 5 octobre 1988, p. 641.

87 Amendement 245 du gouvernement, « discussion en deuxième séance du projet de loi de RMI à la Chambre, le 10 octobre 1988 », *J.O. Chambre Débats*, 11 octobre 1988, p. 750.

88 Claude Évin, « discussion du projet de loi de RMI au Sénat le 2 novembre 1988 », *op. cit.*, p. 702.

89 Amendement 247 du gouvernement, « discussion en deuxième séance du projet de loi de RMI à la Chambre, le 10 octobre 1988 », *J.O. Chambre Débats*, 11 octobre 1988, p. 757.

90 Bernard Derosier, « discussion en deuxième séance du projet de loi de RMI à la Chambre, le 4 octobre 1988 », *J.O. Chambre Débats*, 5 octobre 1988, p. 663.

Jean-Pierre Worms : « Plus que juridique, le RMI est un engagement moral réciproque des deux parties[91]... »

Dans les rangs du centre gauche du Sénat, a été observé que la future mesure n'était pas incitative à l'effort dans la conception traditionnelle, pourtant « cette critique est limitée par la contrepartie du RMI, l'insertion[92] ». Il n'était donc pas facile de se dégager de l'idée « que la socialisation de l'individu ne peut se faire que par le travail[93] ». Auparavant, à l'Assemblée nationale, la quasi-totalité des groupes, y compris ceux de droite et du centre, s'était ralliée à cette conception ainsi que l'illustre la déclaration de Denis Jacquat, membre de l'opposition de droite, appartenant à l'UDF : « (le volet insertion) permettra de démontrer qu'il ne s'agit pas d'assistance mais d'une démarche volontariste[94]... » « Un engagement "plus motivant" que l'assistance[95] », a précisé son collègue Jean-Paul Fuchs. Le Sénat a cependant considéré que cette prescription d'insertion, ordonnée par l'article 10 du projet adopté par la Chambre, n'était pas suffisamment rigoureuse.

Dans cet objectif, un amendement 19 fut adopté par la Haute Assemblée, pour renforcer l'engagement de l'allocataire[96]. Se retrouve là le souci des milieux politiques, tant de droite que modérés, de faire de ce « Revenu », un moyen de réintégration. Le thème de l'argent produit par le seul labeur n'est pas très loin.

Éviter une contre-incitation au travail

Divers membres du groupe socialiste ont insisté en outre sur le risque de faire du RMI une « contre-incitation au travail ». Le souci était d'empêcher que le bénéficiaire développât des comportements de paresse, autrement

91 Jean-Pierre Worms, rapporteur pour avis de la Commission des Lois, « discussion en première séance du projet de loi de RMI à la Chambre, le 4 octobre 1988 », *op. cit.*, p. 643.

92 Bernard Péllarin, rapporteur pour avis de la Commission des Finances, « discussion du projet de loi de RMI au Sénat le 2 novembre 1988 », *J.O. Sénat Débats*, 3 novembre 1988, p. 708.

93 J. Marseille, 2009, *op. cit.*, p. 312.

94 Denis Jacquat, « discussion en deuxième séance du projet de loi de RMI à la Chambre, le 4 octobre 1988 », *J.O. Chambre Débats*, 5 octobre 1988, p. 659.

95 Jean-Paul Fuchs, « discussion en deuxième séance du projet de loi de RMI à la Chambre, le 4 octobre 1988 », *J.O. Chambre Débats*, 5 octobre 1988, p. 660.

96 Adoption de l'amendement 19, « discussion du projet de loi de RMI au Sénat le 3 novembre 1988 », *J.O. Sénat Débats*, 4 novembre 1988, p. 788.

dit de fainéantise, au sens quasi péjoratif de refus volontaire du labeur. Le risque « d'anesthésier toute volonté de s'en sortir[97] » a été brandi par la députée RPR Roselyne Bachelot. Toujours à la Chambre, le centriste Adrien Zeller a insisté sur cette éventualité à écarter : « Ce revenu minimum doit être conçu de manière que la recherche prioritaire d'un revenu par le travail même à temps partiel, … ne soit pas découragée[98]. »

C'est pourquoi est apparue la notion subséquente « d'activité[99] ». Pour la stimuler, est prévue une modalité de calcul de la future prestation[100] ayant pour but de soustraire de son montant théorique, le complément d'activité de la personne concernée, calculé selon un barème dégressif. Le fait qu'une première tranche de ce revenu du travail ne soit pas prise en compte, atteste de cette volonté du législateur de ne pas briser le lien traditionnel revenu-travail.

Cette mesure consacre la recherche d'une éradication de la misère par l'attribution d'un revenu sans activité. Néanmoins, elle ne remet pas en cause totalement les conceptions traditionnelles. Au Parlement, cette disposition, finalement assez nuancée, recueillit l'unanimité en s'appuyant sur l'opinion publique dominante qui y était favorable.

La condition de fixation de l'allocation en cours de discussion à un niveau inférieur au SMIC, prise en compte dans la plupart des pays d'Europe sauf le Royaume-Uni et l'ancienne RFA, fut en effet suivie par le Parlement français : RMI de 2 100 francs pour une personne isolée, soit 476 euros de 2008, pour un SMIC nettement supérieur. Avant tout, le labeur rétribué au SMIC ne devait pas être désacralisé, ainsi que l'a soutenu le député socialiste Umberto Battist : Le SMIC sanctionne « la dignité de ceux qui vont 39 heures par semaine travailler[101]… ». De plus, le risque était, pour le sénateur centriste Diligent, « de démotiver des travailleurs percevant le SMIC[102] ».

97 Roselyne Bachelot, « discussion en deuxième séance du projet de loi de RMI à la Chambre, le 4 octobre 1988 », *J.O. Chambre Débats*, 5 octobre 1988, p. 657.

98 Adrien Zeller, « discussion en deuxième séance du projet de loi de RMI à la Chambre, le 4 octobre 1988 », *op. cit.*, p. 651.

99 Sous-amendement 138, « discussion en première séance du projet de loi de RMI à la Chambre, le 10 octobre 1988 », *J.O. Chambre Débats*, 11 octobre 1988, p. 727.

100 Voir l'approche générale ci-dessus.

101 Umberto Battist, « discussion en séance unique du projet de loi de RMI à la Chambre, le 5 octobre 1988 », *J.O. Chambre Débats*, 6 octobre 1988, p. 695.

102 André Diligent, « discussion du projet de loi de RMI au Sénat le 2 novembre 1988 », *J.O. Sénat Débats*, 3 novembre 1988, p. 719.

Pour éviter les contre-incitations à l'effort pour « gagner son pain », tant redoutées, un « juste niveau de la prestation » avait été recherché. Le dilemme était le suivant : d'un côté, « en-dessous de 80 % (du SMIC), les conditions de vie ne seront plus honorables » ; de l'autre, et au-delà du maximum, le risque de « percuter[103] », de « télescoper[104] » RMI et SMIC était craint[105]. Le taux-plafond de la nouvelle prestation, fixé à 80 % du Salaire minimum légal, rallia ainsi une majorité. Ce niveau réduit procède donc d'une volonté politique de maintenir une certaine différence par rapport au SMIC. C'était privilégier la philosophie traditionnelle selon laquelle tout argent doit provenir du travail. Cependant en cours de discussion, avait surgi une contradiction à savoir le risque, dans l'hypothèse d'un futur Revenu pas très éloigné du SMIC, d'une « désincitation au travail[106] ».

Fonder une « auto-suffisance » pour les plus pauvres

Le revenu minimum d'insertion ouvre un droit, pour quiconque se trouve dans le besoin, à disposer d'un revenu automatique lui permettant de vivre. Il n'inclut pas le montant du ticket modérateur à savoir la prise en charge par l'assuré d'une certaine proportion des honoraires médicaux, exprimée en pourcentage. L'État assumait déjà cette mission dans le cadre de la couverture maladie qu'il avait accordée.

Les modalités de la nouvelle mesure sont élaborées dans la perspective assez probable de désamorcer la critique de principe sur ce minimum vital risquant, traditionnelle hantise du revenu en l'absence d'emploi, d'installer les bénéficiaires « dans une sorte de léthargie indemnisée[107] ». D'ailleurs, l'expression « allocation de revenu minimum d'insertion » a été employée fréquemment en cours de débat.

---

103 Jean Le Garrec, « discussion en deuxième séance du projet de loi de RMI à la Chambre, le 10 octobre 1988 », *J.O. Chambre Débats*, 11 octobre 1988, p. 742.

104 François Autain, « discussion du projet de loi de RMI au Sénat le 2 novembre 1988 », *J.O. Sénat Débats*, 3 novembre 1988, p. 726.

105 Jean-Michel Belorgey, président et rapporteur de la Commission des Affaires Culturelles Familiales et Sociales à la Chambre, « discussion en première séance du projet de loi de RMI à la Chambre, le 4 octobre 1988 », *J.O. Chambre Débats*, 5 octobre 1988, p. 638.

106 Louis Mermaz, « discussion en deuxième séance d'un projet de loi de RMI à la Chambre, le 4 octobre 1988 », *op. cit.*, p. 656.

107 Roselyne Bachelot, « discussion en deuxième séance du projet de loi de RMI à la Chambre, le 4 octobre 1988 », *op. cit.*, p. 657.

Le projet débattu est une forme « d'allocation différentielle qui, complétant les ressources éventuelles de l'allocataire, les porte au revenu garanti[108] » (2 110 francs pour une personne seule en 1988, soit 476 euros de 2008). En cela, celui-ci ne serait qu'un « droit subsidiaire[109] » car venant en complément. Néanmoins, les Centristes (UDF) du Sénat ont insisté sur le rapport au travail : « ...la meilleure allocation qui préserve la dignité humaine, c'est un salaire[110]. »

L'argent en faveur d'une allocation limitée au minimum

Dans la tradition française, le revenu ne peut être que la contrepartie d'un emploi ou d'un capital détenu. Réside là l'originalité de la future mesure, notamment l'explication de son niveau modique soulignant son caractère de revenu sans labeur.

Ce dispositif de versement d'un revenu très modeste lié à l'état de grande pauvreté était justifié côté socialiste, l'analyse du projet qui précède l'a bien montré, par le fait qu'il était adossé sur l'ISF, impôt sur la fortune en voie de rétablissement. Il pourrait être soutenu qu'il correspondait à une sorte d'obole versée par les riches au bénéfice des plus pauvres.

Les débats reflètent toute l'ambivalence des représentations, tant dans le domaine du travail qu'en celui de l'argent, caractérisant le personnel politique en la matière. « Effort raisonné et raisonnable que nous allons demander à ceux qui ont beaucoup, pour aider ceux qui ont peu et parfois rien », rappelle encore Jean Le Garrec, alors député socialiste[111]. La disposition recueille la pleine approbation du PCF revendiquant cependant « un véritable impôt sur la fortune[112] » à savoir « un prélèvement plus important », qualifié d'une façon très éloquente par la Communiste Muguette Jacquaint, « d'égratignure portée aux gros possédants[113] ».

108 Interview de Bertrand Fragonard délégué interministériel au Revenu Minimum d'insertion, 1989, *op. cit.*, p. 574.

109 C. Euzéby, 1991, *op. cit.*, p. 80.

110 Bernard Laurent, rapporteur pour avis de la Commission des Lois, « discussion du projet de loi de RMI au Sénat du 2 novembre 1988 », *J.O. Sénat Débats*, 3 novembre 1988, p. 708.

111 Jean Le Garrec, rapporteur pour avis de la Commission des Finances, « discussion en première séance du projet de loi de RMI à la Chambre, le 4 octobre 1988 », *J.O. Chambre Débats*, 5 octobre 1988, p. 644.

112 Marie-Claude Beaudeau, « discussion du projet de loi de RMI au Sénat le 2 novembre 1988 », *J.O. Sénat Débats*, 3 novembre 1988, p. 717.

113 Muguette Jacquaint, « nouvelle lecture du projet de loi de RMI à la Chambre le 21 novembre 1988 », *J.O. Chambre Débats*, 22 novembre 1988, p. 2588.

Nonobstant, le Projet fut âprement discuté par l'opposition au nom de ses caractères « idéologique ou politique ». « L'amalgame entre RMI et ISF tend à faire accréditer l'idée que le problème de la pauvreté, c'est le problème des très riches[114]... », a précisé Adrien Zeller, montrant par là son désaccord avec les Socialistes sur la question de l'argent. La députée RPR Roselyne Bachelot, pour résumer un vieux débat propre à la société française, ajoute :

> S'occuper des pauvres, ce n'est pas l'affaire des riches, c'est l'affaire de la nation tout entière[115]. (Bachelot, Assemblée Nationale, octobre 1988)

Que penser des motivations ayant présidé à l'adoption de ce revenu minimum ? Dans son essence, il est une réaction contre toute conception misérabiliste faisant du pauvre une victime foncièrement passive et dépourvue de moyens pour échapper à son sort. Au-delà, c'est rejeter la charité inspirée par la traditionnelle pitié. Le futur Revenu Minimum d'Insertion correspond, pour le Ministre Évin au Sénat, à « une voie médiane entre l'allocation universelle accordée sans contrepartie et l'exigence d'une activité[116]... ».

Pourtant, la vieille exigence d'un revenu découlant d'un emploi, en passe de disparaître, a été proclamée solennellement, au seuil des débats sénatoriaux, par le rapporteur conservateur (Républicain indépendant), Pierre Louvot : « ...il paraît nécessaire de réaffirmer l'importance de l'engagement du bénéficiaire d'aboutir à son insertion[117]... »

La nouvelle disposition légale représente néanmoins un saut en avant considérable. Elle n'est pas « le salaire de l'exclusion sociale[118] », selon les mots du sénateur Josy Moinet. De dimension principalement monétaire, le revenu minimum a une ampleur cependant limitée[119].

---

114 Adrien Zeller, « discussion en deuxième séance du projet de loi de RMI à la Chambre, le 4 octobre 1988 », *op. cit.*, p. 650, 652.

115 Roselyne Bachelot, « discussion en deuxième séance d'un projet de loi de RMI à la Chambre, le 4 octobre 1988 », *op. cit.*, p. 657.

116 Claude Évin, « discussion du projet de loi de RMI au Sénat du 2 novembre 1988 », *op. cit.*, p. 702.

117 Pierre Louvot, rapporteur pour la Commission des Affaires Sociales, « discussion du projet de loi de RMI au Sénat du 2 novembre 1988 », *J.O. Sénat Débats*, 3 novembre 1988, p. 705.

118 Josy Moinet, « discussion du projet de loi de RMI au Sénat le 2 novembre 1988 », *J.O. Sénat Débats*, 3 novembre 1988, p. 729.

119 Voir les réflexions générales de C. Euzéby, 1991, *op. cit.*, p. 66-71.

C'est peut-être pour cette dernière raison que, malgré les réserves parfois obscures émises à propos d'un revenu automatique non généré par l'effort, l'Assemblée Nationale a voté le texte à une quasi-unanimité[120], vote confirmé en deuxième lecture[121].

Cette raison explique probablement l'avis du Sénat à majorité conservatrice et modérée. Si la Haute Assemblée a exprimé un accord net en faveur du principe, elle reproche aux députés d'avoir approuvé une disposition où, selon le président de la Commission des Affaires Sociales, Jean-Pierre Fourcade, « la notion d'insertion a quasiment disparu du texte[122] ». La procédure de la navette fut nécessaire pour que le texte soit adopté.

Un tel recours révèle bien les ambivalences, pour ne pas dire les contradictions d'une société française[123] prise entre son désir de protéger les plus pauvres et son souci rémanent de ne pas rémunérer officiellement le non-travail.

La résistance de la sacralisation du labeur, envisagée tant au travers du jeu qu'à celui du Revenu Minimum d'Insertion, paraît se perpétuer dans la société française. Sa dimension infrathéologique n'est pas près de disparaître, semble-t-il. Pourtant, il n'empêche que la pratique religieuse tend à perdre de l'importance au fil des années. Plus que jamais, le capitalisme résiste face à la faillite des systèmes d'inspiration marxiste. Les partis conservateurs glorifient toujours le travail créateur de richesse et en cela, ils paraissent être entendus. « Que les bénéficiaires des minima sociaux travaillent ! », telle fut l'injonction proférée, au soir des élections départementales de 2015, par les chefs de file de la droite. Leur critique de l'assistanat fit alors florès.

Nonobstant, l'argent sans emploi est porteur de maintes ambivalences. L'argent du jeu fascine ici, et en même temps, il terrorise là-bas, tout autant par son mode d'acquisition conduisant fréquemment à la ruine que par son utilisation parfois discutable.

---

120 568 votants, soit 550 suffrages exprimés, 547 pour, 3 contre *in* « vote du projet de loi de RMI à la Chambre, le 12 octobre 1988 », *J.O. Chambre Débats*, 13 octobre 1988, p. 883.

121 « nouvelle lecture du projet de loi de RMI à la Chambre le 21 novembre 1988 », *J.O. Chambre Débats*, 22 novembre 1988, p. 2622.

122 Jean-Pierre Fourcade, président de la Commission des Affaires Sociales, « nouvelle lecture du projet de loi de RMI au Sénat le 27 novembre 1988 », *J.O. Sénat Débats*, 28 novembre 1988, p. 1788.

123 Selon les propres mots du ministre Claude Évin, « nouvelle lecture du projet de loi de RMI au Sénat le 27 novembre 1988 », *J.O. Sénat Débats*, 28 novembre 1988, p. 1784.

L'argent du RMI, en vigueur de 1988 à 2009, a été vanté pour son rôle d'assistance sociale, mais il faisait peur car il était censé entretenir le désœuvrement. C'est essentiellement pour cette raison que lui a succédé en 2009 la formule nouvelle du RSA (Revenu de solidarité active)…

L'argent sans effort n'est cependant qu'à demi diabolisé. Il n'est en aucun cas « sale » selon la définition récente. À la différence de cet argent facile, l'argent sale est gagné par des méthodes louches, à moins qu'il ne soit utilisé en-dehors des normes sociales ou légales : il fait peur par-dessus tout.

PETITES COMBINES ET TRAFICS EN TOUT GENRE

L'argent sale

En interprétant jusqu'au bout la répartie de l'empereur romain Vespasien, selon laquelle « l'argent n'a pas d'odeur », il en résulte que tout titre monétaire est bon à prendre quelle qu'en soit l'origine ou les moyens utilisés pour l'obtenir. Ce dicton a pourtant été contesté au nom du marquage de cet instrument. Cette dernière réaction a fini par prévaloir dans les représentations populaires à caractère dual « argent propre/argent sale[1] ». C'est la problématique d'ensemble du présent chapitre. L'argent sale, à l'inverse de l'argent propre, est induit par des pratiques illicites ayant secrété des représentations plutôt sombres, quoique fréquemment ambivalentes. L'expression « argent sale », reflétant ces pratiques pourtant anciennes, a tendu à se généraliser dans les temps récents.

Pour mettre en œuvre dans ce chapitre, la problématique de l'argent pouvant être perçu en tant qu'argent sale, cinq points seront successivement abordés : la fausse monnaie ; le sale argent de la prostitution ; l'argent de la drogue et des trafics en tout genre ; le sale argent de la fraude et de l'évasion fiscale et enfin l'argent du vol.

LA FAUSSE MONNAIE

Le titre monétaire, par essence, peut être copie, simulacre. Ainsi, il est parfois contrefait. La question de la fausse monnaie a interrogé la société française de tout temps. Le caractère régalien de l'argent-monnaie,

1 *Cf.* premier chapitre.

précoce dans l'histoire, explique que dans le passé, un crime sévèrement réprimé se rapportait à la propagation de monnaie fausse : le faux-monnayeur était bouilli cru[2].

Jacques Derrida, puis Marcel Drach ont débattu d'un poème en prose tiré du recueil *Le spleen de Paris* de Charles Baudelaire (1821-1867). Il représentait un comportement pervers. En effet, le texte campe deux amis rencontrant un mendiant sur leur chemin :

> Nous fîmes la rencontre d'un pauvre qui nous tendit sa casquette en tremblant… L'offrande de mon ami fut beaucoup plus considérable que la mienne… C'était la pièce fausse, me répondit-il tranquillement, comme pour se justifier de sa prodigalité… Un cabaretier, un boulanger, par exemple, allait peut-être le faire arrêter comme faux-monnayeur ou comme propagateur de fausse monnaie. Tout aussi bien la pièce fausse serait peut-être, pour un pauvre petit spéculateur, le germe d'une richesse de quelques jours… il avait voulu faire à la fois la charité et une bonne affaire ; gagner quarante sols et le cœur de Dieu ; emporter le paradis économiquement ; enfin attraper gratis un brevet d'homme charitable. Je lui aurais presque pardonné le désir de la criminelle jouissance… mais je ne lui pardonnerai jamais l'ineptie de son calcul[3]… (Baudelaire, *La Fausse Monnaie*, 1864)

De cette histoire, Marcel Drach en déduit : « …la falsification… ou plutôt… la contrefactibilité de la monnaie, est inscrite dans la nature même de l'argent, comme le mensonge l'est dans celle de la langue. Car l'argent est un objet symbolique, un simulacre, même s'il a, comme signifiant une réalité matérielle[4]. »

Si André Gide (1869-1951) donne à son roman de 1925 le titre *Les faux monnayeurs*, il cherche à en faire une allégorie en termes de comportements hors normes. Dans les représentations, la fausse monnaie est vivement condamnée : l'opinion publique stigmatise la tromperie des honnêtes gens.

Après 1945, le cinéma s'est emparé de ce thème. Une acmé est sans doute atteinte avec le film de Robert Bresson (1901-1999) *L'argent* diffusé sur les écrans en mai 1983. C'est une adaptation assez libre de la nouvelle *Le faux coupon* (1911) de Léon Tolstoï (1828-1910). Le texte

---

2 Jean-Marie Thiveaud, archiviste et historien *in* R.-P. Droit (*dir.*), *Comment penser l'argent ? Troisième Forum Le Monde Le Mans*, Paris, 1992, p. 236.

3 C. Baudelaire, « La Fausse Monnaie », *Le spleen de Paris*, 1864.

4 « Question de Marcel Drach à Jacques Derrida » *in* M. Drach (*dir.*), *L'argent. Croyance, mesure, spéculation*, Paris, 2004, p. 210.

littéraire, de même que ce long-métrage qui en est issu, participent d'une stigmatisation du mauvais argent.

L'histoire présentée dans cette œuvre cinématographique traite de monnaie déloyale. À la suite du refus de son père de lui donner les espèces qu'il lui demande, le héros de la fiction, Norbert rentre alors en possession d'un faux billet de 500 francs (environ 140 euros de 2008). Il cherche à s'en défaire auprès d'un photographe. Ce dernier, qui accepte la transaction, réalise bientôt qu'il s'agit d'une fausse monnaie. En conséquence, il se débarrasse du faux billet auprès d'un livreur du nom d'Yvon. Ce dernier transgresse alors la loi et va jusqu'au crime. L'œuvre de Robert Bresson est d'une grande noirceur faite de tromperie et de malhonnêteté. Du film se dégage un climat d'horreur, générant une véritable répugnance à l'encontre de cet objet malodorant qui corrompt et qui fait peur.

Cette diabolisation de la fausse monnaie est encore amplifiée par l'affiche du long-métrage, due à l'artiste d'origine belge Guy Peellaert (1934-2008). Elle représente un billet de 500 francs démesuré et déformé par 2 mains rapaces qui cherchent à s'en emparer. Ce marquage de la fausse monnaie la range dans la catégorie « sale ».

LE SALE ARGENT DE LA PROSTITUTION

Le marquage du titre monétaire tient aussi à la nature de l'activité qu'il sous-tend. Il s'échange contre des marchandises de nature douteuse.

Généralement, dans les relations sexuelles, les représentations de l'argent le déprécient volontiers, l'opinion imaginant fréquemment qu'il corrompt, voire pervertit. Anne-Marie Garat, née en 1946, dans son roman de 2010 *Pense à demain* en dresse un tableau très éclairant : « La monnaie sexuelle ne se négocie pas en billets de banque. Tu ne m'achètes pas et je ne me vends pas. Il ne doit pas être question d'argent entre nous, l'argent souille l'argent[5]. »

La prostitution, quant à elle, aboutit à faire du corps de la femme une véritable marchandise. Eu égard aux normes morales ainsi que sociales,

5 A.-M. Garat, *Pense à demain*, 2010, p. 259, cité dans la base Frantext.

les espèces monétaires acquises dans ce commerce sont alors perçues en tant que sales. Pourquoi ce stigmate de saleté ? Dans la filiation de sa réflexion sur le mariage d'argent et le régime dotal, le philosophe Georg Simmel (1858-1918) a analysé en 1900 les rapports entre la prostitution et l'instrument monétaire. Des éléments, déterminant les représentations de l'opinion publique contemporaine pourraient être envisagés dans cette optique.

Simmel soutient qu'une telle transaction, concernant le plus souvent le corps de la femme prostituée, suppose la forme monétaire[6]. Dans le cadre de la prestation sexuelle tarifée, la neutralité du titre monétaire n'engagerait à rien, à la différence de l'échange non monétaire avec un autre objet personnalisé. Le philosophe conclut par l'observation suivante : « au désir tout de suite culminant et non moins vite expirant si bien servi par la prostitution, ne convient que l'équivalent monétaire… (qui)reste en principe, à chaque moment, disponible et bienvenu[7]. » Il invalide alors la médiation de l'argent pour ce qui concerne les relations stables, durables et vraies. À l'inverse, s'agissant de relations sexuelles vénales, Simmel soutient que : « payer en argent, c'est en terminer foncièrement avec tout, autant qu'avec la prostituée après satisfaction[8]. » Il s'appuie sur la pensée de l'un de ses prédécesseurs, Emmanuel Kant (1724-1804), selon lequel tout être humain doit être considéré en tant que fin et non en tant que moyen.

Simmel en déduit que les relations sexuelles vénales sont, de tous les rapports inter-humains, « le cas le plus marqué d'un avilissement[9]… ». « Le niveau inférieur de la dignité humaine est atteint quand, pour une rétribution aussi anonyme, extérieure, objectale, une femme accorde ce qu'elle possède de plus intime et de plus personnel[10]… », ajoute-t-il. L'avilissement de la péripatéticienne dégraderait ce qui appartient à la femme dans le domaine de l'intime[11]. Dans la relation sexuelle de nature vénale s'abolirait toute personnalisation[12]. Simmel note encore :

6 G. Simmel, *Philosophie de l'argent*, première édition allemande 1900, Paris, 2009, p. 473.
7 *Ibid.*
8 *Ibid.*, p. 473-474.
9 *Ibid.*, p. 474.
10 *Ibid.*
11 *Ibid.*
12 *Ibid.*, p. 475.

> [...] on sera relativement fondé à supposer que la femme, par l'offre de cette fonction centrale (la prostitution), de cette partie de son moi, donne toute sa personne avec plus d'entièreté, avec moins de réserve que l'homme (le client), davantage différencié, ne le fait en cette occasion[13]. (Simmel, *Philosophie de l'argent*, 1900)

Il fait donc de la femme un tout à la différence de l'homme. « ...la prostituée est irrémédiablement déclassée, alors que le père débauché saura toujours, par les autres aspects de sa personnalité, se tirer du marécage et conquérir n'importe quelle position sociale[14]. »

Dans l'acte de prostitution, tel qu'il est représenté, l'homme n'engagerait qu'un minimum de son moi alors que la femme son maximum[15]. L'engagement de cette dernière l'impliquant plus que le premier, l'équivalent monétaire est le moins approprié qui soit, en déduit notre philosophe : « l'offre d'argent et son acceptation (sont) le pire abaissement de la personnalité féminine[16]. »En somme, les relations sexuelles vénales seraient marquées par un écart infranchissable entre l'honneur de la femme et les espèces monétaires obtenues[17]. Pour approfondir ce raisonnement, je soutiendrai que l'acte sexuel tarifé entraîne une violence faite aux femmes, même si celles-ci sont, pense-t-on, consentantes. L'argent malodorant du client le dédouanerait de fait de la violence, au moins symbolique, qu'il fait subir à ses partenaires de l'un ou l'autre sexe.

Quelques autres éléments rendent les titres monétaires de la prostitution complètement illégitimes et leur confèrent donc, dans les représentations, une « mauvaise odeur ». Ils se rapportent à l'époque contemporaine, aussi bien que dans le passé, essentiellement à la morale. Dans les représentations ordinaires, le commerce du sexe transgresse traditionnellement les normes morales, rémanences de la culture judéo-chrétienne qui confinait les rapports sexuels dans le cadre du couple consacré.

La prostitution porte toujours atteinte à la famille, fondement de la culture chrétienne et, au-delà, à la société dans la mesure où l'acte sexuel

13 *Ibid.*, p. 476.
14 *Ibid.*
15 *Ibid.*
16 *Ibid.*, p. 477.
17 *Ibid.*, p. 478.

tarifé est stérile. Le « trafic d'êtres humains » favorisé par le commerce du sexe est également stigmatisé. Il rapporterait les plus grosses sommes.

Enfin, dans la mesure où la monnaie de la prostitution est traitée, comme souvent dans les affaires sexuelles avec duplicité et hypocrisie[18], elle est forcément sale car reposant sur le mensonge. L'utilisation des espèces acquises par ce commerce confirme cette réflexion. Leur fonction est bien spécifique et procède d'un véritable marquage. La sociologue de l'Université de Princeton, Viviana A. Zelizer, s'intéressant aux transactions économiques dans le cadre sexuel, prend en compte leur coloration culturelle et morale. Elle se rapporte à une étude consacrée à la prostitution à Oslo dans les années 1980 et pouvant s'étendre à d'autres pays et à d'autres époques. Elle révèle ainsi, que les péripatéticiennes concernées, à partir de leur autoperception, font la part entre une monnaie comptée de près, considérée comme légitime, presque sacrée, celle des allocations sociales et prestations de maladie, utilisée pour les paiements de la vie courante tels loyers et factures et, les titres monétaires de leur activité vénale dilapidés en sorties, vêtements et drogues[19]… Donc, la monnaie échangée à travers le commerce du sexe n'est pas du même ordre que l'argent ordinaire : elle est en quelque sorte étiquetée.

La relation sexuelle vénale, par son caractère à la fois inquiétant et fascinant, scande toute l'histoire du cinéma depuis ses origines, en particulier au cours de la période immédiatement contemporaine. L'échange monétaire, sous-tendu par la prostitution, est presque toujours raconté dans ses représentations cinématographiques. Le film de Bertrand Blier, né en 1939, *Mon homme* (1996) n'y échappe pas. Une image tirée de l'œuvre, souvent reprise, illustre la transaction entre le client et la péripatéticienne qui reçoit le prix de la passe en quelques billets de banque. Cet objet perçu en tant que « sale » satisfait cette dernière selon toute apparence.

Nonobstant, le film délivre un message original. Face à une image attendue de la prostituée en tant que victime, il surprend en lui préférant la représentation d'une femme ayant choisi librement son destin et par conséquent l'acquisition de ce type d'argent malodorant. La perception du cinéaste n'empêche pas, et peut-être au contraire, ce film de qualité

18 A. de Mijolla, « Le franc symbolique » *in* R.-P. Droit (*dir.*), 1992, *op. cit.*, p. 37.

19 V. A. Zelizer, *La signification sociale de l'argent*, première édition américaine 1994, Paris, 2005, p. 29.

d'être récompensé. L'activité vénale représentée dans cette fiction est en définitive magnifiée. Plus de traces d'argent malodorant, le métier est, semble-t-il, reconnu. À propos de cette fille de joie transcendée, le critique Jérôme Garcin a évoqué un pur fantasme[20] ! Décidément dans les représentations, les titres monétaires ainsi obtenus ne peuvent être que sales.

Dans un autre long-métrage de 2005, le même cinéaste, Bertrand Blier, propose une autre représentation d'un tel sujet. D'entrée, et dans le titre même, *Combien tu m'aimes ?*, l'argent est au centre de l'intrigue par son caractère métrique et froid exprimé par l'interrogation combien. Le propos se rapporte à un client, heureux gagnant d'un jeu de hasard, qui veut faire « l'acquisition » d'une péripatéticienne dans le cadre d'une vie commune. Voilà encore, malgré sa dimension comique, une histoire plutôt sordide porteuse de bien des peurs, sous-tendues par les espèces monétaires censées tout permettre dans un tel milieu interlope.

La monnaie de la passe fait de la femme prostituée, une chose, un pur objet, quoique le côté provocateur de l'œuvre, de même que sa fin heureuse, font oublier le type d'activité qu'il met en scène. Changement d'époque voire démarche propre du réalisateur, assez peu fondée compte tenu de sa modestie centrée sur le divertissement et non pas sur la critique sociale ? La pseudo-morale finale de ce long-métrage, sous forme du lieu commun, « L'argent ne fait pas le poids face à l'amour », a été perçue sur le mode simpliste et hypocrite[21]. Voilà la preuve que la toute puissance de l'argent est un fait avéré depuis les années 2000.

Au total, la monnaie de la prostitution est représentée, tant dans la population concernée que dans l'opinion en général, en tant qu'argent facile, plus exactement facile à gagner. Par là, elle est mise en rapport avec le salaire du travail honnêtement gagné : les multiples violences, engendrées par ce « métier » clandestin, y sont ainsi évitées. Pour autant, les relations sexuelles vénales sont généralement, perçues sous un angle malodorant. Et conclut un blog d'un grand quotidien d'information, « Le procès de la prostitution, c'est bien le procès de l'argent[22] », comme quoi cet objet est loin d'être neutre.

20 J. Garcin, « Blier, la pute et le clodo », *L'Express*, *lexpress.fr.*, 25 janvier 1996.

21 C. Graminiès, « Le point de non-retour. Combien tu m'aimes ? », *critikat. Com*, 19 octobre 2005.

22 « Quelle est la place de l'argent dans la prostitution ? », *toutnestpasavendre.blog.lemonde.fr.*, 30 septembre 2011.

L'ARGENT DE LA DROGUE ET DES TRAFICS EN TOUT GENRE

L'ARGENT DU COMMERCE DE LA DROGUE

L'expression narcotrafic, au sens d'échange illicite de stupéfiants, a pour origine le mot narco qui est emprunté à l'anglais pour créer cette expression facile ainsi que l'est le préfixe pétro. Sa stigmatisation s'intègre complètement dans cette critique de l'argent malodorant. Dans un contexte de large prohibition, il est sale d'abord, car illégal. Il est sale ensuite, du fait que l'usage de la drogue est flétri socialement par les conséquences humaines, et particulièrement sanitaires, qu'elle risque d'entraîner. Outre qu'elle est prohibée, elle aboutit par son usage, à dégrader la santé, et au-delà, le corps des consommateurs.

La littérature a répercuté les représentations sombres des stupéfiants. Elle use de mots cinglants, exprimant leur action maléfique : « le précieux poison », écrit en 1943 le poète romancier, ancien surréaliste, Robert Desnos (1900-1945)[23] ; « la vie dangereuse » pour Simone de Beauvoir (1908-1986) en 1954[24] ; « les ravages de la drogue » dans le roman *Sans moi* (1998) de Marie Desplechin[25], née en 1959 ; « une magie fermée », au sens de phénomène peu explicable, note de son côté en 1963 François Nourissier (1927-2011) dans *Un petit bourgeois*[26] ; « quelle horreur », résume en 1964 Christine de Rivoyre[27], née en 1921.

Pour la plupart de ces gens de lettre, les stupéfiants sont menace. Leur avenir est dépeint, avec quelque clairvoyance, sous des couleurs ténébreuses par le même Robert Desnos, dans son roman de 1943 :

> Dans vingt ans, la drogue se sera répandue dans tous les milieux, peut-être même dans les campagnes, et il sera trop tard pour remporter la victoire sur elle[28]. (Desnos, *Le vin est tiré*, 1943)

---

23 R. Desnos, *Le vin est tiré…*, 1943, p. 118, cité dans la base Frantext.

24 S. de Beauvoir, *Les Mandarins*, 1954, p. 558, cité dans la base Frantext.

25 M. Desplechin, *Sans moi*, 1998, p. 20, cité dans la base Frantext.

26 F. Nourissier, *Un petit bourgeois*, 1963, p. 262, cité dans la base Frantext.

27 C. de Rivoyre, *Les Sultans*, 1964, p. 108, cité dans la base Frantext.

28 R. Desnos, 1943, *op. cit.*, p. 8.

Beaucoup plus tard, en 1987, dans *La Fée Carabine*, Daniel Pennac, né en 1944, fait usage d'un langage trivial et pourtant circonstanciel : « Tu ne fais pas de conneries ? ça ne rigole pas dans la drogue...Fais gaffe[29]... » Sur le même thème, en 1998, dans son roman *Sans moi*, Marie Desplechin avertit ses lecteurs de craintes pour l'avenir, assorties de désordres physiques bien visibles : « ...elle jure que la drogue, non quelle connerie quand on voit la déchéance, surtout les filles...ce qu'elles deviennent toutes sans dents[30]... »

Les conséquences, tant à moyen qu'à long terme, sont stigmatisées à la fois dans l'essai *Tigre en papier* (2002) d'Olivier Rolin, né en 1947 : « Elle débutait une carrière de mannequin que...surtout la drogue et l'alcool, plus tard, briseraient net[31] » et, dans *Éléments incontrôlés* de 2012 de l'écrivain Stéphane Osmont, né en 1959, agitant une menace potentielle radicale : « ...je croyais que le temps de nos vies s'étirerait à l'infini, que rien ne pourrait le raccourcir quels que soient nos excès de drogue[32]... »

À la recherche d'images saisissantes, la littérature tend à se consacrer aux effets bien réels des stupéfiants. Outre la perte des dents, déjà évoquée ou les perturbations somatiques auxquelles fait allusion, en 2000, Richard Morgiève né en 1950, dans *Ma vie folle*[33], ce sont des troubles de comportement en apparence mineurs que rapporte Philippe Manœuvre, né en 1954 :

> Les *Motorhead* carburaient au sulfate d'amphétamine, drogue qui a 2 ou 3 effets secondaires déplaisants (...paranoïa permanente, combustion pure et simple de certains circuits mentaux...)[34]. (Manœuvre, *L'enfant du rock*, 1985)

Le roman évoque, tant les perturbations de nature physiologique que les dérèglements de comportement. Des déséquilibres de conduite sont agités en 1943 par Robert Desnos encore : « Elle attribua au besoin de drogue ce désordre moral, cette désagrégation sentimentale[35]. » La consommation de stupéfiants, selon l'écrivain Hervé Guibert (1955-1991)

29 D. Pennac, *La Fée Carabine*, 1987, p. 88, cité dans la base Frantext.
30 M. Desplechin, 1998, *op. cit.*, p. 11.
31 O. Rolin, *Tigre en papier*, 2002, p. 55, cité dans la base Frantext.
32 S. Osmont, *Éléments incontrôlés*, 2012, p. 337, cité dans la base Frantext.
33 R. Morgiève, *Ma vie folle*, 2000, p. 43, cité dans la base Frantext.
34 P. Manœuvre, *L'enfant du rock*, 1985, p. 11, cité dans la base Frantext.
35 R. Desnos, 1943, *op. cit.*, p. 167.

dans son essai *Le protocole compassionnel* (2007) a pour conséquence l'interruption d'activité : « …le prix de la poudre est monté, David n'écrit plus[36]. » Cet argent malodorant et, dépensé à profusion, provoque des privations de toutes sortes :

> Pour garder quelque apparence de luxe, il dut renoncer aux vraies satisfactions de la vie, abandonner sa maison pour l'hôtel, vendre son auto. La drogue, les cigarettes américaines et quelques soins dans le costume épuisaient ses ressources[37]. (Desnos, *Le vin est tiré*, 1943)

Cette monnaie sombre, pour Jean-Patrick Manchette (1942-1995) dans son roman *Morgue pleine* de 1973, peut conduire jusqu'au crime[38]. Le spectre de la mort hante la plupart de ces développements. C'est, par exemple, l'histoire de surconsommation de drogue et d'*overdoses* morbides qui frappent l'entourage dans le roman *Drôle de jeu* (1945) de Roger Vailland (1907-1965) : « La drogue… La plupart des amis de mes 20 ans sont morts ou mourants[39]… » Toute l'escalade conduisant le toxicomane vers la mort, est retracée dans l'œuvre de 1972 de Simone de Beauvoir :

> […] amoureux d'une charmante intoxiquée, elle le persuadait de se piquer à l'héroïne ; il devenait esclave de la drogue, il en mourait[40]… (Beauvoir, *Tout compte fait*, 1972)

L'engrenage découlant de l'usage des stupéfiants, mobilisant la plupart du temps beaucoup d'argent « malodorant », a été représenté dans le roman de Robert Desnos de 1943, *Le vin est tiré* : « À bout de ressources, il ne pouvait plus demander qu'à la drogue elle-même le moyen d'en acheter. C'est-à-dire qu'il en vendait, qu'il trafiquait lui-même. Il volait d'ailleurs plus qu'un autre car il savait combien le besoin est impérieux[41]… »

---

36 H. Guibert, *Le protocole compassionnel*, 2007, p. 100, cité dans la base Frantext.

37 R. Desnos, 1943, *op. cit.*, p. 180.

38 J.-P. Manchette, *Morgue pleine*, 1973, p. 53, cité dans la base Frantext.

39 R. Vailland, *Drôle de jeu*, 1945, p. 16, cité dans la base Frantext ; H. Guibert, *L'image fantôme*, 1981, p. 160, cité dans la base Frantext ; P. Manœuvre, 1985, *op. cit.*, p. 50 ; P. Martens, *Les éblouissements*, 1987, p. 140, cité dans la base Frantext ; D. Pennac, 1987, *op. cit.*, p. 186 ; R. Morgiève, 2000, *op. cit.*, p. 43.

40 S. de Beauvoir, *Tout compte fait*, 1972, p. 257, cité dans la base Frantext.

41 R. Desnos, 1943, *op. cit.*, p. 172.

La peur de l'addiction à ces substances ruineuses, à tous les points de vue, est de plus en plus stigmatisée dans la littérature romanesque. En 1974, elle représente d'abord, le constat simple de la dépendance, comme chez Micheline Bood, née en 1926 : « La drogue, quand on y a goûté une fois, on ne peut pas s'empêcher de recommencer[42]. » L'entrée en addiction est décrite avec plus de détails, en 1963, par François Nourissier dans *Un petit bourgeois* : « Plus on se drogue et plus on doit se droguer si l'on ne veut pas subir l'affreux contrecoup des deux ou trois jours qui suivent le jour de bonheur[43]. » Le tableautin est particulièrement saisissant dans la chronique de Simone de Beauvoir, en 1954 : « Il se cache depuis cinq jours, mais il ne peut plus tenir : 5 jours sans drogue, il est à bout…il est là, couché sur le divan, malade comme un chien. Je vais le piquer[44]. » Les pires errements de l'addiction sont spectaculairement présentés en 1976, dans une œuvre de Romain Gary (1914-1980), célèbre romancier connu également sous le nom d'emprunt d'Émile Ajar :

> Comme on m'avait privé de ma drogue, j'ai peut-être en effet… pris n'importe quoi, n'importe quelle merde…dans un état de manque[45]… (Gary, *Pseudo*, 1976)

Les conséquences en termes pathologiques avaient été diabolisées sur le plan psychologique par l'écrivaine Mireille Havet (1898-1932), dans son *Journal* rédigé dans les années 1920 : « Que peut-on dire d'une drogue qui, à la longue, déforme tout et ne nous restitue le monde primitif pour lequel nous étions faits, qu'une fois dopé par elle[46]. » La mort apparaît finalement en tant que seule issue à son usage addictif dans la chronique publiée en 2000 par Richard Morgiève : « …tous accrochés et pourris par la drogue et bientôt tous morts[47]… »

En définitive, c'est le prosélytisme, que la toxicomanie entraîne, qui exacerbe les peurs représentées par de nombreux écrivains telle la Simone de Beauvoir déjà citée de *Tout compte fait*[48] (1972) ou encore le Richard Morgiève de *Ma vie folle* :

42 M. Bood, *Les années folles : journal d'une lycéenne sous l'Occupation*, 1974, p. 53, cité dans la base Frantext.

43 F. Nourissier, 1963, *op. cit.*, p. 264.

44 S. de Beauvoir, 1954, *op. cit.*, p. 558.

45 R. Gary, *Pseudo*, 1976, p. 206, cité dans la base Frantext.

46 M. Havet, *Journal 1919-1924*, 2005, p. 505, cité dans la base Frantext.

47 R. Morgiève, 2000, *op. cit.*, p. 43. *Cf. supra.*

48 *Cf. supra.*

> [...] maintenant, il est devenu l'apôtre du pétard. Il est partout, avec sa tête défoncée et son prêchi-prêcha sur les bienfaits de la drogue... Le pétard l'a fait personnalité publique, notre ami qui ne l'est plus[49]... (Morgiève, *Ma vie folle*, 2000)

La littérature, par les conséquences qu'elle attribue à l'usage des stupéfiants, fait des espèces monétaires qu'il présuppose un argent « malodorant » suscitant bien des peurs.

Dans l'opinion publique, une réponse donnée en 2011, malgré son inconvénient d'être unique, est révélatrice. À la question posée sur un forum de discussion, concernant le caractère moral ou non du *deal* de cannabis, le propos indique en substance : « ...je pense que c'est plus le goût de l'argent facile que la nécessité de survivre qui pousse à vendre du cannabis[50]... » À ce titre, la drogue est perçue, au moins dans le public normé, en tant que fléau, générant des espèces monétaires malodorantes et suscitant de surcroît bien des désordres dans la société française.

En quelque sorte, l'ampleur de la diffusion de la drogue déclenche des troubles publics et donc, déstabilise la société. Les espèces monétaires échangées ainsi, sont honnies. Elles alimenteraient en particulier, à l'échelon local, une série de petits trafics de toutes sortes. La monnaie des stupéfiants, dans les quartiers, manipulée par de petits trafiquants désignés sous le vocable de *dealers*, dérange. Ce vocable stigmatisant s'est progressivement étendu dans la société française d'après 1945. Un tel anglicisme renvoie le plus souvent, à des petits, voire à des moyens trafiquants de drogue, achetant à un certain niveau de gros, ce produit pour le revendre au détail.

Le trafic de stupéfiants retient donc, l'attention dans la mesure où il mobilise une centaine de milliers de personnes, au seuil du XXIe siècle. Cela engendre un montant d'échange, relativement important, selon un rapport de la Mission interministérielle de lutte contre la drogue et la toxicomanie (MILDT) en 2007.

Le quotidien *Le Figaro* brandit, sans hésitation, l'argent sale transitant dans cet échange. Pour un petit *dealer*, le revenu concerné ne dépasse guère le SMIC (Salaire Minimum Interprofessionnel de Croissance) soit en 2007, 1 280 euros. Mais, pour un trafiquant moyen, la même année,

49 R. Morgiève, 2000, *op. cit.*, p. 98.

50 « Est-il moral de vendre du cannabis ? », *jeusvideo.com*, 29 décembre 2011.

des sommes de l'ordre du demi-million d'euros par an soit environ 45 000 euros par mois en moyenne, sont couramment citées.

Le volume de cette monnaie malodorante, générant toute une économie « grise », donc illicite, a généré bien des peurs jusqu'au plus haut sommet de l'État : en 2007, le président de la République de droite, Nicolas Sarkozy parle d'« une menace pour nos sociétés[51] ». La répression n'est pas loin.

Le *deal* de drogue implique nombre ramifications au sein des collectivités de base et engendre beaucoup de violence. Une telle structure, générée par des pratiques illégales, déclenche couramment des troubles publics et perturbe la vie quotidienne.

Les lieux de transaction sont des espaces du quotidien, telles les cages d'escaliers ou les halls d'entrée, voire les « locaux poubelles » des immeubles des cités. Les représentations littéraires l'illustrent ainsi en 2006, celle de Thierry Jonquet (1954-2009) dans l'un de ses romans :

> Tout le monde savait ce qui se passait à la cité de la Brèche-aux-loups. L'irruption de la drogue, la valse incessante des clients qui venaient s'y ravitailler, les boîtes aux lettres saccagées, les parties communes squattées par des jeunes gens hargneux[52]... (Jonquet, *Ils sont votre épouvante et vous êtes leur crainte*, 2006)

Ces espaces sont protégés souvent, à l'arme blanche, par une armée de guetteurs contre ceux qui veulent s'emparer des produits ou même contre la police. L'échange suscite donc, bien le trouble et le désordre.

Le « *deal* » de cannabis tend à susciter la criminalité. Les règlements de compte font des victimes dans l'espace public. Ils se manifestent, de façon spectaculaire, car les trafiquants disposent désormais, d'armes lourdes : 20 à 25 morts par an dans les Bouches-du-Rhône à partir de 2008[53]. À Marseille, le cortège des victimes est tel, que le procureur de la République a eu une métaphore éloquente, le 4 avril 2016 : « Nous sommes face à un Éverest de folie meurtrière[54]. » Toutes ces effusions de

---

51 J.-M. Leclerc, « Ce que gagne vraiment un dealer de cannabis », *Le Figaro.fr*, 3 décembre 2007.

52 T. Jonquet, *Ils sont votre épouvante et vous êtes leur crainte*, 2006, p. 59, cité dans la base Frantext.

53 É. Vincent, « Le nouveau visage du banditisme », *Le Monde*, 19-20 juillet 2015, p. 6.

54 Brice Robin cité par L. Leroux, « À Marseille, un Éverest de folie meurtrière. La guerre des gangs pour le trafic de drogue a fait quatre morts en deux jours », *Le Monde*, 6 avril 2016, p. 15.

sang et, les représentations diaboliques afférentes engendrent bien des peurs. L'atmosphère de violence est amplifiée dans les représentations. Elles font naître un climat général d'insécurité vivement ressenti par les populations concernées.

L'évolution du trafic de drogue effraie. Le « narcobanditisme » est apparu au grand jour dans les années d'après-guerre. Par ce terme, est exprimée l'alliance probablement, depuis la fin des années 2000, entre les caïds des cités et les barons du milieu. Les nouveaux parrains tendent à s'installer, là où la drogue est produite.

Le rap, forme d'expression musicale et vocale, faite de couplets rimés et apparu dans les ghettos nord-américains au milieu des années 1970, représente cette atmosphère du narcobanditisme. Ainsi, le chanteur français, originaire de la Martinique, Fabe, né en 1971, propose, au tournant du XXe siècle, certaines images de ce monde dans l'une de ses chansons :

> On doit faire les 800 coups…Tu te dis que c'est en vendant de la came (drogue) que tu te fais plus d'argent. (Fabe, *Engrenage*, 1992)

De telles chansons, agitant le danger et produites dans l'imaginaire des artistes tant à partir de la réalité des quartiers que des représentations courantes, ont aggravé la peur des gens :

> Mon dieu, mon dieu, Qu'est-ce qui m'a pris, J'ai soldé le prix de la vie poursuivant l'idéal du cochon de pognon sale. (Fabe, *Engrenage*, 1992)

La métaphore de l'argent sale range ainsi le trafic de drogue au sein de cette catégorie mauvaise.

À l'échelon extra-local, les narcotrafiquants dérangent[55]. À la différence des dealers de quartier, pratiquant un travail de fourmi au niveau de quelques grammes de drogue, ils s'occupent de grosses transactions, bien au-delà du kilogramme et mettent en jeu d'importants montants d'argent sale. Un tel marché existe depuis le XIXe siècle, ainsi qu'en témoignent les fameuses guerres de l'opium, à la suite de la contrebande sur l'opium, tolérée par les Anglais dans les années 1840-1842. Depuis les années 1970, le narcotrafic a littéralement explosé. Il fascine l'opinion

---

55 Sur cette question, on pourra consulter le livre du journaliste italien Roberto Saviano, *Zero, Zero, Zero : viaggio nell'inferni della coca*, Milano, Feltrinelli, 2013.

qui se passionne pour l'arrestation de tel ou tel baron, ainsi le grand trafiquant mexicain El Chapo, en janvier 2016.

Le recours à des automobiles ultra-rapides (*Go Fast*) sillonnant l'Europe, impressionne le public par le montant des sommes en jeu. Le film éponyme de 2008 du jeune réalisateur belge Olivier Van Hoofstadt en témoigne. *Go Fast* est un long-métrage policier, qui rend compte d'un trafic important et, à grande vitesse, de résine de cannabis, du sud de l'Espagne à la France. L'échange de coups de feu, suivi de la mort, scande l'histoire. Sans être une grande œuvre, il attire plus de 700 000 spectateurs, captivés par ce trafic et par le ressort policier de l'intrigue. Film à rebondissements, il reste réaliste voire informatif, sans verser dans le spectaculaire outrancier. Pour cela peut-être, il a trouvé son public, curieux de cette criminalité.

L'activité des passeurs de drogue (« mules ») a suscité d'autres représentations. Dès 2004, le film américain, *Maria pleine de grâce*, du réalisateur Joshua Marston interpelle les spectateurs par la mise en scène minutieuse de ces personnes, employées au service du transport de stupéfiants. Le long-métrage représente l'histoire de pauvres filles fréquemment promises à la mort par la rupture d'un sachet de drogue transporté clandestinement en l'avalant. Cela contribue à faire, du trafic de drogue, une activité générant de la monnaie sale. Primée à plusieurs reprises, l'œuvre mobilisa l'intérêt d'un certain public français apeuré face à ces pratiques frauduleuses, mais elle n'attira, dans sa version française, qu'un total de 250 000 spectateurs environ.

Le narcotrafic est craint à l'échelle mondiale. L'écho médiatique remporté par les trafiquants internationaux de drogue, l'atteste. En conséquence, la drogue fait peur. Un sondage IPSOS de 1992, portant sur un échantillon de 1006 personnes âgées de 18 ans et plus, indique qu'à la question : « Quand vous pensez à votre famille, à vos proches, avez-vous peur de la drogue ? », près de deux sondés sur trois (63 %) répondaient par l'affirmative et, parmi eux, un tiers (34 %) déclarait en avoir très peur[56]. Il n'est donc, pas étonnant que les titres monétaires générés par ce trafic soient représentés en tant que sales.

Pourtant, dans les années récentes, un nombre de plus en plus important de Français se sont déclarés favorables à la légalisation du

56 « Les Français et la drogue », *ipsos.fr*, 10 octobre 1992.

cannabis. Ils accusent la prohibition tous azimuts de la drogue produisant de l'argent malodorant et produisant de la violence. Quelques nuances d'appréciation caractérisent cependant, certaines représentations littéraires telle, en 2008, celle de Jean-Patrick Manchette dans son *Journal* : « Une chose est de s'opposer à la répression contre les drogues, une autre de ne pas voir en la drogue une aliénation misérable. Du moins, dans la drogue addictive[57]. »

Nonobstant, il arrive que les images concernant les « drogues douces » et produites par des avis autorisés, soient globalement positives comme dans *La vie sauve* (2005) de la collaboratrice d'édition Lydie Violet (1962-2015) et de la romancière Marie Desplechin, née en 1959 : « (Le cannabis)...qu'importe s'il ouvre l'appétit, calme les douleurs, encourage à vivre[58]. » Toutefois, le caractère prohibitif de la toxicomanie provoque des ambiguïtés liées à son usage. Elles sont révélées par quelque représentation, relativement apaisante telle celle de l'écrivain Mathieu Simonet né en 1972, dans *Roman autour d'une disparition* (2013) : « L'ingestion de (cette) drogue entraîne d'agréables visions lumineuses suivies d'une période de lassitude[59]. »

L'ARGENT ISSU DE LA CORRUPTION ET D'AUTRES TRAFICS

Dès la Libération, la SFIO et le PCF ont fait référence à ce vieux thème de la corruption des « gros » et autres trusts. Dans un texte commun du 2 mars 1945, les deux partis écrivent : « Faisant de la corruption un moyen de pression sur l'État, ils ont débauché les dirigeants des ministères qui, au lieu de les contrôler, ont trouvé chez eux des sinécures[60]. »

La corruption (favoritisme, complicité...), de même que le trafic d'influence (détournement de fonds publics et autres abus de confiance...) ont été dénoncés régulièrement[61]. Ils ont fait l'objet, dès 1993, d'une loi Sapin « relative à la prévention de la corruption et à la transparence de la vie économique et des procédures publiques ». Il est envisagé, en

57 J.-P. Manchette, *Journal : 1966-1974*, 2008, p. 336, cité dans la base Frantext.

58 L. Violet, M. Desplechin, *La vie sauve*, 2005, p. 78, cité dans la base Frantext.

59 M. Simonet, F. Olivès et M. Beltra, *Roman autour d'une disparition*, 2013, p. 106, cité dans la base Frantext.

60 Cité par S. Bernstein, « La SFIO » *in* C. Andrieu, L. Le Van, A. Prost, (*dir.*), *Les nationalisations de la Libération. De l'utopie au compromis*, Paris, 1987, p. 177.

61 À titre d'exemple, on citera É. Vincent, « Le parquet financier s'attaque à la corruption locale », *Le Monde*, 10 février 2015, p. 21.

2016, une seconde mouture. Ces pratiques se traduisent, en effet, par des abus de pouvoir à des fins d'enrichissement (prises illégales d'intérêt, délits d'initiés) ou de gratification personnelle, parfois non monétaire (médailles…). Le fait qu'il s'agisse de modestes sommes, n'exclurait pas la critique : « … la corruption … passera pour d'autant plus vile que la somme est mince[62]. » L'opinion semble soutenir que cette pratique est répandue dans le corps social[63]. Voilà un objet fréquemment perçu en tant que sale dans les représentations.

La plupart des trafics de marchandises diverses produisent des instruments monétaires conçus dans les représentations, sur le mauvais versant des choses. Le trafic d'armes, par les montants d'espèces monétaires mis en œuvre et, également par ses conséquences en termes de vie humaine, est évoqué au premier rang de l'argent malodorant. Non seulement, il est souvent, à l'origine du grand banditisme criminel, mais particulièrement à partir du XXIe siècle, il est censé être à l'origine de l'abominable terrorisme. À une échelle plus modeste, la contrebande du tabac et de l'alcool, encore fréquente dans les régions frontalières, l'illustre.

Malgré tout, si les titres monétaires, qui en découlent, sont jugés sales par les pouvoirs publics, la société dans sa généralité a tendance pourtant à les tolérer. L'argent, aidant à vivre, est le plus souvent perçu sur le mode bénéfique.

LE SALE ARGENT DE LA FRAUDE ET DE L'ÉVASION FISCALE[64]

Fraude et évasion fiscale ont revêtu, dans l'histoire, des sens très différents. Par fraude, le droit entend un agissement mettant ouvertement obstacle à l'application normale de la loi et dont les auteurs sont l'objet de sanctions pénales ou fiscales. Le bénéfice qui en résulte est donc, au figuré malodorant.

62 G. Simmel, 2009, *op. cit.*, p. 484.

63 J.-P. Stroobants, « Corruption : Paris peut mieux faire, juge Bruxelles », *Le Monde*, 4 février 2014, p. 3.

64 Sur les faits relevant de cette question, on pourra consulter A. Spire et K. Weidenfeld, *L'impunité fiscale. Quand l'État brade sa souveraineté*, Paris, La Découverte, 2015.

Nonobstant, le laxisme des pouvoirs publics, ainsi que les représentations en matière de fiscalité dans l'imaginaire des Français, sont hérités d'une histoire séculaire d'émeutes récurrentes dans ce domaine. Elles ont culminé au moment de la Révolution française. Le fait que la fiscalité ne pesait pas sur les privilégiés, en l'occurrence les aristocrates, déclenchait le mécontentement du Tiers État. S'est diffusée alors, dans la société française l'idée de l'injustice de l'impôt.

Cet héritage de l'Ancien Régime perdure toujours dans les perceptions de l'impôt à l'époque contemporaine. La fraude fiscale est tolérée dans l'opinion populaire, même si cette tolérance paraît différer en fonction de son échelle : la société excuse fréquemment le petit fraudeur, celui qui vit de son travail. Trois exemples le démontrent. En 1963, à l'occasion de l'échec de la grande grève des mineurs au fort retentissement dans l'opinion publique, j'ai pu entendre, alors que j'étais dans une petite classe, le professeur d'histoire critiquer la politique des pouvoirs publics en la matière. Il encourageait par ailleurs, une possible fraude fiscale de nos parents, en soutenant qu'ils ne tromperaient que l'État ! Un deuxième exemple correspond à la représentation du « travail au noir », largement toléré dans la société française, alors que celui-ci produit un argent illicite. Un dernier exemple se rapporte aux salariés, jadis autorisés par le fisc à réduire de 20 % le montant de leurs revenus imposables (impôts sur le revenu). Par là, l'administration reconnaissait, implicitement, que les autres professions, dont le revenu n'est pas susceptible de déclaration par un tiers, minoraient couramment leurs gains de l'année écoulée de 20 % en moyenne.

De tout cela, il en est résulté une tradition bien française de tolérance à l'égard de la petite fraude ou de la fraude commise par des voisins. Ainsi, sous l'Ancien Régime, le paysan, qui braconnait sur les terres ou dans les bois du Seigneur, était volontiers protégé par sa communauté villageoise d'origine. S'agissant de la fraude à grande échelle, l'opinion est davantage critique et, le politique a voulu s'en emparer. Dans son discours de 2012 au Bourget, le candidat du parti socialiste à l'élection présidentielle, François Hollande exprime une nette réprobation à l'encontre de ces pratiques : il blâme les délinquants financiers, les fraudeurs fiscaux... (tonnerre d'applaudissements, *sic*). Les milieux politiques et, à leur suite l'opinion publique, avaient pris conscience dans les années 2000 de l'ampleur de la fraude touchant à la fois le travail illégal (fraude au détachement) et la Sécurité sociale...

Dans le passé, l'évasion fiscale était strictement légale : elle correspondait à un contribuable parvenant, en s'appuyant sur la loi, à ne pas régler tout ou partie de l'impôt auquel il était assujetti. Le vocable « optimisation » s'est progressivement substitué à « évasion fiscale », ayant acquis un sens de plus en plus douteux. Ce dernier acte s'est, longtemps opposé à la fraude qui viole ouvertement la loi. Toutefois, même s'il s'agit d'un procédé à la limite du civisme, l'évasion fiscale n'a pas été considérée en France, dans le passé, en tant qu'argent sale[65].

La Seconde Guerre Mondiale, accompagnée des tragiques persécutions antisémites bien connues, avait déclenché des phénomènes d'évasion fiscale dans le monde juif. Mais le retour à la normale en 1944 avait estompé ces mouvements de fuite de capitaux. Bref ceux-ci avaient été acceptés par l'opinion. Puis, sous l'effet de peurs induites par des menaces d'essence politique, concernant l'argent, ces déplacements de capitaux ont repris parfois, avec une certaine ampleur. Une démonstration de ces réactions est apparue dans la société française au lendemain de mai 1968. Une autre manifestation de cet exode coïncide avec l'arrivée au pouvoir, en France, en 1981, d'un gouvernement de gauche composé à la fois de ministres socialistes et communistes.

Les comportements d'évasion fiscale des nantis, fréquemment cachés dans le passé, sont alors devenus visibles. Ils font désormais, l'objet d'une stigmatisation.

Depuis la crise internationale financière de 2008, le sens commun d'évasion fiscale a évolué à tel point que les représentations en ont fait une pratique mauvaise. Une raison majeure tient au fait qu'elle concerne essentiellement les riches : facilités d'accès à l'information sur les fameuses « niches fiscales », moyens de rémunérer un conseiller... Cette pratique a suscité différentes enquêtes journalistiques.

Perçue en tant que fraude l'évasion fiscale, au sens immédiatement contemporain, correspond aux diverses tentatives d'échapper dans son pays de résidence, à l'impôt perçu comme excessif. Elle est fréquemment, liée à l'exil fiscal dont il a été question déjà[66]. L'évasion fiscale, voire l'exil des célébrités, est devenue un véritable « marronnier » journalistique. Ces activités perçues désormais, en tant que douteuses, seraient

65 Voir les définitions de fraude et d'évasion fiscale dans le *Grand Larousse encyclopédique*, édition de 1970.

66 *Cf. supra* quatrième chapitre.

liées à l'augmentation des deux grands impôts : l'IRPP (Impôt sur le Revenu des Personnes Physiques) et l'ISF (Impôt de Solidarité sur la Fortune)[67]. Dans l'opinion, ces pratiques ont alimenté l'idée, certes controversée, selon laquelle c'est « l'enfer fiscal » supporté par les riches qui alimenterait leur exil[68].

Une méthode spectaculaire, vilipendée dans les représentations, consiste à créer une société écran dans un paradis fiscal tel l'État de Panama, les Iles vierges britanniques ou les îles Caïmans… Ce déplacement patrimonial, vers ce qui est convenu d'appeler les « paradis fiscaux », a mobilisé divers *leaders* d'opinion. Dès 2002, un rapport du journaliste Antoine Peillon et de l'homme politique socialiste Arnaud Montebourg, avait dénoncé ces paradis fiscaux. En 2014, un ancien directeur du Trésor, Daniel Lebègue, devenu militant contre les paradis fiscaux et l'évasion qu'ils accueillent, ne mâchait pas ses mots :

> En période de crise, quand les gouvernants appellent leurs citoyens à des sacrifices, la fraude fiscale devient intolérable[69]. (Lebègue, 2014)

Les enquêtes journalistiques ont mis à jour le rôle de certaines banques, localisées en France. Au tournant du XXe siècle, des gens riches sont ainsi, démarchés par des « experts *off shore* », lors de manifestations mondaines de nature culturelle ou sportive, organisées par la filiale localisée en France de la banque suisse UBS (Union des Banques Suisses)[70]. À l'occasion de la mise en examen de ces institutions, *le Monde* quotidien de référence en France, publie les 18, 19 et 20 février 2016, une série d'articles dont l'un des titres est évocateur : « Fraude fiscale. UBS ou l'art de chasser le riche en France[71] ».

En 2016, le scandale des « *Panama papers* », se rapportant à des opérations d'évasion fiscale de 1977 à 2015, a pris une dimension mondiale. L'accès, non autorisé au serveur de messagerie électronique du

---

67 P. Roger, « Bercy confirme l'accélération de l'exil fiscal en 2013 », *Le Monde*, 7 octobre 2015, p. 10.

68 P. Roger, « Des riches plus nombreux et de plus en plus riches », *Le Monde*, 14 août 2015, p. 7.

69 « Interview de Daniel Lebègue par Anne Vidalie », *lexpansion.lexpress.fr*, 6 juillet 2014.

70 A. Peillon, *Ces 600 milliards qui manquent à la France. Enquête au cœur de l'évasion fiscale*, première édition 2012, Paris, 2013, p. 129 et suivantes.

71 E. Cazi, « Fraude fiscale. UBS ou l'art de chasser le riche en France », *Le Monde*, 19 février 2016, p. 8-9.

cabinet-conseil de l'État du Panama, Mossack Fonseca, l'un des grands spécialistes au monde de la domiciliation de sociétés-écrans offshore, avait permis au *Consortium international des journalistes d'investigation* (ICI) de prendre connaissance de 11,5 millions de documents concernant ces opérations. Le journal, *Le Monde*, fait partie de la centaine de médias mondiaux, ayant bénéficié de cette information en direct. À ce titre, il publie, à partir du 5 avril 2016, une série d'articles. Leur substance paraît limpide, les documents consultés refléteraient « les avoirs cachés dans des paradis fiscaux » :

> Comment dissimuler son argent sans peine. Créer une société offshore est une technique éprouvée mais, il faut parfois savoir investir pour échapper au fisc[72]. (*Le Monde*, 6 avril 2016)

Tout en notant, malgré tout, que « toutes les sociétés offshore ne sont pas illégales, ni même opaques » les journalistes mentionnent, par ailleurs, que « la grande majorité d'entre elles sont utilisées en tant que sociétés-écrans pour dissimuler des avoirs et échapper à l'impôt ». Leur conclusion est cinglante :

> [...] L'argent propre côtoie ainsi l'argent sale, l'argent « gris » (celui de la fraude fiscale) et l'argent « noir » (celui de la corruption et du crime organisé)[73]. (*Le Monde*, 5 avril 2016).

Même si les noms de grandes personnalités de pays étrangers, notamment au niveau politique, circulent, la présence de riches Français est limitée à un millier avec quelques patronymes fameux. Une banque telle la Société Générale est, semble-t-il, impliquée, bien qu'elle s'en défende. *Le Monde* en fait état dans un article intitulé : « La Société générale, client choyé de Mossack » sans toutefois l'accuser ouvertement de manipulation d'argent sale : « La banque française a créé près d'un millier de sociétés offshore par l'entremise de la firme panaméenne, dont une centaine restent actives ». Il n'en faut pas plus pour que les représentations sombres des banques déferlent. Le quotidien remet aussi

72 J. Baruch, M. Vaudano, « Comment dissimuler son argent sans peine. Créer une société offshore est une technique éprouvée, mais il faut parfois savoir investir pour échapper au fisc », *Le Monde*, 6 avril 2016, p. 5.

73 J. Baruch, A. Michel, S. Piel, J. Tilouine et M. Vaudano « Plongée au cœur des paradis fiscaux », *Le Monde*, 5 avril 2016, p. 2.

en cause, certaines de ses consœurs étrangères : « Les grandes banques, carburant et actrices du système offshore. 365 groupes bancaires ont fait appel aux services de Mossack Fonseca dont des poids lourds comme HSBC, UBS et Crédit Suisse[74]. » Il n'y a pas loin pour que tous ces articles aboutissent, finalement, à diaboliser dans l'opinion le monde de l'argent.

En France, des personnalités riches sont ainsi, remises en cause par les médias, à commencer par *Le Monde*, dont une manchette titre : « Ces Français qui cachent leur fortune dans les îles. Entreprises et grandes familles ont mis en place des mécanismes d'évasion fiscale[75]. » Les spécialistes français de l'évasion fiscale ont emboîté le pas, à commencer par l'universitaire reconnu au niveau international, Gabriel Zucman : « Mossack Fonseca…est un chaînon d'une vaste industrie…qui œuvre à la protection des grandes fortunes[76]. » Les deux sociologues, déjà cités et engagés dans la critique de la richesse, Michel Pinçon et Monique Pinçon-Charlot, y vont d'un article de presse au vitriol :

> Les plus riches bénéficient de la complaisance des autorités pour échapper à l'impôt… L'évasion fiscale est un des instruments de domination des plus riches[77]… (Michel Pinçon et Monique Pinçon-Charlot, *Le Monde*, 6 avril 2016)

La réaction du journal *Le Monde* mobilise immédiatement, l'ensemble des médias français et la stigmatisation de l'argent sale des nantis se diffuse dans une grande partie de l'opinion.

Pourtant, les riches, en tant que tels, ne constituent pas la seule catégorie stigmatisée. Dès la fin de la guerre, alors que l'expression « argent sale » n'est pas encore utilisée, les espèces monétaires produites par le

74 A. Michel, « La Société générale, client choyé de Mossack. La banque française a créé près d'un millier de sociétés offshore par l'entremise de la firme panaméenne, dont une centaine restent actives. », *Le Monde*, 6 avril 2016, p. 6 ; A. Michel, « Les grandes banques, carburant et actrices du système offshore. 365 groupes bancaires ont fait appel aux services de Mossack Fonseca, dont des poids lourds comme HSBC, UBS et Crédit Suisse », *Le Monde*, 6 avril 2016, p. 6.

75 « Ces Français qui cachent leur fortune dans les îles. Entreprises et grandes familles ont mis en place des mécanismes d'évasion fiscale », *Le Monde*, 7 avril 2016, p. 1.

76 G. Zucman, « La lutte contre la fraude fiscale est à repenser de fond en comble », *Le Monde*, 7 avril 2016, p. 22.

77 M. Pinçon et M. Pinçon-Charlot, « Le silence de l'État sur l'évasion fiscale profite à une oligarchie », *Le Monde*, 6 avril 2016, p. 22.

marché noir sont représentées en tant qu'argent malodorant. Dans des circonstances de rareté, certains groupes sociaux avaient bénéficié des marchandises qu'ils détenaient, pour en fixer le prix à des niveaux très élevés. Beaucoup de paysans, produisant des denrées alimentaires, avaient profité de leur vente au marché noir. Cette pratique avait entraîné une stigmatisation de la paysannerie dans son ensemble, à la fin de la guerre. Les fameuses lessiveuses, débordantes de billets de banque, sont bien connues. En 1963, un grand *leader* du syndicalisme paysan tel Michel Debatisse, tout en évoquant mythe et cliché, y fait clairement référence à partir d'un témoignage apparemment authentique dans son livre bien connu *La Révolution silencieuse : le combat des paysans* : « …aux dernières années de la guerre, l'agriculture était une profession enviée, en raison du mythe des lessiveuses, du bas de laine[78]… »

Cependant, l'historien et essayiste, Daniel Guérin, présente, en 1977, cette pratique, tel un fait dans son autobiographie *Le feu du sang* : « Nous en revenons (de la campagne) avec un chargement de beurre et d'œufs. Mais, les espèces n'intéressent guère ces gros paysans aux tiroirs et aux lessiveuses remplis par le marché noir[79]. » Cette réalité pourtant bien partielle devient, dans l'après-guerre, une légende qui irrigue l'ensemble de l'opinion française à tel point que toute une catégorie sociale en est stigmatisée.

Dans les années récentes, c'est au tour des retraités qui ne sont pas toujours des gens fortunés, d'être soumis à la vindicte publique. Leurs paradis fiscaux font, désormais, l'objet de représentations stigmatisantes.

Cette soif, pratiquement inextinguible de l'argent, fait peur. La vindicte se déchaîne quand des ministres de gauche sont convaincus de frauder le fisc. L'affaire (2012-2013), concernant le ministre du Budget Jérôme Cahuzac, prend une ampleur considérable. Quand, en 2014, Thomas Thévenoud, du même bord, par ailleurs secrétaire d'État chargé du Commerce extérieur, est accusé de ne pas déclarer ses revenus au fisc, l'opinion s'insurge et une partie d'entre elle reprend les vieilles représentations négatives à l'égard du personnel politique : « tous pourris ».

78 M. Debatisse, *La Révolution silencieuse : le combat des paysans*, 1963, p. 114, cité dans la base Frantext. Voir aussi p. 136.

79 D. Guérin, *Le feu du sang : autobiographie politique et charnelle*, 1977, p. 100, cité dans la base Frantext.

L'action répressive de l'État est restée jusqu'aux années récentes relativement faible[80]. Le ministère du Budget a cependant, le monopole de la lutte contre cette fraude depuis longtemps. « De temps en temps, il transfère des dossiers à la justice », déclare le juge Éric de Montgolfier sur la station de radio France Culture, en 2014. Il parle même, de pressions sur la justice. Il estime alors, qu'une évolution n'est guère possible, même s'il se fonde sur des faits antérieurs à cette date. Antoine Peillon fait référence, en 2012 encore, à l'impunité et à l'omerta judiciaires, concernant les auteurs de fraude[81] : est évoquée pudiquement « une incivilité financière ». Dans cette pratique, s'agissait-il « d'un choix de société », lié à « un relâchement du frein fiscal » dans un contexte de méfiance traditionnelle des Français à l'égard de l'impôt[82] ?

Cette évasion a été perçue dans les milieux populaires, en tant qu'argent malodorant à rapprocher de la grande fraude. Les médias qui en font couramment état, depuis le début du XXIe siècle, renforcent ces représentations. Antoine Peillon fait état de méthodes criminelles, allant jusqu'au blanchiment[83]. Dans l'opinion, de tels propos amplifient les réactions stigmatisantes, à l'égard de l'argent.

Le paradoxe entre la diabolisation, dont fait l'objet cette pratique depuis quelques années et, le silence poli dont elle a profité, durant une très grande période ayant précédé la crise de 2008, interroge. « … J'ai constaté que la diplomatie imposait, in fine, l'extension du tabou sur la finance fantôme », commente le même journaliste spécialisé[84]. C'est parce que cette pratique était devenue un scandale que les pouvoirs publics, à partir de la présidence de Nicolas Sarkozi (2007-2012), s'y sont attaqués. La question a été reprise par le gouvernement, issu de la nouvelle majorité socialiste élue en 2012. Ainsi, une circulaire de juin 2013 vise à inciter les contribuables, détenant des avoirs à l'étranger, à les déclarer au fisc. Une réprobation générale de l'opinion touche, désormais, cet « argent sale ».

---

80 Note du ministère de l'Intérieur du 24 novembre 2009 évoquant cette pratique, citée par A. Peillon, 2013, *op. cit.*, p. 54.

81 *Ibid.*

82 T. Pech, *Le temps des riches. Anatomie d'une sécession*, Paris, 2011, p. 147.

83 A. Peillon, 2013, *op. cit.*, p. 75, 90 et suivantes. Voir aussi *infra*.

84 *Ibid.*, p. 10.

L'ARGENT DU VOL

Il a toujours, fait l'objet d'une stigmatisation, découlant de la transgression des normes juridiques et, au-delà, morales. Par-dessus tout, il conduit fréquemment au crime. Pascal Bruckner soutient que « le Veau d'or » l'emporte dans « le monde du crime, mû par une cupidité dévorante[85] ». Dans les représentations, le vol a une mauvaise odeur, quoique apparaît souvent une relative ambivalence.

Une observation, puisée dans une étude américaine généralisable en termes de lieu et d'époque, présente un gangster de Philadelphie qui, dans les années 1950, ne donnait aux œuvres que l'argent offert par sa mère et non les espèces volées. Il déclarait « … c'est du mauvais argent, ce n'est pas de l'argent honnête ». L'instrument monétaire, correctement gagné par sa mère, pouvait être consacré à Dieu[86] !

Dans l'imaginaire des Français, le marquage des titres monétaires dérobés sera analysé à travers la fameuse campagne publicitaire, déjà évoquée, de la BNP de 1972[87]. Dans l'objectif de faire sa promotion, il avait été imaginé de solliciter les Français en brisant de front le tabou de l'argent. La campagne avait été baptisée « Al Capone » du nom du célèbre bootlegger et gangster américain des années 1930, Alphonse Capone. Sur l'affiche publicitaire, est représenté, de buste, en toile de fond, ce personnage étrange, vêtu de noir et au sourire imperceptiblement carnassier. L'écho médiatique est immédiat dans la France des années 1970, mais le personnel de la banque n'apprécie guère cette icône mondiale de la monnaie volée, censée les représenter. « La publicité était bonne, mais elle pêchait par son exécution. Il aurait fallu un comédien aux allures moins diaboliques et un slogan disant nous au lieu de je », a prétendu le publiciste Éric Tong Cuong cité par le journal *Stratégies*[88]. Le résultat de la campagne est décevant et elle est interrompue, dès l'année suivante.

Dans le même registre de représentations, certaines minorités bien typées ont fait l'objet, à ce titre, d'une diabolisation systématique, tout au long de

85 P. Bruckner, *La sagesse de l'argent*, Paris, 2016, p. 131.

86 V. A. Zelizer, 2005, *op. cit.*, p. 29.

87 *Cf.* cinquième chapitre.

88 « Votre avenir m'intéresse » (*cf.* Stratégies Magazine n° 1060), *strategies. fr*, 12 juin 1998.

l'histoire et particulièrement, après 1945. C'est le cas des Gitans et, spécialement, des Roms. Une enquête de la Commission nationale consultative des droits de l'homme (CNCDH) publiée, le 3 mai 2016, révèle que les Roms restent la minorité la moins bien tolérée : alors que l'indice longitudinal de tolérance, déjà cité[89], est de 82 pour les Juifs ou 69 pour les Maghrébins, il n'est, malgré une légère amélioration cette année-là, que de 34[90]. Il est bien éloigné de la valeur théorique idéale de 100 et il signifie par simple déduction que l'intolérance touche deux tiers des personnes interrogées.

Les Roms, malgré une importance limitée (environ 15 000 en 2010), sont toujours, au-delà de divers stigmates, perçus par l'opinion et, en l'espèce par maints entrepreneurs de morale comme par divers groupements politiques de droite, en tant que voleurs. Ils sont, d'ordinaire victimes de discriminations. En conséquence, ils sont stigmatisés. En 2011, sur le marché de Sucy-en-Brie, en présence de personnes qui en appellent à des mesures d'hébergement en faveur de ces nomades, fusent peu après des expressions, tel que « qui c'est qui nous vole[91] ? ». De ces représentations stigmatisantes, résultent les nombreux contrôles de gendarmerie dont ils font l'objet.

L'exemple de l'Égyptien, Mahmoud Philippe El Shennawy, illustre, quoiqu'il s'agisse d'un cas unique, certaines représentations traditionnelles du mauvais argent. Le 8 septembre 1975, alors qu'il n'a qu'une vingtaine d'années, il participe, semble-t-il, au hold-up d'une banque parisienne, le CIC (Crédit Industriel et Commercial). Au cours de ce braquage, une prise d'otages est réalisée. Elle permet aux voleurs d'obtenir une rançon de 600 millions de francs (environ 383 millions d'euros de 2008). Ils s'enfuient ensuite, avec des otages qu'ils libèrent dans leur course. Alors que les braqueurs échappent aux poursuites, l'un d'eux, El Shennawy, accède au rang d'ennemi public numéro un. Cette image infâme découle sans doute, de l'ampleur des sommes dérobées, puisque le hold-up s'est fait sans verser de sang et que les otages ont été libérés dans la journée. À la suite, El Shennawy, bien que se proclamant innocent, est arrêté. Il comparait devant la Cour d'Assise de Paris qui lui inflige, le 28 janvier 1977, une peine de prison à perpétuité.

89 *Cf. supra*, quatrième chapitre.

90 Résultat dans M. Baumard, « En 2015, une France plus toléran*te* », *Le Monde*, 3 mai 2016, p. 7.

91 Cité par B. Hopquin, « À Sucy-en-Brie, des paroissiens aux militants syndicaux, les habitants se mobilisent pour venir en aide à des Roms », *Le Monde*, 22 mars 2011, p. 21.

Qu'un jury populaire ait pu adopter cette décision, s'agissant d'un hold-up sans effusion de sang, met au grand jour, sans aucun doute, la stigmatisation de ces espèces monétaires « sales ». Le condamné, s'avérant un détenu difficile, purge finalement, une détention de 38 ans de prison, alors qu'il continue à nier son implication dans ce braquage. C'est dire que les magistrats s'avéraient également, très sensibles au montant volé. Les instruments monétaires conservent, au tournant du XXIe siècle, une sorte de caractère sacré. Quand ils sont dérobés, l'infraction aux normes juridiques et sociales est vite ressentie. Ils sont perçus, quasiment en tant qu'objet inexpugnable. En 1978, sur un mode volontairement naïf, un auteur-compositeur comme Julien Clerc propose dans ce sens le refrain d'une chanson :

> Travailler c'est trop dur et voler c'est pas beau. (Julien Clerc, *Travailler c'est trop dur*, 1978)

Derrière l'expression enfantine, jaillit la force d'un interdit moral propre à la plupart des sociétés occidentales.

À propos de la monnaie dérobée, argent malodorant certes, l'ambivalence des représentations des Français mérite d'être cependant notée. La séduction de l'image des gangsters, transcendant les banals voleurs, est particulièrement nette dans l'imaginaire populaire. Romans et films noirs, aux codes et aux règles bien précis, recueillent une grande audience.

Les représentations des espèces volées sont fréquemment liées à la perception parfois quasi-glorieuse des voleurs. Albertine Sarrazin (1937-1967), ayant côtoyé le banditisme, a produit une image de ce monde presque lumineuse, dans *L'Astragale* (1965), roman à succès à dimension autobiographique : « le respect pour le type qui sait voler[92]... » Le lectorat pourra être séduit, voire fasciné par l'intelligence du voleur et, à la limite, lui accorder des circonstances atténuantes.

En 1973, l'argent volé traverse la chanson *Gentleman cambrioleur* de l'artiste populaire à succès, Jacques Dutronc, né en 1943. Les paroles de Franck Harvel, pseudonyme de Alain Boublil, né en 1941, et de Yves Dessca, né en 1949, révèlent une relative ambiguïté. Les deux paroliers ont puisé leur inspiration dans le célèbre roman de Maurice Leblanc

92 A. Sarrazin, *L'Astragale*, 1965, p. 50, cité dans la base Frantext.

(1864-1961), *Arsène Lupin gentleman-cambrioleur*, publié en 1907. Nourri de la pure imagination de ce conteur, à partir toutefois, du modèle certes contesté d'un bandit du XVIIIe siècle, à moins qu'il ne s'agisse de cambrioleurs du XIXe siècle, Arsène Lupin montre une figure au double visage qui depuis a fait florès dans la société française. Le personnage d'Arsène Lupin effraie, charme et amuse aussi : bref, il fascine.

La chanson récente, qui a accompagné, dans les années 1970, la série télévisée éponyme, s'inscrit également dans cette ambivalence qu'exprime son refrain de façon spectaculaire :

> C'est le plus grand des voleurs, oui, mais c'est un gentleman. (Refrain de la chanson de Jacques Dutronc, paroles Harvel et Dessca, 1973)

Ainsi, le personnage d'Arsène Lupin a ici une dimension dualiste pleine de duplicité.

D'un côté, le voleur dans son paroxysme correspond, dans l'imaginaire commun, à un individu dont le comportement est fait de rapacité, de ruse, bref de bassesse. En substance, la chanson décrit le contenu de ses rapines, de ses « valeurs » dérobées tel « Le tableau acheté la veill'... » Y sourd toutefois une dimension diabolique, même si les cambriolages, évoqués dans la chanson, se déroulent sans bruit et pratiquement sans heurt : le héros s'amuse à voler, écrit même le préfacier du roman de Maurice Leblanc.

De l'autre côté et par opposition, Lupin est présenté tel un gentleman : au sens figuré, le vocable renvoie à un homme distingué et d'une parfaite éducation.

On pourrait parler au sens sociologique d'un véritable *habitus* pétri d'élégance. Arsène Lupin a été imaginé, en tant que tel, dans le roman de Leblanc et reproduit ainsi, dans tous les genres artistiques qui en ont résulté. Du personnage, émane une dimension supérieure toute aristocratique, traduite dans la chanson par le vocable de « seigneur ». En tant que tel, le héros est vraiment un *aristos*, le meilleur, un noble même, tel que l'avait imaginé le romancier de 1907. Au physique, son inventeur en a fait un jeune élancé et plein de prestance. Il brille, à la fois, par son intelligence et son ironie. Enfin, son comportement séduit de même que son allure vestimentaire.

L'élégance du personnage est matérialisée dans la chanson de Dutronc par le comportement du voleur :

> … Quand il détrouss' une femm', il lui fait porter des fleurs… Puis, avant de partir, après ses coupables travaux, il laisse un mot sur le piano. (Extrait de la chanson de Jacques Dutronc, paroles Harvel et Dessca, 1973)

Un autre trait d'Arsène Lupin est son caractère de séducteur de femmes, ainsi que l'a représenté ce conteur qu'était Maurice Leblanc. Le texte de la chanson dit qu'il les fascine toutes, des plus charmeuses aux plus respectables :

> Et chaque femme à son heure, rêve de voir son visag'. De l'actrice à la danseuse et l'épouse la meilleur', gentleman cambrioleur a gagné le cœur. (Extrait de la chanson de Jacques Dutronc, paroles Harvel et Dessca, 1973)

Au total, les paroles de cette mélodie, particulièrement réussies tant au plan de la forme littéraire qu'au fond, cherchent à atténuer le côté malodorant de l'argent dérobé, au profit d'attributs personnels du voleur autrement attractifs. Et la réflexion du préfacier du roman de 1907, Jules Claretie, « Heureux qui crée de toutes pièces un être qui semblera bientôt aussi vivant que les vivants… », s'applique tout autant à la chanson contemporaine qui transcende l'argent sale du vol.

Au cinéma, le succès considérable sur le temps long, du film de 1963 à dimension comique de Georges Lautner (1926-2013), *Les tontons flingueurs*, s'inscrit dans le même sens. L'œuvre est une banale histoire de gangsters, se consacrant à des trafics clandestins. Elle s'appuie sur des dialogues de Michel Audiard. Elle met en scène de fameux acteurs, tels Lino Ventura, Francis Blanche ou Bernard Blier. C'est une libre adaptation de l'un des romans d'Albert Simonin (1905-1980), *Grisbi or not grisbi* (1955), autre dénomination ainsi qu'on le sait, de l'argent en argot. La fiction narre un épisode de la vie d'un truand vieillissant. Dans ce long-métrage, le titre monétaire apparaît en toile de fond, notamment dans la célébrissime réplique de Francis Blanche : « Touches pas au grisbi, salope ! », l'auteur de l'interjection pointant des espèces sonnantes et trébuchantes jonchant la table.

Le mot d'argot, dans le titre éponyme de l'œuvre, a fait flores, d'autant qu'il figure encore dans le titre d'un autre film, *Touchez pas au grisbi* (1954), du grand réalisateur Jacques Becker (1906-1960). Ce dernier s'était inspiré lui-même, du roman éponyme (1953) d'Albert Simonin, première livraison d'une trilogie sur le même thème. Becker a obtenu, immédiatement, la reconnaissance du public, de même que Lautner. Celui-ci remporte, à la sortie de son long-métrage, non pas un triomphe populaire du fait peut-être de sa dimension parodique et presque outrancière, dans le contexte de la France du début des années 1960, mais un réel succès d'audience à hauteur de 3,3 millions de spectateurs, au cours de la première année d'exploitation. Il a été promu alors, au rang de film culte, distinction informelle attestée par les nombreuses rediffusions télévisées ultérieures.

Dans ces deux films, les espèces monétaires volées, bien loin du mythe de l'argent sale, n'y ont qu'une influence indirecte. Le caractère intrinsèquement amoral de cet objet, compte tenu de ses origines, est relativisé : Ainsi Lautner a su faire du roman noir d'Albert Simonin, une comédie cinématographique, tout en conservant les codes du genre. Certaines images sanglantes du roman apparaissent ici, sous un jour comique. Les dialogues truculents d'Audiard renforcent le côté hilarant de l'œuvre. Quelques répliques outre, celle concernant le grisbi, sont devenues célèbres. La plus fameuse de toutes est probablement, celle qui est envoyée par Lino Ventura : « Les cons, ça ose tout ; c'est même à ça qu'on les reconnaît ».

Que penser du rapport des Français avec l'argent sale, au travers de ces films ? Certes, la dimension baroque explique la faveur du public. Nonobstant, la fascination, exercée par cette histoire d'argent objectivement amorale, est permise par l'ambivalence de cet objet mal acquis suscitant les deux forces antinomiques, la répulsion, mais aussi l'attraction.

La prolifération de l'argent sale engendre, *ipso facto*, diverses tentatives pour le blanchir, à savoir l'opération visant à « faciliter, par tout moyen, la justification mensongère de l'origine des biens ou des revenus de l'auteur d'un crime ou d'un délit ayant procuré à celui-ci un profit direct ou indirect[93]… ». Le vocable est, semble-t-il, d'origine américaine et daterait de 1982, selon Christophe-Emmanuel Lucy[94].

Historiquement, les instruments monétaires, dérobés éventuellement par la force, sont désignés sous l'expression de « finance noire », à l'instar

93 Article 324-1 du Code Pénal français de 1992.

94 C.-E. Lucy, *L'odeur de l'argent sale. Dans les coulisses de la criminalité financière*, Paris, 2003, p. 8.

du film éponyme diffusé en 2013[95]. Les deux réalisateurs, Jean-Michel Meurice et Frabrizio Calvi, y ont dénoncé l'impunité des « *banksters* ». L'idée y apparaît que l'argent sale n'est pas propre et qu'il a besoin, à l'image du linge sale, d'être lavé.

À l'origine, a été utilisé aux États-Unis, parallèlement à blanchiment, l'équivalent de « blanchissage[96] ». C'est d'ailleurs, le sens propre du verbe blanchir. Au figuré, ce verbe renvoyant à disculper, le blanchiment de l'argent sale consiste à le faire rentrer dans la légalité. Dans ce but, une rémunération courante, de l'ordre de 20 % du montant de la somme à blanchir, est requise par le blanchisseur, fréquemment un financier véreux. La finalité des détenteurs de l'argent malodorant est de le rendre propre donc, honorable. Subjectivement, l'argent « blanchi » n'est donc, pas de l'argent « sale », mais objectivement, c'est du mauvais argent car mal acquis.

L'argent acquis en contradiction des normes, tant juridiques que sociales, est finalement, en opposition aux normes morales et a toujours été stigmatisé. Les peurs, qu'il a engendrées, ont scandé le cours de l'histoire à tel point que les pouvoirs publics ont constamment, cherché à réprimer cet argent malodorant. L'opinion, tout en en tolérant progressivement, certaines formes, a produit une stigmatisation toujours plus radicale, en le désignant en tant qu'argent sale. C'est peut-être cette forme monétaire qui secrète, désormais, les peurs les plus vives dans le corps social en ce tournant du XXIe siècle.

95 Documentaire de Jean-Michel Meurice et de Frabrizio Calvi, 2012, diffusé sur les chaînes télévisées Arte et M6 en 2013.

96 C.-E. Lucy, 2003, *op. cit.*

CONCLUSION

Cet essai historique, consacré aux représentations de l'argent, révèle les diverses attitudes en la matière au sein de la société française. Leur rôle majeur invalide l'hypothèse théorique d'une économie pure[1]. Si le versant sombre de l'argent est particulièrement sensible dans les représentations des années postérieures à la Seconde Guerre Mondiale, cela n'empêche pas cet instrument monétaire de disposer d'un versant lumineux qui fascine. Dans maintes catégories sociales, l'argent fait l'objet d'une discrimination profondément ressentie tant en fonction de son origine que de son utilisation. L'importance notoire du côté sombre m'a retenu tout au long de ce livre.

Ce versant à l'ombre a tout d'abord été envisagé au travers des phénomènes d'injustice qui l'accompagnent. L'argent et la richesse à laquelle il est fréquemment associé sont, de fait, sources d'inégalités sociales profondes. Sa concentration entraîne des phénomènes de domination entravant parfois la liberté des dominés, de tous ceux qui ne disposent pas d'instruments monétaires suffisants.

Par ailleurs, la richesse suscite souvent l'envie et, bien pire encore, la jalousie. Ces sentiments se traduisent par la stigmatisation des riches, largement perceptible dans la littérature, le cinéma, l'art graphique tel celui de l'Allemand Joseph Beuys (1921-1986)[2] représentant une sorte d'anti-image du capitalisme, voire l'affiche, les discours politiquement engagés et, au-delà, dans les échanges noués au sein de la société.

Les étiquettes de cupidité ou inversement d'avarice, de convoitise, de goût immodéré du lucre et du luxe, d'égoïsme, de roublardise et même de malhonnêteté, d'hédonisme, de luxure voire de dépravation, sont

1 M. Aglietta, A. Orléan, *La monnaie entre violence et confiance*, première édition 1982, Paris, 2002, p. 10.

2 Voir le tableau de Joseph Beuys *in* J. Beuys, *Qu'est-ce que l'argent ? Un débat avec Johann Philipp von Bethmann, Hans Binswanger, Werner Ehrlicher, Rainer Willert*, première version allemande 1991, Paris, 1994, p. 99.

fréquemment attribuées aux nantis. Pourtant, ces images contrastent avec la réalité de certains patrons. François Michelin, patron de la multinationale éponyme durant la deuxième moitié du XXe siècle, pour se rendre à la messe dans la petite église de Saint Genès des Carmes à Clermont-Ferrand, arborait volontiers, dans les tons du gris, un costume plutôt passé et une petite Deux Chevaux, bien loin de toute magnificence patronale. Les sentiments suscités par l'argent déchaînent donc à l'accoutumée des représentations proches de la caricature.

La société française a des difficultés à accepter l'idée selon laquelle l'argent puisse produire de l'argent. La notion de travail a une place centrale dans la société au moins depuis l'avènement du christianisme. Même si ce dernier est de moins en moins une instance de régulation des comportements, son influence infrathéologique est plus que jamais sensible. Ce n'est pas seulement la démesure de l'argent qui fait problème. C'est surtout qu'il est perçu, au-delà de la richesse, tel un objet s'opposant de front à la valeur-travail. Pour illustrer ces attitudes d'hostilité, le livre s'est appuyé sur deux aspects.

Ce sont d'une part les représentations, quoique relativement ambiguës des Français à l'égard des jeux de hasard. D'une façon générale, la dimension démesurée des gains suscite des reproches envers une pratique considérée comme amorale. Les débordements, découlant de la brusque transformation de la condition des gagnants, sont stigmatisés : oisiveté voire fainéantise ; appât du gain ; dissipation, dissolution des mœurs voire débauche, particulièrement l'ivrognerie ; défaut de réflexion et bêtise et, avant tout, risque de déchéance entraînée par les inévitables pertes. À l'inverse, les heureux gagnants fascinent par le caractère désormais solvable de leurs besoins. Les gains d'argent oscillent dans les mentalités entre argent mal gagné et argent souhaité.

Une autre approche se rapportant à la stigmatisation de l'argent sans travail a été envisagée au travers du Revenu Minimum d'Insertion (RMI) qui avait été créé en 1988, revenu modique destiné aux plus pauvres souvent sans emploi. Sa création a révélé un comportement ambivalent, tant de la société française que du personnel politique, alternant entre générosité et désaveu pour un revenu sans labeur préalable. Il était générateur de compassion, mais aussi d'anxiété voire d'angoisse à l'égard de cet argent perçu en tant que « mauvais ».

La grande pauvreté, état inversé à celui de la richesse, est vilipendée pour être une situation de non-travail. Seul le travail, censé être produit par l'effort, serait noble. La misère, par définition la condition des personnes démunies de tout, est représentée parfois, soit comme une position sociale glorieuse à l'instar des enseignements de l'Église catholique, soit en tant que tromperie. C'est toute la thèse de la fausse pauvreté.

La richesse, à laquelle les pauvres sont confrontés, a besoin d'être incarnée. Les critiques, apparues contre les « gros » dans les temps anciens puis, au-delà, reprises dès l'émergence des socialismes et du marxisme au XIXe siècle, se sont perpétuées tout au long du XXe siècle. Elles s'en prennent aux grandes institutions, tels les trusts dans les années récentes, censées détenir des patrimoines considérables. D'une façon récurrente, sont stigmatisées des grandes puissances économiques et financières manipulant couramment l'argent, hier les Deux Cents Familles ou le Mur d'Argent, aujourd'hui la « finance internationale » ou les banques. Cependant, les images sombres, les stigmates, par une réaction finalement naturelle, tendent à se rapporter à des groupes personnifiés. Sont particulièrement flétries diverses catégories sociales, tels les grands patrons, les gros propriétaires et encore hélas les Juifs censés accumuler l'argent.

Divers patronymes, tel, aujourd'hui comme hier, celui de Rothschild, restant emblématique tant de la démesure que du pouvoir de l'argent, sont assimilés à de l'argent d'ampleur exagérée et honnis en conséquence. Dans les années récentes, tel ou tel patron, tel ou tel artiste ou grand joueur de football ont défrayé la chronique à cet égard.

Cependant, à la fin du XXe siècle, a été représentée une forme monétaire particulièrement détestable pour l'opinion, c'est l'argent sale, objet acquis par des moyens illégitimes et, le plus souvent, illégaux. Là où l'argent est facile, il secrète divers comportements excessifs tels des achats de produits toxiques ou de matières prohibées. À l'occasion, des négociations concernant le corps humain sont constatables. Se retrouve d'abord dans ces pratiques l'absence de travail qui perturbe l'opinion. La violation des normes juridiques et, au-delà, sociales rend cet argent malodorant. Il est vilipendé car il dégraderait les corps, tant ceux des prostitué(e)s au plan moral et physique que ceux de la clientèle des *dealers* de drogue. Vendre son corps ou des substances prohibées est donc perçu en tant que sale.

L'honnêteté, malgré son acception quelque peu instable, reste une norme sociale essentielle. L'argent résultant d'une transgression à cet égard, essentiellement par le vol direct ou indirect, tel le hold-up, la fraude de toute nature, l'abus de biens sociaux ou même le dol au sens juridique de tromperie, est rangé dans la catégorie du « sale ». Cet acte délictueux, consistant d'ordinaire à s'emparer de biens acquis par le labeur d'autrui, est particulièrement diabolisé.

À l'issue de mon propos, exposant des visions défavorables hostiles à l'argent, quelques nuances seront apportées en rapport avec la diffusion de plus en plus prégnante de la monnaie dans la société française. Le besoin d'argent est devenu dorénavant omniprésent.

Un facteur essentiel découle certainement du processus d'urbanisation : en 1946, la population vivant dans des communes de plus de 2 000 habitants, donc classée statistiquement dans la catégorie urbaine, dépassait la moitié de la population française (53,2 %)[3] ; en 1968, elle était passée à plus des deux tiers (66,2 %)[4], alors que des chiffres de la Banque Mondiale l'estiment en 2014 à près des quatre cinquièmes (79 %). Toutes choses égales par ailleurs, la part de l'autoconsommation, caractéristique du monde rural, a donc régressé dans les mêmes proportions d'autant que la place des jardins ouvriers en ville a décliné. Le rôle de l'argent dans la consommation des ménages a ainsi nettement augmenté.

Par ailleurs, la pauvreté était encore à la sortie de la deuxième Guerre mondiale, un phénomène courant dans les campagnes en dépit de la faible monétarisation de l'époque. Désormais, elle se concentre en ville et ses besoins monétaires augmentent puisque toute denrée nécessaire à la vie y est commercialisée. Avec le développement du phénomène général de marchandisation, l'argent est ainsi devenu une « nécessité » sociale.

Un trait caractéristique de la société française est désormais l'obligation d'acquérir pour vivre. Donc la monnaie est devenue progressivement, non seulement utile, mais encore indispensable. Il est hors de question d'en rejeter le principe. Divers milieux tendent même à survaloriser l'argent en tant que tel. Perçu en tant que « roi », il permettrait de vivre différemment jusqu'au gaspillage. Le sociologue et économiste

---

3 A. Armengaud *in* F. BBraudel, E. Labrousse, *Histoire économique et sociale de la France*, tome IV, « L'ère industrielle et la société d'aujourd'hui (1880-1980) » : *Troisième volume*, J. Bouvier et *alii*, « Années 1950 à nos jours », Paris, 1982, p. 997.

4 *Ibid.*

américain Thorstein Veblen (1857-1929) a évoqué, dans sa *Théorie de la classe de loisir*, publié en 1899, des dépenses ostentatoires. L'argent, considéré comme bon, favoriserait en outre l'accession à des positions sociales restant inaccessibles sans lui.

Dans la société française contemporaine, diverses formes monétaires présentent une grande légitimité : l'argent du travail ; l'argent des prestations sociales et celui de la bienfaisance (« qui exerce l'aumône, exerce une fonction sacerdotale », a déclaré le Père de l'Église Jean Chrisostome 347-407) ; l'argent de l'héritage du moment que celui-ci n'est pas démesuré.

La pression des besoins monétaires, jointe à l'individualisme toujours plus fort dans la société française, conduirait celle-ci à mieux tolérer certains comportements. Pourtant, l'impossibilité de disposer d'argent pour tel ou tel objet produira toujours des phénomènes de condamnation des riches au nom des grands principes civiques, en particulier au nom des Droits de l'Homme.

En opposition au « bon argent » honnêtement gagné et servant à vivre, est stigmatisé un « mauvais argent ». Toutefois, les perceptions de cet objet sont rarement unanimes et, l'image qui en résulte, est en demi-teinte. Il est rare en effet de stigmatiser uniment l'argent. Depuis au moins la fin du XIXe siècle et jusqu'à présent, sont intervenus de « bons juges » refusant de condamner le « vol par nécessité » des plus pauvres. De même, si la grande fraude est désormais largement stigmatisée, la petite, du vol de bois et du braconnage dans les forêts du Seigneur sous l'Ancien Régime au travail au noir de gens pauvres aujourd'hui, a toujours été tolérée. Divers trafics, tel celui de la contrebande des cigarettes, sont tolérés quand il s'agit de petits. Quant à l'argent des prostituées, il n'est pas toujours sale lorsque sont observés leur milieu social d'origine ou les souffrances qu'elles endurent.

De même, la société a accepté, depuis toujours, que les personnes, dans l'incapacité physique ou mentale de travailler, reçoivent une rémunération sous forme d'obole ou de prestation. Cela a été pratiquement entériné sous la Révolution par le Duc de La Rochefoucauld-Liancourt qui opposait aux « mauvais pauvres », entre autres les invalides présentés en tant que « véritables pauvres[5] ». En conséquence, au-delà des prises

5 « Plan de travail du comité pour l'extinction de la mendicité par M. de Liancourt, député de Clermont-en-Beauvaisis (30 avril 1790) » *in* C. Bloch et A. Tuetey, *Procès-verbaux et rapports du comité de mendicité de la Constituante. 1790-1791*, Paris, 1911, p. 317.

de position radicales voire systématiques, apparaissent dans l'opinion des sortes de réactions de bon sens.

Enfin, au-delà de toute rationalité, les êtres humains sont sensibles à la dimension parfois tragique, parfois romantique, parfois courageuse, et même noble de certains délinquants. Le succès des romans policiers, terminologie quelque peu métaphorique, ne doit pas masquer leur contenu d'argent sale. Outre-Rhin, est préféré, pour qualifier ce genre de littérature, le terme « *Kriminalroman* » reflétant mieux les histoires narrées.

Dans la post-modernité, la vieille taxinomie bons/mauvais tend à reculer pour lui substituer des perceptions souvent ambivalentes. Les nouveaux héros, nés de l'imaginaire, combinent souvent le bien et le mal. Ainsi, « Oncle Picsou », personnage de premier plan chez Walt Disney, est tantôt stigmatisé en tant qu'avaricieux, tantôt magnifié pour sa réussite en dépit de ses origines pauvres.

Toutefois, les perceptions historiques n'ont pas toujours été dualistes, échappant parfois à la traditionnelle taxinomie bon/mauvais. Ainsi, si ramassage de bois et braconnage dans les forêts seigneuriales étaient tolérés par l'en-groupe pendant l'Ancien Régime, au seuil du XXIe siècle, il arrive parfois de commettre de petits vols, tel le prélèvement de matériel de bureau sur son lieu de travail ou de petites majorations de frais. Il peut s'agir tout simplement d'une imitation des pratiques des collègues de travail. Ce n'est donc pas représenté en tant qu'argent sale, ni de la part de l'auteur, ni de la part du groupe. C'est ce que Thierry Gallois repère sous l'expression, « pression de conformité[6] ». Dans la société française contemporaine, tout s'achète même le droit de polluer[7]. L'argent nécessaire à cet achat est considéré comme légitime, mais ses effets sont objectivement mauvais.

L'exemple des « mères porteuses » rémunérées illustre cette évolution. En France, le contrat afférent a été considéré comme nul en 1989 par la Cour de Cassation (arrêt *Alma Mater*)[8]. Pourtant, dans les années récentes, la location du ventre d'une femme a été rendue possible par le

6 T. Gallois, *Psychologie de l'argent*, première édition 2005, Paris, 2011, p. 173.

7 M. J. Sandel, *Ce que l'argent ne saurait acheter. Les limites morales du marché*, première édition américaine 2012, Paris, 2014.

8 D. Cohen, « Le droit et l'argent. Tout a-t-il un prix ? » *in* R.-P. Droit (*dir.*), *Comment penser l'argent ? Troisième Forum Le Monde Le Mans*, Paris, 1992, p. 302.

déplacement à l'étranger. Nonobstant, ce qu'il est convenu d'appeler la GPA (Gestation pour autrui) continue à être représenté sous des couleurs sombres. On parle de « marchandisation du vivant ». La GPA paraît « une dramatique régression du statut des femmes[9] ». « C'est une mesure insupportable, déclare le Premier ministre socialiste Manuel Valls en septembre 2014, de commercialiser des êtres humains ». Dans ce cas, une rémunération choque dans la mesure où elle consiste à payer la vie humaine qui ne peut en droit faire l'objet d'une transaction.

Quant aux mères porteuses, souvent très pauvres, elles « sont incitées à produire des bébés et à vendre leurs ovocytes à des cliniques en pleine expansion… Nous assistons à l'émergence d'un nouveau prolétariat féminin mondialisé[10]… », a observé l'historienne Marie-Josèphe Bonnet. La légalisation de la GPA ne servirait qu'à des buts lucratifs. Le paiement détacherait du nouveau-né les mères porteuses[11]. Son interdiction en droit permettrait de défendre la famille. Pourtant, des familles, qu'elles soient hétérosexuelles ou homosexuelles, recourent à cette procédure en se rendant à l'étranger, ce qui leur permet d'avoir un enfant conçu par un membre du ménage, contournant par ce biais la stérilité du couple.

Les défenseurs de la GPA font valoir, lors du débat de septembre 2014, que de nombreux pays voisins de la France l'avaient autorisée dès avant la même date, au nom de la *liberté* de procréer dans de bonnes conditions[12]. Le philosophe Bertrand Guillarme ajoute :

> Le fait qu'un parent ait payé pour obtenir la responsabilité de son enfant… n'établit pas qu'il a acquis un droit de propriété sur lui[13]. (*Le Monde*, 8 octobre 2014)

Ceci explique probablement que le même Manuel Valls, alors député socialiste, y était favorable en 2011.

Bien sûr, le recours à une mère porteuse non rémunérée aurait été envisageable. La difficulté d'y faire appel en France peut expliquer la

9 M.-J. Bonnet, « Une régression pour les femmes et un danger pour les enfants », *Le Monde*, 8 octobre 2014, p. 15.

10 *Ibid.*

11 B. Guillarme, « À nos sociétés de garantir la liberté de procréer », *Le Monde*, 8 octobre 2014, p. 15.

12 *Ibid.*

13 *Ibid.*

sollicitation de parturientes originaires des pays pauvres. L'argent proposé paraît alors en tant que bon argent.

Lorsqu'il concerne un achat en principe d'un nouveau-né, la situation comporte aussi bien des ambiguïtés. A priori, le trafic d'enfant est condamné socialement et l'argent transitant dans ces opérations est perçu donc comme mauvais.

Même si ce principe doit rester intangible, il n'en reste pas moins que nous devons prendre en compte la souffrance en particulier celle de l'enfant né dans une famille à problèmes et mal aimé de surcroît. Son éventuelle adoption est génératrice de délais administratifs de toutes sortes. Pour les parents recherchant un enfant et se résolvant à un achat clandestin, les grandes difficultés de l'adoption sont bien connues. Certes, l'achat comporte des dérives de toutes sortes, notamment dans le domaine de l'eugénisme. L'argent faisant l'objet de cette transaction, s'il est globalement mauvais, comporte une certaine imprégnation de bon argent.

Toutes ces représentations sont donc fonction, tant des mutations macroéconomiques et financières que de la réalité sociale postérieure à 1945. Nonobstant, avec le psychologue Thierry Gallois, je soutiendrai que « nos représentations de l'argent sont issues de notre histoire familiale et individuelle[14] ».

Le caractère mauvais de l'argent exprimé dans ces représentations stigmatisantes n'est pas propre à la France. Il concerne, pour raisonner en termes de voisinage, la plupart des États d'Europe occidentale. Au Royaume-Uni, les milieux côtoyant la City de Londres en particulier sont réputés pour se livrer à grande échelle au transfert de capitaux *off shore*. Ses Îles Vierges et ses Îles Caïmans voire le Luxembourg sont bien connus en tant que paradis fiscaux. Quant à l'Italie, elle est réputée en tant que terre de corruption et, là où la Mafia résiste, l'argent sale circule. En Espagne, les trafics en termes de prostitution et de drogue abondent. Enfin, le scandale de dimension mondiale des *Panama Papers* a éclaboussé, en 2016, jusqu'aux milieux politiques de première importance en Islande, un petit État censé être à l'abri de l'argent sale.

Tous les pays riches, là où l'argent surabondant circule, en premier lieu les États-Unis, laissent circuler du mauvais argent. L'essayiste Pascal

14 T. Gallois, 2011, *op. cit.*, p. 187.

Bruckner rappelle qu'un « *credo* » américain exalte la soif de l'argent d'une façon plutôt réaliste :

> *Greed is good*[15].
>
> « La cupidité est bonne ».

Un tel adage est inimaginable dans l'hexagone. Les Français, note le même auteur, feignent de désapprouver « leur goût insatiable du profit[16] ». Certes, la richesse démesurée, dans un pays de tradition protestante, n'y est pas tant stigmatisée qu'en France. Au plan infrathéologique et dans la tradition du calvinisme, la richesse manifeste l'élection divine de ses titulaires. Le mécénat américain tant vanté range les fortunes et leurs diverses fondations du côté du bon argent. Pour autant, l'argent sale circule de toutes parts aux États-Unis d'Amérique : corruption ; trafics de marchandises de toutes sortes ; gros placements d'argent sur des supports véreux, tels ceux du financier Bernard Madoff contrôlant une des principales sociétés d'investissement de *Wall Street* et révélant lors de son arrestation en 2008 une gigantesque escroquerie.

Les pays dits en développement n'échappent pas à cette propagation de mauvais argent générant la stigmatisation. La corruption au Brésil, en Indonésie et dans divers pays d'Afrique est bien connue. Les trafics de drogue déstabilisent de nombreux pays d'Amérique centrale et latine tel le Mexique. Quant à l'État islamique sur les territoires de l'Irak et de la Syrie, il a rétabli l'esclavage en 2014. À titre d'exemple, l'échelle de prix des filles chrétiennes varie selon le barème dégressif, depuis 138 euros pour une fillette de un à neuf ans jusqu'à un tarif nul au-delà de cinquante ans[17]. Donc, l'argent sale circule partout et il n'est pas étonnant que ses représentations stigmatisantes fassent florès.

Dans le but de clôturer mon propos, je l'illustrerai par l'exemple d'une institution financière réputée au-dessus de tout soupçon par sa résidence dans l'État pontifical du Vatican, la Banque du Vatican, premier actionnaire de la Banco Ambrosiano, du nom de l'ancien évêque de Milan, et de tradition catholique. Quand cette dernière fait faillite en 1982, sa proximité avec la Mafia italienne est mise au grand jour. De

15 P. Bruckner, *La sagesse de l'argent*, Paris, 2016, p. 58.

16 *Ibid.*, p. 59.

17 Exemple cité par P. Bruckner, 2016, *op. cit.*, p. 122-123.

surcroît, ces transferts *off shore* de fonds contribuent à un gigantesque scandale qui éclabousse le Vatican. De plus, l'affaire est suivie bientôt par de nouveaux scandales, ceux des *Vatileaks* en 2012 et en 2015. Ils révélaient la présence d'argent sale au Saint-Siège sous la forme en particulier de corruption et de lien avec la Mafia italienne. Les représentations stigmatisantes de cet argent sale se diffusent alors dans le monde entier.

ORIENTATION BIBLIOGRAPHIQUE

OUVRAGES GÉNÉRAUX ET NON SPÉCIALISÉS SUR L'ARGENT

ANDRIEU, Claire, LE VAN, Lucette, PROST, Antoine, (*dir.*), *Les nationalisations de la Libération. De l'utopie au compromis*, Paris, Presses de la Fondation Nationale des Sciences Politiques, 1987, 392 p.

BARTHES, Roland, *Mythologies*, première édition 1957, Paris, Seuil, 1970, 233 p.

BECKER, Howard S., *Outsiders. Études de sociologie de la déviance*, édition américaine 1963, Paris, éditions A.-M. Métailié, 1985, 248 p.

BRAUDEL, Fernand, LABROUSSE, Ernest, (*dir.*), *Histoire économique et sociale de la France*, tome IV, « L'ère industrielle et la société d'aujourd'hui (1880-1980) », Paris, PUF, 1982.

BRAUDEL, Fernand, LABROUSSE, Ernest, (*dir.*), *Histoire économique et sociale de la France, Premier volume*, BOUVIER, Jean et *alii*, « Panoramas de l'ère industrielle (années 1880-années 1970). Ambiguïtés des débuts et croissance effective (années 1880-1914) », 1979, 583 p.

BRAUDEL, Fernand, LABROUSSE, Ernest, (*dir.*), *Histoire économique et sociale de la France, Second volume*, BOUVIER, Jean et *alii*, « Le temps des Guerres mondiales et de la grande Crise (1914-vers 1950) », 1980, p. 589-973.

BRAUDEL, Fernand, LABROUSSE, Ernest, (*dir.*), *Histoire économique et sociale de la France, Troisième volume*, BOUVIER, Jean et *alii*, « Années 1950 à nos jours », 1982, p. 983-1837.

FOURASTIÉ, Jean, *Les Trente Glorieuses ou la Révolution invisible de 1946 à 1975*, première édition 1979, Paris, Pluriel, 1986, 288 p.

GAUVARD, Claude, SIRINELLI, Jean-François (*dir.*), *Dictionnaire de l'historien*, Paris, PUF, 2015.

GOFFMAN, Erving, *Stigmate. Les usages sociaux des handicaps*, édition américaine 1963, Paris, Les Éditions de Minuit, 1975, 175 p.

GUESLIN, André, *L'invention de l'économie sociale. Idées, pratiques et imaginaires coopératifs et mutualistes dans la France du XIXe siècle*, première édition 1987, Paris, Économica, 1998, 430 p.

JEANNENEY, Jean-Noël, *Leçon d'histoire pour une gauche au pouvoir. La faillite du Cartel 1924-1926*, Paris, Seuil, 1977, 155 p.

LEFRANC, Georges, *Histoire du Front Populaire (1934-1938)*, Paris, Payot, 1965, 501 p.

LE GOFF, Jacques, CHARTIER, Roger, REVEL, Jacques (*dir.*), *La nouvelle histoire*, dictionnaire, Paris, Retz, 1978.

VERNANT, Jean-Pierre, *Mythe et pensée chez les Grecs, Études de psychologie historique*, Paris, Maspéro, Tome I, 1965, 229 p. ; Tome II, 1965, 147 p.

LA SIGNIFICATION DE L'ARGENT

BEUYS, Joseph, *Qu'est-ce que l'argent ? Un débat avec Johann Philipp von Bethmann, Hans Binswanger, Werner Ehrlicher, Rainer Willert*, première version allemande 1991, Paris, L'Arche, 1994, 100 p.

BRUCKNER, Pascal, *La sagesse de l'argent*, Paris, Grasset, 2016, 315 p.

SIMMEL, Georg, *Philosophie de l'argent*, première édition allemande 1900, Paris, PUF, 2009, 662 p.

L'ARGENT EN HISTOIRE

BONIN, Hubert, *L'argent en France depuis 1880. Banquiers, financiers, épargnants dans la vie économique et politique*, Paris, Masson, 1989, 302 p.

BOUVIER, Jean, « Pour une analyse sociale de la monnaie et du crédit, XIXe et XXe siècles », *Annales ESC*, juillet-août 1974, p. 813-826.

GUESLIN, André, *Les Origines du Crédit Agricole*, Nancy, Presses universitaires de Nancy, 1978, 454 p.

GUESLIN, André, *Mythologies de l'argent. Essai sur l'histoire des représentations de la richesse et de la pauvreté dans la France contemporaine* (XIXe-XXe *siècles)*, Paris, Économica, 2007, 124 p.

GUESLIN, André, *Histoire des Crédits Agricoles*, Tome 1 : *L'envol des Caisses mutuelles (1910-1960)* ; Tome 2 : *Vers la banque universelle ? (depuis 1960)*, Paris, Économica, 1984, 955 p. et 463 p.

MARSEILLE, Jacques, *L'argent des Français*, Paris, Perrin, 2009, 394 p.

RIOUX, Jean-Pierre, « Les 200 familles ou l'argent roi" », *Les collections de l'Histoire*, n° 33, octobre-décembre 2006, p. 41-44.

SÉDILLOT, René, *Les deux cents familles*, Paris, Perrin, 1988, 238 p.

OUVRAGES D'ENSEMBLE SUR L'ARGENT EN SCIENCES ÉCONOMIQUES ET SOCIALES

AGLIETTA, Michel, ORLÉAN, André, *La monnaie entre violence et confiance*, première édition 1982, Paris, Odile Jacob, 2002, 378 p.

BIRNBAUM, Pierre, *Le peuple et les gros. Histoire d'un mythe*, Paris, Grasset, 1979, 218 p.

BLIC, Damien de, LAZARUS, Jeanne, *Sociologie de l'argent*, Paris, La Découverte, 2007, 121 p.

GALLOIS, Thierry, *Psychologie de l'argent*, première édition 2005, Paris, J'ai lu, 2011, 190 p.

SIMONNOT, Philippe, *Banquiers, votre argent nous intéresse*, Paris, Grasset, 1979, 276 p.

ZELIZER, Viviana A., *La signification sociale de l'argent*, première édition américaine 1994, Paris, Seuil, 2005, 348 p.

LA PAUVRETÉ ET L'ARGENT

GUESLIN, André, *Gens pauvres, pauvres gens dans la France du XIXe siècle*, Paris, Aubier, 1998, 314 p.

GUESLIN, André, *Les gens de rien. Une histoire de la grande pauvreté dans la France du XXe siècle*, Paris, 2004, Fayard, 457 p.

GUESLIN, André, *Une histoire de la grande pauvreté dans la France du XXe siècle*, Réédition du livre de 2004, Postface inédite, Paris, Pluriel, 2013, 469 p.

GUESLIN, André, *D'ailleurs et de nulle part. Mendiants vagabonds, clochards, SDF en France depuis le Moyen Âge*, Paris, Fayard, 2013, 536 p.

LE MAUVAIS ARGENT

ANDERSON, Malcolm, « The myth of the two hundred families » *in Political Studies*, volume XIII, février 1965.

LUCY, Christophe-Emmanuel, *L'odeur de l'argent sale. Dans les coulisses de la criminalité financière*, Paris, Eyrolles, 2003, 300 p.

PECH, Thierry, *Le temps des riches. Anatomie d'une sécession*, Paris, Seuil, 2011, 178 p.

PEILLON, Antoine, *Ces 600 milliards qui manquent à la France. Enquête au cœur de l'évasion fiscale*, première édition 2012, Paris, Seuil, 2013, 184 p.

PINÇON, Michel, PINÇON-CHARLOT, Monique, *Les millionnaires de la chance. Rêve et réalité*, première édition 2010, Paris, Payot, 2012, 267 p.

PINÇON, Michel, PINÇON-CHARLOT, Monique, *L'argent sans foi ni loi*, Paris, Textuel, 2012, 92 p.

ANTISÉMITISME ET MONOGRAPHIES SUR LES ROTHSCHILD

BERGERON, Louis, *Les Rothschild et les autres. La gloire des banquiers*, Paris, Perrin, 1991, 201 p.

BOUVIER, Jean, *Les Rothschild*, première édition 1960, Paris, Fayard, 1967, 349 p.

FERGUSON, Niall, *The World's banker. The history of the house of Rothschild*, London, Weidenfeld and Nicolson, 1998, 1309 p.

POLIAKOV, Léon, *Histoire de l'antisémitisme*, tome 3, « De Voltaire à Wagner », Paris, Calmann-Lévy, 1968, 508 p.

COLLOQUES SUR L'ARGENT

AGLAN, Alya, FEIERTAG, Olivier, MAREC, Yannick, (*dir.*), *Les Français et l'argent. Entre fantasmes et réalités*, Rennes, Presses universitaires de Rennes, 2011, 352 p.

DRACH, Marcel (*dir.*), *L'argent. Croyance, mesure, spéculation*, Paris, La Découverte, 2004, 297 p.

DROIT, Roger-Pol (*dir.*), *Comment penser l'argent ? Troisième Forum Le Monde Le Mans*, Paris, Le Monde Éditions, 1992, 427 p.

EXPOSITION

Money, Good and Evil. A Visual History of the Economy, Exhibition Guide, Staatliche Kunsthalle Baden-Baden, 5 mars-19 juin 2016, 72 p.

OUVRAGES AYANT LE CARACTÈRE DE SOURCES

COSTON, Henry, *Les 200 familles au pouvoir*, Paris, Publications Henry Coston, 1977, 264 p.

DELAISI, Francis, *La Banque de France aux mains des deux cents familles*, Paris, Comité de Vigilance des Intellectuels Antifascistes, 1936, 95 p.

DRUMONT, Edouard, *La France juive. Essai d'histoire contemporaine*, tome 1, Paris, G. Marpon et E. Flammarion, 1886, 579 p. ; tome 2, Paris, G. Marpon et E. Flammarion, 1886, 601 p.

PAULIAN, Louis, *Paris qui mendie. Les vrais et les faux pauvres. Mal et remède*, Paris, Ollendorf, 1893, 302 p.

INDEX DES MOTS ET EXPRESSIONS DÉSIGNANT L'ARGENT ET SES DÉTENTEURS (DE LA MONNAIE À LA RICHESSE)

INDEX DES PERSONNAGES CITÉS DANS LE TEXTE

INDEX DES PERSONNES CITÉES DANS LE TEXTE

TABLE DES MATIÈRES

Achevé d'imprimer par Corlet Numérique,
à Condé-sur-Noireau (Calvados). N° d'impression : 139205
Imprimé en France